Das geheime Wissen der Goldanleger

1. Auflage August 2007
2. überarbeitete und aktualisierte Auflage Dezember 2007
3. Auflage Juni 2010

Lektorat: Dr. Renate Oettinger
Umschlaggestaltung: Angewandte Grafik/Peter Hofstätter
Satz und Layout: Agentur Pegasus, Zella-Mehlis
Druck und Bindung: CPI – Clausen & Bosse, Leck

ISBN 978-3-938516-52-2

FSC
Mix
Produktgruppe aus vorbildlich bewirtschafteten Wäldern und anderen kontrollierten Herkünften
www.fsc.org Zert.-Nr. GFA-COC-001223
© 1996 Forest Stewardship Council

Gerne senden wir Ihnen unser Verlagsverzeichnis
Kopp Verlag
Pfeiferstraße 52
D-72108 Rottenburg
E-Mail: info@kopp-verlag.de
Tel.: (0 74 72) 98 06-0
Fax: (0 74 72) 98 06-11

Bruno Bandulet

Das geheime Wissen der Goldanleger

KOPP VERLAG

Für Rosmarie

Inhalt

»Wenn wir unser als Papierschein auftretendes Geld Symbolgeld nennen, so ist damit wenig gesagt. Das Symbolgeld ist ein abstrakteres Geld als das Sachgeld. Die Abstraktionen des Geldwesens, welche identisch sind mit einer Reihe begrifflicher Ablösungen, nehmen zu. Dieser Vorgang erfährt eine Beschleunigung, seitdem die Goldwährungen, unser letztes Hortgeld, preisgegeben werden, der Geldstoff also zu einem abstrakten Surrogat geworden ist. Gold ist, wie eine lange Erfahrung lehrt, der beste Geldstoff, den es gibt, denn nicht nur ist der Wert, den ihm der Mensch leiht, auf unerschütterliche Vorstellungen von Reichtum, Macht und Glück gegründet, es ist auch qualitativ in allen seinen Vorkommen gleichartig, ist an rare Vorkommen geknüpft, dauerhaft, wenig abnutzbar, leicht erkennbar, leicht zu bearbeiten und in runde Münzform zu bringen.«

»Eine Goldwährung läßt sich außer Kraft setzen, nicht aber kann das Gold außer Kraft gesetzt werden. Das heißt, mit der Goldwährung kann nicht jenes Spiel getrieben werden, das mit den reinen Papiergeldwährungen getrieben wird. Der Vorteil eines Preismaßstabes, der selbst wertvoll ist, ist leicht einzusehen. Seitdem er aufgegeben wurde, aufgegeben werden mußte, hat sich in das Geldwesen etwas Zweideutiges und Betrügerisches eingeschlichen und wird nicht daraus verschwinden, bis die Goldwährungen wiederkehren. Denn Theorien, welche das Geld vollkommen durch Kredit ersetzen oder an seine Stelle ein fiktives, vom Staate zu bestimmendes Wertmaß setzen wollen, entspringen unfruchtbaren Köpfen. Entweder ist dieses Wertmaß selbst Geld, oder es taugt nicht dazu.«

Friedrich Georg Jünger, *Die Perfektion der Technik*, Vittorio Klostermann

Vorwort

Bevor ich Ihnen vom Goldmarkt erzähle, von Zeiten, in denen das Metall eine exzellente Anlage war, und von anderen Jahren, in denen Geld Gold schlug, will ich berichten, wie alles begann.

Ich war im November 1978 wieder einmal in Afrika, in Johannesburg, dort, wo unbekannte Flüsse vor vielleicht drei Milliarden Jahren auf einer Breite von 500 Kilometern in eine Meeresbucht geströmt waren und die reichsten Goldvorkommen abgelagert hatten, die die Welt je kannte. Dr. Fred Zoellner hatte mich zum Abendessen eingeladen, und er hatte einen Gast mitgebracht: Fritz Plass, den Chefgoldhändler der Deutschen Bank.

Fred Zoellner hatte ich durch mein 1978 erschienenes Buch *Schnee für Afrika* kennengelernt, das sich kritisch mit der westlichen Entwicklungshilfe auseinandersetzte. Zoellner, Grandseigneur, Schwiegervater von Professor Christian Barnard und Geschäftsmann mit besten Beziehungen zum südafrikanischen Establishment, war fast noch eine Erscheinung aus den kolonialen Glanzzeiten Afrikas. Dank eines Fernschreibers, der den ganzen Tag über tickerte, war er stets bestens darüber informiert, was draußen in der Welt vor sich ging. Er bewohnte ein weitläufiges Anwesen im Johannesburger Vorort Sandton mit einem Wächter am Tor, der bei Annäherung eines erwarteten Besuches unverzüglich die Auffahrt freigab. Er besaß eine beeindruckende Sammlung von wunderschönen Goldmünzen, die General Paul Lettow-Vorbeck während des Ersten Weltkrieges in Deutsch-Ostafrika prägen ließ, um seinen Partisanenkrieg gegen die Engländer zu finanzieren. Zoellner legte Wert darauf, in seinem Haushalt nur Leute aus Malawi zu beschäftigen. Noch heute kann man in Afrika bis hinauf nach Kenia hören, daß Personal aus Malawi besonders zuverlässig ist.

Nach dem Machtwechsel am Kap zog sich Zoellner in die Schweiz in den Kanton Zug zurück, wo wir damals unseren Verlag hatten. Ich traf ihn dort oft zum Gedankenaustausch über die Weltpolitik, den Goldmarkt und den Gang der Dinge in Deutschland. Den Anstoß für meine lange Affäre mit dem Goldmarkt gab bei jenem Abendessen im November 1978 in Johannesburg freilich der Überraschungsgast: Fritz Plass von der Deutschen Bank: »Gold wird wieder interessant«, meinte er, »und es gibt da eine Marktlücke. Warum machen Sie nicht einen Golddienst?«

Warum eigentlich nicht? Zurück in München, schrieb ich erst einmal ein neues Buch mit dem Titel *Gold – Strategie für die Krise*, und anschließend wurde der monatliche Newsletter *GOLD & GELD* gegründet, die erste derartige Publikation im deutschsprachigen Raum. Die Nummer 1 erschien im Oktober 1979. Später wurde der Dienst in *GOLD & MONEY INTELLIGENCE* umbenannt, kam auch auf Englisch heraus und wurde vor allem im asiatischen Raum – von Israel bis Singapur – von institutionellen Investoren bezogen, die nicht ohne Einfluß am Goldmarkt waren. Die englische Ausgabe wurde später wieder eingestellt, sie hatte mehr Arbeit gemacht als erwartet. Der Übersetzer, ein sympathischer Engländer, war sehr versiert, hatte aber die Angewohnheit, *sell* und *buy* zu verwechseln.

Ohne Fritz Plass wäre ich nicht auf die Idee gekommen, mein Glück mit einem Golddienst zu versuchen. Ohne ihn wären der Aufbau und die Erfolgsgeschichte von *GOLD & GELD* so nicht möglich gewesen. Von ihm erfuhr ich in den ersten Jahren, was sich hinter den Kulissen des Marktes abspielte. Und er nutzte *GOLD & GELD*, wenn er eine Meinung oder eine Nachricht lancieren wollte. Es entwickelte sich ein Vertrauensverhältnis, das darauf beruhte, daß die von Plass als vertraulich eingestuften Informationen auch vertraulich behandelt wurden.

Noch in den 1970er und lange Zeit in den 1980er Jahren war Gold ein überschaubarer Markt, auf dem man sich gegenseitig kannte. Es gab nur eine Handvoll von Marktmachern, darunter die drei Schweizer Großbanken, die auf Kosten Londons die südafrikanischen Goldexporte an sich gezogen hatten, und in Frankfurt die Dresdner und die Deutsche Bank. Die Dresdner verursachte bei den regelmäßigen Goldauktionen des US-Schatzamtes und des Internationalen Währungsfonds (IWF) die meisten Schlagzeilen. Sie kaufte im großen Stil, sie räumte ab. Je länger und je mehr die Amerikaner und ihre Helfer vom IWF Gold verkauften, desto größer wurde der Appetit des Marktes. Nachdem das Spiel ausgereizt war, zog sich der Chefgoldhändler der Dresdner Bank nach Südafrika zurück. Er kaufte sich ein Weingut in der Kap-Provinz.

Fritz Plass, der sich lieber im Hintergrund hielt, und seine Deutsche Bank konnten sich den Verdienst zuschreiben, den Krügerrand hierzulande populär gemacht zu haben. Die nach dem Burenpräsidenten benannte Münze wurde zu einer beispiellosen Erfolgsgeschichte. Wer Krügerrand sagte, meinte Goldinvestment.

Die Banken in Frankfurt und in Zürich hatten damals eigene Positionen in Gold in einer Größenordnung, die heute unvorstellbar ist. Immer, wenn ich Rudolf Schriber, den Goldhandelschef der Schweizerischen Kreditanstalt, zum Mittagessen im *Orsini* traf, versuchte ich aus ihm herauszubekommen, mit wie vielen Tonnen er gerade lang oder kurz war. Schriber sagte nie *long* oder *short*, sondern immer nur »lang« oder »kurz«. Er war ein jovialer, listiger Mann, der seine Karten nie ganz aufdeckte.

Und dann war da auch noch der Russe Karnauch, Präsident der *Wozchod Bank* in Zürich, von der aus es nur ein paar

Schritte zur Hummerbar im St. Gotthard waren. Er gehörte zu den großen Spielern am Goldmarkt, er kaufte und verkaufte, während die Zeitungen rätselten, was die Russen als nächstes tun würden. Als der Goldpreis ins Rutschen kam und seine Schieflage größer wurde, präsentierte ich ihm einen mitgebrachten Chart, um ihn vor dem gefährlichen Abwärtstrend zu warnen. »Ich bin jetzt soweit, daß ich nicht mehr auf die Charts schaue«, erwiderte Karnauch und lenkte die Konversation wie so oft auf Puschkin und Tolstoi. Die Bank geriet in Schwierigkeiten, Moskau schickte einen Kommissar, und als der über die Bücher ging, traf ihn der Schlag. Die Schweizer Presse erfuhr nichts, die Russen verfrachteten die Leiche bei Nacht und Nebel auf einem Rückflug nach Moskau.

Damals, in den 1980er Jahren, war der Goldmarkt noch nicht dominiert von Hedge-Fonds und Händlern, die den Preis von allem und den Wert von nichts kennen. Die wirklich großen Investoren konnte man an den Fingern beider Hände abzählen. Einer saß in Monaco, ein anderer in Brasilien, ein paar am Golf, wieder ein anderer – es war ein bekannter Großindustrieller – in Deutschland. Wenn in Zürich oder Frankfurt zu hören war, der Goldpreis könne oder werde um soundsoviel Dollar zulegen oder korrigieren, dann mußte man das ernst nehmen. Denn diese Banken waren es ja, die den Markt machten – bis zu einem gewissen Grad. Daß die Super-Hausse im Januar 1980 enden und dann eine 20jährige Baisse folgen würde, auch wenn diese mehrmals durch sehr lukrative Gegenbewegungen unterbrochen wurde – das ahnte niemand, das konnte niemand ahnen.

Typisch für das Endstadium einer Super-Hausse sind immer die zunehmende Volatilität, d. h. die zunehmende Heftigkeit der Preisausschläge, und die Beschleunigung des Preisanstiegs. Bei den Rohstoffen (normalerweise nicht bei den Anleihen!) enden solche primären Trends gern in einem sogenannten *spike*, einem Dorn, d. h. in einer fast vertikalen Übertreibung – in einem irrationalen Überschwang, dem manchmal eine Täuschung vorausgeht, bevor der letzte Akt gegeben wird.

So war es auch 1979, als Gold noch eine »Wand der Sorgen« hinaufkletterte. Immerhin war das Metall am 1. Januar mit nur 227,15 Dollar in das neue Jahr gestartet. Das war nicht wesentlich mehr als Ende 1974, als in der Spitze fast 200 Dollar erreicht worden waren, bevor eine mittelfristige Baisse einsetzte, die erst im August 1976 bei 103 Dollar je Unze endete. Da hatten die Investoren wieder einmal jedes Interesse am Gold verloren.

Am 5. Oktober 1979, als ich die Nummer 1 von *GOLD&GELD* schrieb, wurde Gold nachmittags bei 385 gefixt. Nur zwei Tage zuvor waren es noch 437 Dollar gewesen. Ein drastischer Einbruch, begleitet von wilden Gerüchten über Zentralbankinterventionen und vor dem Hintergrund steigender Inflation und steigender Ölpreise. Am Rande einer IWF-Tagung in Belgrad hatte gerade ein amerikanisches Regierungsmitglied verlauten lassen, Washington behalte sich das Recht auf Änderung seiner Goldpolitik vor, denn die Situation auf den Märkten sei ungesund. Und kurz zuvor hatte der schweizerische Nationalbankpräsident Leutwiler, ein Inbegriff der Seriosität, zu bedenken gegeben, ob die am Gold interessierten Notenbanken nicht für »geordnete Marktverhältnisse« sorgen sollten. Vor allem aber hatte Paul Volcker, der mächtige Chef der amerikanischen *Federal Reserve* und wahrhaftig kein Freund des Goldes, die Zentralbanken von Frankreich, Italien und der Benelux-Staaten wegen einer Intervention konsultiert und sich in Hamburg mit dem deutschen Bundeskanzler getroffen.

»Seit Hamburg und Belgrad hängt tatsächlich das Damoklesschwert einer offiziellen Intervention über dem Goldmarkt«, schrieb *GOLD&GELD* in der Oktober-Ausgabe 1979. An die damaligen Vorgänge zu erinnern ist auch heute von Interesse, denn erstens ist Gold nach wie vor eine staatliche Währungsreserve, zweitens bleibt auch das Geschehen am

Goldmarkt vor dem Wendejahr 1999 und danach ohne die Rolle der Notenbanken unverständlich, und drittens lehren uns die Ereignisse von 1979, daß der Markt manchmal mächtiger ist als seine größten Teilnehmer – und seien es Zentralbanken.

Nach dem erwähnten Preiseinbruch Anfang Oktober 1979, der den Zweck erfüllte, die Spekulanten zu täuschen und die schwachen Hände aus dem Markt zu vertreiben, stagnierte Gold den ganzen November hindurch unter 400 Dollar. »Sofort kaufen«, empfahl ich meinen Lesern am 17. November. Im Dezember explodierte der Preis, er verdoppelte sich innerhalb weniger Wochen.

Kann sich ein solches Drama am Goldmarkt wiederholen? Selbstverständlich, wenn auch nicht auf demselben Preisniveau. Aber die Atmosphäre, das Sentiment, die Unberechenbarkeit werden ähnlich sein. Nicht anders als die Natur oder die Kunst, hat auch ein Edelmetallmarkt nur eine beschränkte Anzahl von Formen zur Auswahl. Er arbeitet immer mit demselben Material – mit der menschlichen Psyche, mit Investoren und Spielern, deren Wissen und deren Disziplin begrenzt sind, deren Anfälligkeit für Emotionen sich nie ändern wird.

Am Montag, dem 21. Januar 1980, war die Party zu Ende. Beim Vormittagsfixing in London kostete Gold 843 Dollar, nachmittags 850. Der Briefkurs für die Unze Silber wurde in Zürich mit 51 Dollar gemeldet. An der New Yorker Terminbörse COMEX erreichte der nächstliegende Terminkontrakt für kurze Zeit sogar 873. Wieviel zu diesem Preis überhaupt gehandelt wurde, konnte ich nie feststellen.

Immerhin bot der Goldmarkt im Verlauf des Jahres eine zweite Chance, umzudenken und auszusteigen. Bis zum Herbst 1980 erholte sich der Preis wieder auf 700 Dollar. Wenn man bedenkt, daß sich Gold im Januar nur für ein paar Tage, nämlich vom 16. bis zum 22., über 700 gehalten hatte, dann kann man mit Fug und Recht von einer Doppelspitze sprechen. Zu diesem Bild paßten auch die Goldminen-Aktien, die im Herbst sogar höher notierten als im Januar. Entgegen einer weitverbreiteten Meinung prognostizieren die Minen eben nicht immer den Goldpreis. Und sie sind – auch das ist eine Lehre des Jahres 1980 – keineswegs dann am risikoärmsten, wenn das Kurs-Gewinn-Verhältnis besonders tief ist. Im Herbst 1980 standen erstklassige Gold-Aktien auf dem Kurszettel, die nur mit dem Zehnfachen des Jahresgewinnes bezahlt wurden!

Im November 1980 war ich wieder in Johannesburg und machte die Beobachtung, daß die Straße vor der Johannesburger Börse vollgeparkt war mit neuen Porsches. Das waren die fahrbaren Untersetzer der Broker. Johannesburg schwamm in Geld. Niemand konnte sich vorstellen, daß auch einmal magere Zeiten anbrechen würden. Auf dem Rückflug nach Zürich ließ ich alles noch einmal Revue passieren und beschloß, in das damals noch kleine Lager der Baissiers zu wechseln. Wer hätte damals gedacht, daß es bis zur finalen Kapitulationsphase zwei Jahrzehnte dauern würde.

Nach zwei Veröffentlichungen, die 1979 und 1984 erschienen, jetzt also noch einmal ein Buch über Gold. Warum? Weil der moderne Goldmarkt in den vier Jahrzehnten, die auf den folgenden Seiten gestreift werden, zum ersten Mal überhaupt einen vollen Zyklus nach oben und unten durchlaufen hat. Weil die Masse der Anleger auch nach den Preissteigerungen seit 2001 Gold immer noch nicht als legitime und normale Anlageform wiederentdeckt hat. Weil in den nächsten Jahren mit ein wenig Glück vielleicht doch noch günstigere Einstiegspreise winken. Und weil einem Portfolio, das angesichts der wachsenden Risiken an den Finanzmärkten auf Gold verzichtet, ganz einfach die Balance fehlt.

Einerseits ist Gold ein einfaches, fast archaisches Investment. Andererseits hat auch der Goldmarkt, wie alle Finanzmärkte, seine Tücken. Nur wer ihn versteht, wer in seine

Geheimnisse eindringt, wird auf Dauer Erfolg haben. Dabei soll das vorliegende Buch, in dem drei Jahrzehnte Faszination und praktische Erfahrung stecken, behilflich sein. »Ohne Erfahrung an der Börse«, sagte André Kostolany, »ist es schwer, gute Nerven zu haben.« Wie auch immer, ich habe den Goldmarkt im Laufe der Zeit als hohe Schule des realistischen Denkens und als Gegengift gegen die Versuchungen der Ideologie und der Illusion kennen- und schätzengelernt.

Bruno Bandulet
Bad Kissingen, im Juli 2007

P. S.: Bevor Sie mit der Lektüre beginnen, empfiehlt es sich vielleicht, einen ersten Blick auf die Grafiken am Ende des Buches zu werfen. Soweit wie möglich sind sie in derselben Reihenfolge angeordnet wie die Kapitel. Sie ergänzen und illustrieren den Text. Da das vorliegende Buch kein Ratgeber im üblichen Sinne ist, sondern wenig Bekanntes, Unbekanntes und Hintergründe vermitteln will, wurde auf eine komplette Aufzählung der Produkte, die dem Goldanleger zur Verfügung stehen, verzichtet. Aber es ist im Grunde gleichgültig, ob Sie Barren oder Münzen, den Krügerrand oder den Maple Leaf bevorzugen. Ein ganz anderes Thema sind die Gold-Aktien. Als Investment sind sie schwieriger, volatiler und anspruchsvoller, aber oft auch lohnender als das Metall – und sie erfordern eine kontinuierliche Beobachtung und Informationsbeschaffung, die ein Buch nicht leisten kann. Gold ist Pflicht, die Goldaktien die Kür.

Kapitel I

Der Mythos lebt

Die Finanzmärkte zwischen Realität und Fiktion – und warum Gold vielseitiger ist als jede andere Anlage

Womit sollen wir unsere Expedition in die Welt des Goldes beginnen? Mit einem Blick in die Geschichte? Mit der Frage nach seinem Wert? Oder, indem wir es mit anderen Vermögensanlagen vergleichen? Am besten mit allen drei Themenbereichen nacheinander, denn das eine läßt sich ohne das andere nicht verstehen.

Gold ist getränkt mit Geschichte: mit Aufstieg und Niedergang großer Kulturen, mit Eroberungen und Kriegen und mit der Stabilität langer Friedensperioden, mit der Sehnsucht der menschlichen Rasse nach Transzendenz und Schönheit. Seit acht oder neun Jahrtausenden kennen und schätzen die Menschen Gold, seit 3000 Jahren wird es als Geld genutzt. Schon die europäische Bronzezeit kannte Goldschmuck. Die Pharaonen Ramses II. und Ramses III. aßen von massivem Goldgeschirr, ihre Throne waren aus purem Gold. Der Historiker Diodorus berichtete von babylonischen Kolossalstatuen aus Gold, die mit den dazugehörigen Altären 143 000 Kilogramm wogen. Auch für die Juden, die das Metall wahrscheinlich erst in Ägypten kennenlernten, war Gold das Symbol des göttlichen Lichtes. Der Tempel des Salomon war mit Gold überreich ausgestattet. Die Etrusker waren Meister im Granulieren von Gold und in Filigranarbeiten. Die Germanen führten auf ihren Heerzügen der Völkerwanderungszeit

Goldschmuck mit sich. Die mittelalterliche Gotik schuf religiöse Kunstwerke aus Gold von unvergänglicher Schönheit. Die Bibel ist voller Bezüge auf Gold, in ihrer Symbolik bedeutet Gold immer etwas Kostbares. Noch immer gelten die liturgischen Vorschriften der katholischen Kirche, wonach die Geräte, die unmittelbar mit dem Heiligsten in Berührung kommen, aus Gold sein müssen.

Kein anderes Gut, kein anderes Geld ist so tief und so fest im kollektiven Gedächtnis der Menschheit verankert. Alle Erklärungen der jüngsten Zeit, daß Gold tot sei, waren in den Wind gesprochen. Es ist erst ein paar Jahre her, daß Gold als obsolet und nutzlos geschmäht wurde – und doch erwies sich der Mythos als unzerstörbar. Die Schweizerische Kreditanstalt formulierte es in ihrem 1982 erschienenen Goldhandbuch so: »Seit der Morgendämmerung der Geschichte ist Gold als Symbol der Macht und als Wertaufbewahrungsmittel bekannt. In dieser langen Zeit, die das Entstehen und den Niedergang zahlreicher Weltreiche und Kulturen sah, hatte das Gold stets einen Markt und einen Wert. Im Unterschied zu ihm sind alle anderen als Geld benutzten Waren – wie Muscheln, Vieh, Steine, ja selbst das Silber – von der Bildfläche verschwunden oder stark zurückgedrängt. Sogar beim Grund und Boden, einem anderen traditionellen Vehikel der Vermögensanlage, wurden durch Kriege und Rechtsänderungen die Eigentumsverhältnisse wiederholt von Grund auf umgestülpt. Einzig mit dem leicht aufbewahrbaren Gold konnten Vermögen theoretisch aus grauer Vorzeit in die Gegenwart herübergerettet werden.«

Und doch tangiert auch Gold, wie alles im Leben, den Bereich des Fiktiven. Wäre Fort Knox in Wirklichkeit leer, würde das dem Dollar nicht im geringsten schaden, solange die Öffentlichkeit davon überzeugt wäre, daß die amerikanischen Goldreserven dort immer noch liegen. Wäre Gold nie gefunden worden, würde es auch niemand vermissen. Holger Bonus kam in seinem anregenden Buch über das »Unwirkliche in der Ökonomie« zu dem Schluß, daß der hohe Wert des Goldes auf nichts anderem als der allgemeinen Überzeugung beruhe, daß Gold einen hohen Wert habe. Auch die Notenbanken stapelten Zehntausende von Tonnen nur deshalb in ihren Kellern, weil sie wüßten, daß andere Zentralbanken die Barren immer gerne annehmen würden. Bonus spricht von einer »Konvention, das Fiktive für real zu nehmen«. Und diese Konvention sei bei Gold weniger künstlich als etwa bei Anleihen. »Die enorme Wertschätzung von Gold ist offenbar in der menschlichen Psyche tief verwurzelt.« Hinzugefügt werden muß: Sie ist nicht etwa tief verwurzelt durch den Beschluß irgendwelcher Regierungen, sondern durch einen freien gesellschaftlichen Konsens, der Jahrtausende überdauert hat. Auf diesem Konsens über den wirklichen und hohen Wert des Goldes beruht seine Stellung in der Kultur- und Geldgeschichte. Seine Knappheit und seine einzigartigen chemisch-physikalischen und ästhetischen Eigenschaften waren dabei nur die Voraussetzung.

Von Seiten der Goldgegner ist oft zu hören, daß ein Vielfaches der Jahresproduktion in den staatlichen und privaten Tresoren liege und daß Gold keine Zinsen abwerfe. Tatsächlich ist ein großer Teil des jemals geförderten Goldes noch vorhanden. Es wird nicht verbraucht wie andere Rohstoffe, wie Weizen, Zucker oder wie die Industriemetalle. Wie groß die Weltgoldbestände wirklich sind, ist nicht bekannt. Meist wird eine Menge zwischen 130 000 Tonnen (das wäre ein Würfel mit einer Kantenlänge von knapp 19 Metern) und 150 000 Tonnen genannt. Wie vage diese Angaben sind, geht schon daraus hervor, daß das *World Gold Council* den Goldbesitz der Inder, die mehr Gold horten als jedes andere Volk, einmal auf 8000 bis 12 000 Tonnen schätzte.

Nehmen wir einmal an, alle Notenbanken würden ihre Goldbarren auf einmal auf den Markt werfen. Dann würde der Preis abstürzen, aber nicht ins Bodenlose. Es gäbe genügend Interessenten, die die Gelegenheit nutzen würden, günstig an eine Vermögensanlage zu kommen, die ihnen bisher vielleicht zu teuer erschien. Der Preis würde sich fangen und wieder steigen. Da die Regierenden den Wert des Goldes nie dekretiert haben, können sie ihn auch nicht per Dekret aufheben. Eben dies macht Gold zu einem favorisierten Investment jener Bürger, die die Freiheit über alles schätzen, die sich vom Staat nicht mehr viel erhoffen und die der politischen Klasse grundsätzlich mißtrauen.

Wo liegt schon die Grenze zwischen Fiktion und Realität? Ungedecktes Geld ist ungleich fiktiver als Gold. Zu Zeiten Goethes war es wenigstens noch faßbar. Im *Faust* ist noch von »Zetteln« die Rede. Die Zettel als gesetzliches Zahlungsmittel, also die bedruckten Geldscheine, kursieren immer noch. Aber der Großteil der gigantischen Geldmengen, die mit jährlichen Wachstumsraten von zuletzt zehn Prozent die Welt überfluten, existiert nur noch elektronisch. Stürzen die Computer ab, sind die Guthaben nicht mehr greifbar. Und selbst die Annahme, daß man jederzeit den Gegenwert seines Kontos bei der Bank bar abheben kann, beruht auf der Bedingung, daß nicht alle Bankkunden dies auf einmal tun. Dann würde sich nämlich herausstellen, daß die vorhandenen Banknoten nicht ausreichen. Solange die Bank solvent ist, kann sie sich neue Noten bei der Zentralbank besorgen. Wenn nicht, muß sie die Schalter schließen.

In seinem Klassiker *Geld, Gold und Gottspieler* geht Roland Baader einen Schritt weiter, wenn er anmerkt: »Die Tatsache, daß die durch nichts gedeckten Papierscheine, die wir heute (und schon lange) in unseren Taschen herumtragen, durch staatlichen Befehl zu ›Geld‹ erklärt worden sind, muß noch lange nicht bedeuten, daß sie auch tatsächlich Geld sind. Und in der Tat sind sie das nicht. Was wir ›Geld‹ nennen, ist kein Geld.« Baader kommt zu dem Schluß: »Geld ist und bleibt also nur das, was der freie Markt als Geld geschaffen hat, nämlich Gold (und zum Teil Silber).«

Wenn schon Papiergeld fiktiv ist, sind es erst recht Regierungsanleihen, denn das Papiergeld wurde von den Regierungen nachweislich zu dem Zweck eingeführt, Schulden machen zu können. Daß sich Anleihen im Gegensatz zu Gold verzinsen, ist nachvollziehbar. Unqualifiziert argumentieren diejenigen Geldideologen, die im Zins die Quelle allen kapitalistischen Übels sehen und ihn am liebsten abschaffen würden. Wenn ich z. B. einem Unternehmen Geld leihe, gehe ich davon aus, daß die Mittel vernünftig investiert werden, daß sie Gewinne abwerfen und daß mein Darlehen aus diesen Gewinnen bedient und zurückgezahlt werden kann. Ich beteilige mich am unternehmerischen Risiko und erwarte dafür eine Kompensation, eine Art von Gewinnbeteiligung. Wäre der Kredit zinslos, könnte ich das Geld genausogut und ohne Risiko unter die Matratze stecken. Weil Gold keine Forderung an einen Dritten darstellt und logischerweise kein Bonitätsrisiko beinhaltet, wirft es normalerweise keine Zinsen ab – und das ist völlig in Ordnung.

Mit den Staatsanleihen verhält es sich etwas anders als mit Unternehmensanleihen. Hier kommt von Anfang an etwas Betrügerisches ins Spiel. Der Staat bildet mit dem Geld, das ihm seine Bürger oder (im Falle der USA) die Ausländer leihen, kein Produktivvermögen, aus dessen Ertrag die Papiere verzinst und zurückgezahlt werden können. Das Geld wird für andere Zwecke ausgegeben: für die Umverteilung, für den Unterhalt der politischen und bürokratischen Klasse, für die Beeinflussung und Bestechung fremder Regierungen und für Kriege.

Der Staat kann nur so lange neue Schulden machen, als er in der Lage ist, die Zinsen auf die alten zu zahlen. Zu diesem Zweck nimmt er ständig neue Schulden auf. Er wälzt einen immer größeren Schuldenberg vor sich her. Das geht erstaunlich lange gut, weil der Obrigkeit Instrumente zur Verfügung stehen, über die ein Unternehmen nicht gebietet. Sie kann durch Besteuerung, d. h. durch Teilenteignung der Bürger, ihre Einnahmen bis zu einem gewissen Grad willkürlich anheben; sie kann auf Inflation setzen, d. h. auf die Entwertung der Schulden; und sie holt sich einen Teil der Zinsen, die sie ihren Gläubigern zahlt, per Steuer umgehend wieder zurück. So kommt zum Schaden auch noch der Spott.

Am Aktienmarkt ist das Verhältnis zwischen Realität und Fiktion schon günstiger. Der Aktionär ist an einem Unternehmen beteiligt, das Vermögenswerte besitzt, Güter produziert, Dienstleistungen erbringt und – hoffentlich – Gewinne erwirtschaftet. Allerdings ist der Wert der Aktie nur selten identisch mit ihrem Preis. In den Aktienkursen stecken Gewinnerwartungen, menschliche Emotionen, richtige und falsche Informationen. Sie sind der Massenpsychologie ausgesetzt. Im fortgeschrittenen Stadium einer Börsenhausse können sich die Kurse als völlig fiktiv erweisen, sobald diejenigen Aktionäre, die verkaufen wollen, keine oder zu wenige Käufer finden. Dann kommt es zum Crash oder zu einer langen, zermürbenden Baisse, bis die Papiere schließlich weit unter ihrem inneren Wert gehandelt werden.

Je mehr Teilnehmer sich am Aktienmarkt betätigen, die nur an Kursdifferenzen interessiert sind und nicht an einer langfristigen Firmenbeteiligung, desto schwankungsanfälliger sind die Kurse. Daß die Finanzmärkte effizient seien und daß der jeweilige Kurs der richtige sei, ist eine fromme Legende. Finanzmärkte sind vielmehr gerade deswegen interessant, weil Preis und Wert immer wieder divergieren und weil nur diese Differenz günstige Käufe und Verkäufe ermöglicht.

In seinem Buch über den »Großen Crash 1929« schrieb der amerikanische Wirtschaftswissenschaftler John Kenneth Galbraith: »Natürlich hatte – und hat – nichts, was von der Börse immer wieder erzählt wurde – und wird –, einen Zusammenhang mit der Realität. Zwischen den Menschen gibt es eben eine ganz besondere Art der Verständigung, die nicht auf Wissen beruht, ja nicht einmal auf dem Mangel an Kenntnissen, sondern auf der Unmöglichkeit, das zu erfahren, was man nicht weiß. Genau das traf auf viele Diskussionen über die Börse zu. Beim Lunch, etwa im Zentrum von Scranton, berichtete ein bekannter Arzt vom drohenden Aktiensplit der *Western Utility Investors* und dessen Auswirkung auf die Kurse. Weder der Doktor noch seine Zuhörer wußten, warum sie gesplittet werden sollten und warum das die Aktienkurse steigern sollte. Sie wußten vermutlich nicht einmal, warum die *Western Utility Investors* überhaupt einen Wert hatten. Aber weder der Doktor noch seine Zuhörer waren sich klar darüber, daß sie nichts wußten.« Da werden Erinnerungen wach an die Blase des Neuen Marktes in Deutschland, die zu Beginn des Jahrzehnts platzte.

Eine Parallele besteht darin, daß die von den Medien erzeugte Klischeevorstellung, jedermann sei am Börsenboom beteiligt, 2000 ebenso falsch war wie 1929. In der Hausse, die 1929 zusammenbrach, waren von den damals 120 Millionen Amerikanern nur eineinhalb Millionen aktiv an der Börse engagiert. Und davon kaufte die Mehrheit ihre Papiere in bar, nur etwa 600 000 spekulierten auf Pump. Und diese 600 000 genügten, um einen Exzeß anzuheizen, der in einem beispiellosen Kollaps endete, die reale Wirtschaft mit in die Tiefe riß, die halbe Welt in die Depression stürzte und den Boden für den nächsten Weltkrieg bereitete.

In den Jahren 1929 und 2000 und bei vielen anderen Gelegenheiten wären die Anleger gut beraten gewesen, der Hysterie und der veröffentlichten Meinung zu mißtrauen, abseits zu stehen oder wenigstens das Risiko zu mindern – durch einen Goldanteil im Portfolio. Zu diversifizieren, nicht alle Eier in einen Korb zu legen und Risiken zu verteilen ist für den langfristigen Erfolg einer Vermögensanlage ungleich wichtiger als das richtige Timing, das ohnehin nur manchmal oder nur durch Zufall gelingt. Spekulation ist legitim, so wie sie André Kostolany verstand – als aufmerksames und kritisches Beobachten des monetären, wirtschaftlichen und politischen Umfeldes, aus dem intelligente Schlüsse gezogen und in konkretes Handeln umgesetzt werden. Schließlich kommt »spekulieren« vom lateinischen *speculari*, und das heißt: beobachten. »Die Spekulation beginnt mit der instinktiven Absicht«, sagte Kostolany einmal, »das eigene Hab und Gut auf Dauer zu erhalten.«

Dabei spielt Gold eine Schlüsselrolle, weil es eine Reihe von Vorzügen aufweist, die sich einzeln auch bei anderen Anlagen finden lassen, nie aber in dieser vollständigen Kombination.

Auch Rohstoffe tragen zwar ein Preisrisiko, aber kein Bonitätsrisiko. Auch Weizen, Zucker, Zink und Kupfer sind wertvoll und unersetzlich. Allerdings lassen sie sich entweder nur für begrenzte Zeit lagern, oder die Lagerhaltung ist für den Investor unvertretbar teuer. Außerdem verhalten sich die Preise zyklischer. Bei hohen Weizen- oder Zuckerpreisen kann die Anbaufläche schon für die nächste Saison erweitert werden. Selbst die Förderung von Industriemetallen (und damit auch die des Nebenproduktes Silber) wird in einem überschaubaren Zeitrahmen auf hohe Preise reagieren. Und die Rohstoffe sind, eben wegen ihrer industriellen Verwendung, stärker vom Wirtschaftszyklus abhängig. Ein anderes Problem besteht in aller Regel darin, daß die Anlage in Agrarprodukten und Metallen nur über die Terminmärkte möglich ist, also nicht zu Kassapreisen wie bei den Edelmetallen. Wenn die Terminpreise über den Kassapreisen liegen (das nennt man Contango), dann wird z. B. ein Weizenzertifikat auch dann ständig weniger wert werden, wenn der Kassapreis für Weizen nur gleich bleibt. Weil Gold wegen der oberirdischen Bestände und auch wegen der Ausleihungen ein großer, liquider Markt ist, werden die Preisausschläge nach oben und unten in der Regel geringer ausfallen als bei anderen Rohstoffen. In jedem Fall ist Gold mobiler und diskreter. Verstecken Sie einmal ein paar Tonnen Kupfer vor den Behörden!

Zu den knappen und inflationsresistenten Sachwerten zählen auch Diamanten. Auch mit Diamanten konnten Menschen, die vor Krieg und Verfolgung flohen, ihr Vermögen retten. Sie sind sogar leichter zu transportieren als Gold. Nachteilig sind die enorme Spanne zwischen An- und Verkauf und die unsichere Bewertung, die freilich weniger subjektiv und weniger Modeströmungen unterworfen ist, als es auf Gemälde und andere Kunstgegenstände zutrifft. In der Deflation allerdings sind Diamanten wenig gefragt und schwer verkäuflich. In der Deflation der 1930er Jahre saß *De Beers* auf derart großen Beständen, daß ernsthaft überlegt wurde, einen Teil davon in die Nordsee zu kippen, um den Preis zu stabilisieren.

Die zweite Anlageklasse, nämlich Grund und Boden sowie Immobilien, bietet grundsätzlich Schutz gegen Geldentwertung und Währungsreformen, ist jedoch nicht beweglich, kann leichter als Gold enteignet und besteuert werden, trägt ein Länderrisiko, ist von Natur aus nicht diskret und sehr abhängig von der Lage. Geschlossene Immobilienfonds können unabhängig von ihrem inneren Wert zeitweise unverkäuflich sein. Immobilien nutzen sich ab und sind nicht homogen. Trotz allem waren die großen deutschen Vermögen, die das vergangene Jahrhundert überdauert haben, immer auch in Immobilien engagiert. Sie durften nur nicht in Ostdeutschland oder in der Sowjetischen Besatzungszone liegen – dort wurden sie von der Regierung Kohl ein zweites Mal enteignet. Immobilien sind nicht so fungibel wie Gold. Sie lassen sich nicht jederzeit verkaufen, und die Marge zwischen An- und Verkauf kann sehr groß sein. Fungibilität, d.h. Marktgängigkeit, setzt voraus, daß Sachen oder Wertpapiere der gleichen Gattung und Menge jederzeit austauschbar sind. Eine Unze Gold bleibt eine Unze Gold, gleichgültig, ob sie in Südafrika oder Rußland gefördert wurde.

Aktien als dritte Anlageklasse sind wie Gold fungibel, tragen jedoch ein Währungs- und Länderrisiko und können bei Überschuldung des Unternehmens wertlos werden. Auf sehr lange Sicht generieren Qualitätsaktien den höchsten Ertrag aller Anlageklassen.

Anleihen wiederum sind ein schlechtes Geschäft, wenn die Rendite unter dem Inflations- und Steuersatz liegt, und vor allem, wenn sie in einer Periode steigender Inflation gekauft werden. Anleihen sind der Geldwert par excellence. Zumindest im vergangenen Jahrhundert waren sie in Deutschland und in vielen anderen Ländern mehr als einmal das sicherste Rezept, alles zu verlieren. In der Regel steigt das Risiko mit der Höhe des Coupons. Das trifft besonders auch auf die in Deutschland beliebten Fremdwährungsanleihen zu. Entscheidend ist immer die Bonität des Schuldners. Am Ende eines langen Inflationszyklus wie zu Beginn der 1980er Jahre, als die amerikanische Prime Rate bei 20 Prozent lag und der Coupon 20jähriger amerikanischer Staatsanleihen bei 15 Prozent, können Anleihen ein glänzendes Investment sein. Generell jedoch sind ihr Wert und ihre Sicherheit der Willkür der Notenbanken und Regierungen beziehungsweise der wirtschaftlichen Entwicklung eines Unternehmens ausgesetzt.

Das Fazit lautet, daß Gold der einzige effiziente Markt für einen homogenen, fungiblen, mobilen, international akzeptierten, staatenlosen und diskreten Sachwert darstellt – für einen Sachwert mit geldähnlichen Eigenschaften. Gold trägt, um es zu wiederholen, immer ein Preisrisiko, aber nie ein Bonitätsrisiko. Silber mit seinem erheblich kleineren Markt und seiner größeren Volatilität (und dem Nachteil der Mehrwertsteuer in Deutschland) kommt dem Gold noch am nächsten, hat sich aber historisch als weniger wertbeständig erwiesen.

Unsere Überlegungen werden bestätigt von einer ambitiösen Untersuchung (*Gold as a Store of Value*), die im November 1998, also in einer Zeit tiefer Goldpreise, vom *World Gold Council* veröffentlicht wurde. (Das *World Gold Council* mit seinem Hauptquartier in London wird von den großen internationalen Goldminengesellschaften finanziert.) Danach rentierten Aktien in den USA im Zeitraum von 1896 bis 1996 mit 6,10 Prozent im jährlichen Durchschnitt, langfristige Regierungsanleihen mit 0,42 Prozent, Treasury Bills mit 0,21 Prozent und Gold mit 0,60 Prozent. Alle Erträge schließen Zinsen und Dividenden mit ein und sind real, d. h. unter Abzug der Geldentwertung.

Das Resultat kann kaum überraschen. Die Aktien lagen dank wachsender Wirtschaft an erster Stelle – trotz dramatischer Einbrüche wie nach 1929 und trotz der miserablen 1970er Jahre. Die Bonds schnitten, obwohl sie feste Zinsen zahlten, schlechter ab als Gold, und Gold lieferte sogar mehr, als von ihm erwartet werden konnte: Es behielt nicht nur seine Kaufkraft, es konnte sie sogar über 100 Jahre hinweg steigern.

Noch besser schnitt Gold im Zeitraum 1968 bis 1996 ab, als der durchschnittliche jährliche Ertrag 4,21 Prozent ausmachte. Das war mehr als bei den Bonds, und es konnte sich selbst neben dem Aktienertrag (mit 6,29 Prozent jährlich) sehen lassen. Bemerkenswert ist auch, daß bei den Aktien die höchsten Jahresgewinne in der Zeit von 1896 bis 1996 geringer ausfielen als bei Gold und – wichtiger noch – die höchsten Jahresverluste größer. Die besten Jahresrenditen erreichten bei Gold 77,6 Prozent, die schlechtesten minus 28,7 Prozent. Mit anderen Worten: Die maximalen Abweichungen waren bei den Aktien nach oben kleiner und nach unten größer als bei Gold.

Für Deutschland läßt sich der Vergleich in dieser Form wegen der verlorenen Kriege und der Währungsreformen nicht anstellen. Dafür fehlte die Kontinuität. Daß Gold in der untersuchten Periode von 1896 bis 1996 gerade für Deutsche eine ideale langfristige Anlage war, kann kaum überraschen. Von der Einführung des Goldstandards nach der Reichsgründung 1871 bis zum Kriegsausbruch 1914 blieb nicht nur der nominale, sondern auch der reale Goldpreis konstant. 1924, also nach dem Ende der Hyperinflation, lag die Kaufkraft des Metalls wieder fast genau auf dem Niveau von 1918. Ende der 1920er, Anfang der 1930er Jahre stieg die Kaufkraft des Goldes auch in Deutschland wegen der Deflation. 1950, nach Gründung der Bundesrepublik, konnte man hierzulande mit Gold sogar mehr kaufen als zum Ende des 19. Jahrhunderts. Dann sank der reale Goldpreis zwei Jahrzehnte lang, weil der offizielle Unzenpreis bei 35 Dollar fixiert blieb, während die allgemeinen Preise erst langsam, dann schneller anstiegen. 1980 erreichten reale und nominale Goldpreise ihren Höhepunkt, bis dann zum Ende der 1990er Jahre wieder die Nähe der historischen Kaufkraftparität erreicht war.

Gold hat sich auch aus deutscher Sicht über mehr als ein Jahrhundert hinweg, in Krieg und Frieden, in Inflation und Deflation, als perfektes Wertaufbewahrungsmittel erwiesen. Es hat alle vier Regimewechsel überdauert. Daß die Bürger in der geordneten, scheinbar unerschütterlichen Welt des Kaiserreichs nicht im entferntesten ahnen konnten, was das Jahrhundert bringen würde, daß es damals offensichtlich keinen Grund gab, Gold zu horten, ist durchaus richtig. Aber das ist gerade der springende Punkt: Wir sehen nicht in die Zukunft. Sicher ist nur der Wandel.

Selten dringen Geschichten an die Öffentlichkeit wie die des ehemaligen DDR-Bürgers F. G., der im Winter 2004 bei dem Münchener Goldhändler pro aurum am Prinzregentenplatz auftauchte und einen Goldschatz einlieferte, den sein Vater 1945 im Garten vergraben hatte, bevor er in den Westen floh. Dort lagen die Goldbarren in der Erde, überstanden ein halbes Jahrhundert Kommunismus, die Wende und selbst das Ende der Deutschen Mark. Als der Sohn die Barren ausgrub, hatten sie ihren Zweck erfüllt: das Vermögen in schweren Zeiten zu erhalten.

Kapitel II

Der erste Goldkrieg

1968 bis 1980: Der Goldpool wird gesprengt. Der Dollar stürzt ab. Nixon schließt das Goldfenster und startet die größte Goldhausse aller Zeiten

Als der Goldpreis Ende der 1990er Jahre scheinbar nur noch eine Richtung kannte, als der Markt von verkauftem und verliehenem Zentralbankgold überschwemmt wurde, als derselbe Krügerrand, von dem die Deutschen noch 20 Jahre zuvor nicht genug bekommen konnten, massenweise eingeschmolzen werden mußte – da glaubte alle Welt, Gold sei als Investment tot. Die Anleger kehrten ihre Schließfächer aus, selbst die ewig optimistischen Manager der Goldminen verfielen in Depression, Gurus traten auf, die einen Preisverfall bis auf 35 Dollar prophezeiten, und wer sich bei seiner Bank nach Goldanlagen erkundigte, erntete bestenfalls ein mitleidiges Lächeln.

Nur diejenigen, die die Geschichte des Goldes aus den 1960er und 1970er Jahren kannten, widerstanden der Propaganda. Es war alles schon einmal dagewesen: der Antagonismus zwischen Gold und Dollar, die offene und verdeckte Manipulation durch Regierungen und Zentralbanken, die Gehirnwäsche durch die Medien – aber auch die schließliche Renaissance des gelben Metalls.

Wenn wir die Geschichte des ersten Goldkrieges studieren, die im folgenden erzählt wird, verstehen wir besser, welche Konsequenzen das Ende der Bindung des Dollars an das Gold haben mußte, warum die Machthaber in Washington Gold als

Provokation empfanden und warum sie es bekämpften, wie das frühere Weltwährungssystem durch eine bis heute bestehende Währungsunordnung ersetzt wurde und welche enormen Risiken die ungezügelte Ausweitung von Schulden und Geldmengen für die Zukunft birgt.

Die Geschichte des ersten Goldkrieges ist auch die Geschichte eines Kampfes gegen die Realität. Und sie erinnert uns daran, daß der moderne Goldmarkt noch sehr jung ist. Er hat erst einen vollen Zyklus durchlaufen: eine Hausse, die für sehr klarsichtige Beobachter bereits Anfang der 1960er Jahre absehbar war und die erst in den 1970er Jahren richtig in Fahrt kam; einen zyklischen Höhepunkt im Januar 1980, als die Feinunze in London bei 850 Dollar gefixt wurde und der Goldpreis fast gleichauf mit dem Börsenbarometer Dow Jones lag; und eine ähnlich lange, 20jährige Baisse, die – mit Unterbrechungen – erst im Herbst 1999 oder Anfang 2001 (je nachdem, wie man rechnet) zu Ende ging.

Die Währungsordnung, die in den Stürmen des ersten Goldkrieges zerbrach, wird meist mit der geographischen Bezeichnung »Bretton Woods« umschrieben, einem Luftkurort im Nordosten der Vereinigten Staaten, wo Präsident Roosevelt 1944 der Welt eine neue Währungsordnung von amerikanischen Gnaden verschrieb.

Der deutsche Wirtschaftsjournalist Rudolf Herlt (*Die Zeit*) meinte dazu, es sei den Amerikanern damals gelungen, »die Währungsordnung der Nachkriegszeit ganz auf ihre eigenen Bedürfnisse zuzuschneiden«. Herlt formulierte: »Das Abkommen von Bretton Woods, das den westlichen Industrieländern 20 Jahre lang in beispielloser Weise als Instrument der Wohlstandmehrung diente, war praktisch ein amerikanisches Diktat. Es brachte die offizielle Anerkennung der absoluten Vormachtstellung des in Gold einlösbaren Dollars.«

Den Teilnehmern von Bretton Woods, die dort ein Jahr vor Kriegsende den Internationalen Währungsfonds (IWF) gründeten, dürfte kaum bewußt gewesen sein, welche Tragweite jener unscheinbare Satz in Artikel IV des Abkommens einmal haben würde. »Der Wechselkurs der Währung jedes Mitgliedes«, so hieß es da, »soll ausgedrückt werden in Gold als gemeinsamem Nenner oder in US-Dollar des Gewichtes und Reinheitsgrades, wie sie am 1. Juni 1944 galten.«

Gemeint war damit, daß der amerikanische Dollar damals und noch lange Zeit danach in einem festen Preisverhältnis zum Gold stand. Eine Unze Gold, also 31,1035 Gramm, kostete offiziell und scheinbar unwiderruflich 35 Dollar. Da alle beteiligten Währungen starr an den Dollar gekoppelt waren, der Dollar aber fest an den Goldpreis gebunden war, konnte gleichzeitig auch der Wert jeder beliebigen Währung in Gold angegeben werden. Das galt selbstverständlich auch für die Deutsche Mark. Am 28. September 1949, als die Mark im Jahr nach der Währungsreform abgewertet wurde, kostete ein Dollar 4,20 Mark, und eine Mark entsprach 0,211588 Gramm Feingold. Nach der ersten Aufwertung der Mark am 6. März 1961 kostete der Dollar – bis 1969 – vier Mark, und für die Mark bekam man jetzt etwas mehr Gold, nämlich 0,222168 Gramm.

Der Goldpreis von 35 Dollar, um den sich alles drehte, kam höchst willkürlich zustande.

1932, im Jahr vor Roosevelts Amtsantritt, betrug der durchschnittliche Goldpreis in den USA 20,68 Dollar. Kaum an der Macht, begann der Präsident den Preis nach oben zu manipulieren, weil er glaubte, damit würden auch alle anderen Preise steigen, und folglich würde die Wirtschaft, die in tiefster Depression steckte, expandieren. Die Regierung diktierte den Goldpreis, indem sie Gold zu einem von ihr festgelegten Preis aufkaufte – damit war garantiert, daß sich ein niedrigerer Preis am Markt nicht halten konnte.

Roosevelt machte sich einen Spaß daraus, täglich beim Frühstück nach eigener Laune den Preis des gelben Metalls festzulegen. Zum Beispiel verfügte er einmal, Gold solle an diesem Tag um 21 Cent teurer werden, nachdem er die drei mit der sieben multipliziert und entschieden hatte, 21 sei eine Glückszahl. Nachdem Gold auf diese Weise auf 35 Dollar geklettert war, verlor er plötzlich die Lust am Spiel und legte den Goldpreis ein für alle Mal auf dieser Höhe fest – im Gold Reserve Act von 1934, der das *Federal Reserve System* und das Schatzministerium (*Treasury*) verpflichtete, fortan für eine Unze 35 Dollar zu zahlen. Der IWF, die neue Weltwährungsbehörde, folgte später ohne Widerspruch der weisen Eingebung des großen Präsidenten.

Das Versprechen der Regierung in Washington, für Dollar Gold zu geben, galt freilich nicht gegenüber den eigenen Bürgern. Ihnen war der Besitz von Barren und Münzen – ein seltsam totalitärer Zug der amerikanischen Demokratie – genauso verboten wie den Untertanen des stalinistischen Rußlands. Die Goldeinlösungspflicht bezog sich vielmehr ausschließlich auf den Verkehr zwischen den Zentralbanken des Bretton-Woods-Systems: Sie konnten jederzeit ihre Dollar-Guthaben in Washington vorlegen und dafür Gold kassieren, denn der Dollar war schließlich goldgedeckt.

Damit war die Falle bereits aufgestellt, in die die Amerikaner später, in den 1960er und 1970er Jahren, laufen sollten. Hineinlaufen konnten sie aber nur, weil sie das Abkommen von Bretton Woods zur Finanzierung ihrer politischen und wirtschaftlichen Hegemonie über die Welt mißbrauchten. Anfangs, in den 1950er Jahren, wurde der Mißbrauch auch von den Europäern als wohltuend empfunden, später erzeugte er wachsenden Unwillen, der schließlich in den Kampfhandlungen des Goldkriegs explodierte.

Das System von Bretton Woods war, und dieser Punkt ist entscheidend, kein Goldstandard, sondern ein Gold/Devisen-Standard. Er ging zurück auf die Weltwirtschaftskonferenz von Genua, auf der 1922 erstmals empfohlen wurde, neben dem Gold auch Devisen, also Währungen dritter Länder, als Währungsreserve zu verwenden. Nachdem England zweimal einen Weltkrieg gewonnen und zugleich verloren hatte, empfahl sich logischerweise nicht mehr das geschwächte Pfund, sondern der harte Dollar als Weltreservewährung.

Der Vorteil für die USA war unübersehbar. Sie konnten Kriege, wirtschaftliche Eroberungen in der Welt und teure Importe nahezu unbeschränkt finanzieren, weil sie zur Begleichung der Kosten nur Dollars drucken mußten – Dollar, die jeder überall in Zahlung nahm. Sie konnten sich ein permanentes Defizit ihrer Außenbilanz erlauben, weil sie selbst, und nur sie, an der großen Geldquelle saßen. Die anderen mochten Währungsdisziplin üben, die Amerikaner, die selbst die Regeln des Spiels bestimmten, hatten dergleichen nicht nötig.

Tatsächlich begannen die amerikanischen Leistungsbilanzdefizite schon in den 1950er Jahren zu wachsen, in einer Zeit, da die europäischen Regierungen den damals noch milden Dollar-Regen als wachstumsfördernd für die eigene Wirtschaft empfanden. Mit der Zeit aber begriffen sie, daß die Amerikaner unbekümmert über ihre Verhältnisse lebten, daß sie mehr ausgaben als sie einnahmen, daß sie Inflation in alle Welt exportierten und daß sie damit den Ast der Währungsstabilität absägten, auf dem sie selbst und alle anderen saßen.

Immerhin, das System von Bretton Woods besaß einen eingebauten Mechanismus, der dem Mißbrauch Grenzen setzte, den zuverlässigsten Mechanismus überhaupt, den es gegen leichtsinnige Geldvermehrung gibt, nämlich die Bindung an das Gold. Weil die USA dem Ausland gegenüber im Wort standen, die exportierten Dollars auf Wunsch gegen Gold einzuwechseln, mußten sie in die Klemme geraten, sobald die Summe der ausländischen Forderungen größer war als ihre Deckung durch die Goldvorräte in Fort Knox und in der *Federal Reserve Bank* von New York. Eben dies war die Goldfalle von Bretton Woods, und der Augenblick, da sie aufklappte, kam 1959.

Wenig später begann sich auch die Goldfront zu formieren: eine heterogene Allianz gegen die amerikanische Finanzhegemonie, eine Allianz, in der sich die Franzosen unter General de Gaulle, die kühlen Strategen des Moskauer Politbüros, die Buren Südafrikas und die distinguierten Herren der Schweizer Großbanken, ja sogar deutsche Bankiers zusammenfanden. So unterschiedlich ihre Philosophie und ihre Motive waren, so setzten sie doch alle auf Gold – und auf das Wagnis des Kampfes gegen eine Weltmacht, die unerbittlich entschlossen war, den Preis von 35 Dollar zu halten und mit dem Preis das gesamte System von Bretton Woods.

In jenem Jahr 1959, als sich der Konflikt anbahnte, überstiegen die kurzfristigen ausländischen Dollar-Forderungen zum ersten Mal nach dem Krieg die amerikanischen Goldreserven. Erstmals konnte die Bank, zumindest theoretisch, gesprengt werden. Theoretisch, weil es kaum denkbar war, daß alle Gläubiger die Wechsel gleichzeitig präsentieren würden.

Schon 1960 betrugen die kurzfristigen Auslandsverbindlichkeiten der USA 18,7 Milliarden Dollar, und die Goldbestände waren nur noch 17,8 Milliarden wert. Von da ab öffnete sich die Schere immer weiter: 1965 waren es 25,5 gegen 13,8 Milliarden, 1968 31,7 gegen 10,8 und 1971, als das System zusammenbrach, standen 55,4 Milliarden Auslandsforderungen lediglich 10,2 Milliarden an amerikanischen Goldvorräten gegenüber. Zu diesem Zeitpunkt hatte der Goldkrieg die US-Reserven, wie man sieht, bereits böse dezimiert – aber die USA wären schließlich nie in diese Bredouille geraten, hätten sie auf eine ausgeglichene Leistungsbilanz geachtet.

Ein anderer Umstand erschwerte die Situation zusätzlich in den kritischen Jahren bis 1968: Die amerikanische Binnenwährung mußte laut Gesetz zu 25 Prozent durch Gold gedeckt sein. (1945 war diese Deckung von 42 auf 25 Prozent verringert worden.) Das hieß genau genommen, daß der größte Teil der Goldbestände, die vor 1968 vorhanden waren, für Abwehrmaßnahmen an der Außenfront gar nicht zur Verfügung stand, weil er zur Deckung des inneramerikanischen Geldumlaufs im Land bleiben mußte.

Schon Präsident Kennedy hatte 1960 das Problem mit seinen Beratern erörtert, aber er beschloß, es zu ignorieren – und so blieb es bei der 25-Prozent-Vorschrift, bis äußere Umstände ihre Aufhebung erzwangen. Die Golddeckung wurde am 23. Februar 1968 mit 199 zu 190 Stimmen vom Repräsentantenhaus und am 14. März 1968 mit 39 gegen 37 Stimmen vom Senat abgeschafft – ein knapper Ausgang, der das Unbehagen der Abgeordneten am Management der amerikanischen Währung widerspiegelte. Präsident Johnsons Schatzminister Henry H. Fowler hatte dem Kongreß das revolutionäre Gesetz, das den Dollar im Inneren zu einer reinen Papierwährung degradierte, mit dem Argument schmackhaft gemacht, daß »die Stärke des Dollars auf der Stärke der US-Wirtschaft beruht und nicht auf einer gesetzlichen 25-Prozent-Reserve-Verpflichtung«. Es war kein neues Argument in der Geschichte des Geldes, und es stimmt auch diesmal nicht.

Die Fähigkeit, den beruhigenden Worten der Offiziellen zu mißtrauen und die Zeichen der Zeit früher als andere zu lesen, ist eine vorzügliche Voraussetzung für gewinnbringende finanzielle Dispositionen. Eine Handvoll Bankiers und Privatleute besaß diese Fähigkeit schon 1960: Sie kauften Gold, weil sie die feinen Risse im Damm von Bretton Woods erkannt hatten und darauf bauten, daß die Fluten den Damm schließlich ganz hinwegspülen würden. Die Folge war, daß das Gold am freien Londoner Markt 1960 auf 40,60 Dollar stieg.

Aus heutiger Sicht war dies ein lächerlicher Unzenpreis, aber er ließ in Washington die Alarmglocken läuten. Die Amerikaner setzten sich ein letztes Mal auf ganzer Linie durch. 1961 gründeten sie zusammen mit den Zentralbanken Englands, Frankreichs, der Bundesrepublik, der Schweiz, Italiens, Belgiens und der Niederlande den sogenannten Goldpool. Er hatte nur einen einzigen Zweck: durch Goldverkäufe in London den Preis zu dämpfen und die Spekulanten ein für alle Mal zu entmutigen.

Noch waren die Franzosen mit von der Partie, aber es war eine Illusion zu glauben, daß sie das Spiel sehr lange mitspielen würden. Sie entschlossen sich vielmehr, Amerika offen herauszufordern, und sie konnten dabei auf die versteckte Sympathie, allerdings nicht auf offene Unterstützung, anderer europäischer Regierungen rechnen.

Am Anfang des Goldkrieges stand die bis heute aktuelle Vision des französischen Staatschefs Charles de Gaulle von einem mündigen Europa, das sich der amerikanischen Vorherrschaft entzog. De Gaulle wußte, daß die Goldfrage und die inneren Widersprüche des Weltwährungssystems den idealen Hebel boten, um den unbequemen Giganten vom Podest zu stoßen. Würde es gelingen, den Amerikanern die Kontrolle über das Währungssystem zu entreißen, dann waren sie zugleich politisch entmannt, dann mußten sie sich in das Schicksal fügen, nur noch Partner, aber nicht mehr Vormacht eines erstarkten Europas zu sein.

Bereits im Januar 1959 hatte Jacques Rueff, Frankreichs führender Finanzexperte und ein enger Berater de Gaulles, in einem Memorandum vor der Hinfälligkeit des Bretton-Woods-Systems gewarnt. Im Juni 1961 ging er mit drei vielbeachteten Artikeln in der Pariser Tageszeitung *Le Monde* an die Öffentlichkeit. Sie ließen die Politik bereits ahnen, die de Gaulle später übernehmen und die ihn zum verhaßtesten Ausländer in Amerika machen sollte.

Rueff, dem Frankreich seinen wirtschaftlichen Wiederaufstieg nach 1958 verdankte und der im April 1979 im Alter von 81 Jahren starb, rechnete in *Le Monde* den Amerikanern vor, daß sie in den 1950er Jahren nur ein Drittel ihres Leistungsbilanzdefizits in Gold beglichen hätten, zwei Drittel aber durch den Druck von Papierdollars – »so, als habe das Defizit gar nicht existiert«.

Rueff schrieb mit beißender Ironie: »So brachte der Gold/Devisen-Standard eine immense Revolution und produzierte das Geheimnis eines Defizits ohne Tränen. Er erlaubte den

Ländern, die eine Währung besaßen, die von ihrem internationalen Prestige profitierte, zu geben ohne zu nehmen, auszuleihen ohne zu borgen und zu kaufen ohne zu zahlen.« Rueff fügte fairerweise hinzu, daß dies keine »absichtliche Politik« der USA gewesen sei, sondern ein »kollektiver Irrtum«.

Rueff schrieb dies zu einer Zeit, da die meisten Beobachter noch glaubten, die Krise sei vorübergehender Natur. Sie glaubten es auch noch 1965, als Rueff bei anderer Gelegenheit öffentlich sagte: »Meine Freunde in Washington erzählten mir, daß ich mich irre, wenn ich glaube, daß das Zahlungsbilanzdefizit der Vereinigten Staaten so lange weiterbestehen werde wie der Gold/Devisen-Standard. Sie erzählten mir, sie hätten einen Zeitplan, nach dem das Defizit bis Ende 1962 um die Hälfte reduziert und Ende 1963 verschwinden würde. Aber es verschwand nicht. Es konnte nicht verschwinden, weil die Essenz des Gold/Devisen-Standards darin besteht, das Defizit aufrechtzuerhalten. Solange der Schuldner die Wirkung des Defizits nicht selbst automatisch spürt, bleibt das Defizit. Daher zögere ich nicht, die Zukunft vorherzusagen. Ich bin absolut überzeugt davon, daß das Zahlungsbilanzdefizit der Vereinigten Staaten nicht verschwinden wird, solange wir den Gold/Devisen-Standard aufrechterhalten.«

Rueffs Rezept: eine Verdoppelung des Goldpreises und die Rückkehr zum klassischen Goldstandard, unter dem jedes Land für seine Sünden mit dem Abfluß von Gold zahlen muß, unter dem alle gleichberechtigt sind und der niemandem erlaubt, ungestraft Schulden zu machen, nur weil er das Glück hat, über die Leitwährung zu verfügen.

Jacques Rueff warnte damals, 1965, als die große Krise noch bevorstand: »Wir sind in der Lage eines Mannes, der vom fünften Stock herunterfällt. Solange er fällt, ist alles gut, aber er kann sich darauf verlassen, und zwar absolut, daß er unten ankommen wird, und in diesem Augenblick wird seine Situation nicht mehr angenehm sein.«

De Gaulles Währungsexperte sagte all dies am 7. Februar 1965 in Paris, nur drei Tage, nachdem der Meister selbst in einer sensationellen Pressekonferenz den Amerikanern den Fehdehandschuh hingeworfen hatte.

In der Attitüde des Visionärs, der nicht über gemeine Politik spricht, sondern ewige Wahrheiten verkündet, unterbreitete der General ohne mit der Wimper zu zucken einen Plan, der die wirtschaftlichen und politischen Machtverhältnisse in der Welt umgestülpt hätte, wäre er durchsetzbar gewesen.

»Frankreich empfiehlt«, sagte de Gaulle an die Adresse des großen Bruders, »daß das System geändert werde. Wir glauben, daß der internationale Handel – so, wie es der Fall vor der großen weltweiten Katastrophe war – auf einer unantastbaren monetären Basis aufbauen muß, die nicht den Stempel irgendeines einzelnen Landes trägt.«

De Gaulle dachte an nichts Geringeres als an die Rückkehr zu einem Währungssystem, das der Welt bis 1914 ein Jahrhundert der Stabilität und des Wachstums beschert hatte. Er fuhr fort: »Welche Basis? Tatsächlich ist es schwierig, in dieser Hinsicht irgendein anderes Kriterium, irgendeinen anderen Standard ins Auge zu fassen als Gold. Jawohl, Gold, das sich in seiner Natur stets gleich bleibt, das in Barren oder Münzen gegossen werden kann, das keine Nationalität hat, das überall zu allen Zeiten als der unveränderliche und vertrauenserwekkende Wert par excellence betrachtet wird. Ferner ist es eine Tatsache – trotz allem, was in der Mitte größerer Ereignisse erdacht, gesagt, geschrieben oder getan werden könnte –, daß sogar heute keine Währung irgendeinen Wert hat außer durch die direkte oder indirekte Beziehung zum Gold, sei sie real oder nur angenommen. Ohne Zweifel würde niemand daran denken, einem Land zu diktieren, wie es seine inneren Angelegenheiten führt. Aber das oberste Gesetz, die goldene Regel – und es ist in der Tat angemessen, es zu sagen –, die in den internationalen Wirtschaftsbeziehungen wieder eingeführt und beachtet werden muß, sie besteht in der Pflicht, die Zahlungsbilanzen durch tatsächliche Zu- und Abflüsse von Gold von einer monetären Region zur anderen auszugleichen.«

Was de Gaulle da forderte und was nur wenige Zeitgenossen damals voll begriffen, war die vollständige Entthronung des Dollars, sein Ersatz durch ein Reservemedium, das sich der Manipulation des amerikanischen Schatzamtes genauso entziehen würde wie der durch internationale Institutionen, zum Beispiel durch den Internationalen Währungsfonds in Washington.

Voraussehbar war, daß die Führung der USA bis zum äußersten gegen diese Zumutung der Selbstentleibung kämpfen würde. De Gaulle hatte den Amerikanern den Krieg erklärt, nur: Wie viele Divisionen hatte der General? Wie konnte er hoffen, der Weltmacht Amerika seinen Willen aufzuzwingen? Ein Blitzsieg war undenkbar, die Taktik der Zermürbung versprach mehr Erfolg.

Der erste Schachzug: Frankreich trat im Juni 1967 aus dem Goldpool aus, nachdem es schon 1966 außerhalb des Pools massiv Gold gekauft hatte. Jetzt mußten die USA nicht mehr, wie bisher, für 50 Prozent der Goldmengen aufkommen, die zur Preisdämpfung auf den Markt geworfen wurden, sondern für 58 – die acht Prozent waren der frühere Anteil Frankreichs an den Interventionen des Pools.

Zum Entsetzen der Amerikaner fuhren die Franzosen außerdem fort, ihr verbrieftes Recht in Anspruch zu nehmen: Sie präsentierten in Washington haufenweise Dollars und ließen sich dafür Gold geben. Auf diese Weise gewannen die Franzosen allein 1966 Gold im Gegenwert von 601 Millionen Dollar. Und sie waren obendrein so mißtrauisch, dieses Gold nicht einfach in den amerikanischen Gewölben vom amerikanischen Stapel auf einen französischen Stapel umschichten zu lassen, wie es andere ausländische Zentralbanken akzeptierten, nein, sie bestanden vielmehr darauf, daß das Gold über den Atlantik geflogen wurde und in ihren physischen Besitz gelangte.

Dabei waren die Franzosen nicht die einzigen Käufer. Von November 1967 bis März 1968 verloren die Amerikaner insgesamt Gold für 3,2 Milliarden Dollar. Der Run erreichte seinen Höhepunkt am 14. März 1968, als der Goldpool 400 Tonnen an einem einzigen Tag an private Käufer abgeben mußte. Präsident Johnson blieb nichts anderes übrig, als den Pool, den die Bank von England gemanagt hatte, zu schließen – wenn er die dahinschmelzenden Vorräte von Fort Knox nicht vollends plündern lassen wollte.

Damit war Washington in der Zwickmühle: Der Goldpreis von 35 Dollar konnte einerseits am freien Markt auf die Dauer nicht mehr gehalten, durfte aber andererseits auch nicht offiziell aufgegeben werden.

Die rettende Idee kam dem Italiener Guido Carli. Er schlug vor, den Goldpreis doch einfach zu spalten: in einen offiziellen, der (mit 35 Dollar pro Unze) nach wie vor im Verkehr zwischen den Zentralbanken und mit dem IWF gelten sollte, und in einen inoffiziellen auf dem freien Markt, den man je nach Belieben beeinflussen konnte oder auch nicht.

Die Amerikaner waren begeistert und griffen sofort nach dem rettenden Anker. Das »two-tier system«, wie es genannt wurde, werde Jahrzehnte überdauern, prophezeite Finanzminister Fowler. Und sein Stellvertreter, Frederic L. Deming, orakelte sogar, es werde funktionieren, »bis die Hölle zufriert«.

Es war nicht die erste und schon gar nicht die letzte Selbsttäuschung einer Regierung, die in dem heraufziehenden Währungs- und Goldkrieg der Raffinesse ihrer Gegenspieler einfach nicht gewachsen war.

Aber nicht nur die amerikanische Regierung täuschte sich, schlimmer noch, auch die intellektuellen Chefdenker, die in Amerika traditionell eine große Rolle bei der Formulierung langfristiger Politik spielen, verkalkulierten sich vollständig.

Fritz Machlup, Professor an der *Princeton University* und führender Goldgegner in den USA, höhnte 1969: »Da die

Goldspekulanten ziemlich schlecht gefahren sind und vielleicht noch schlechter enden, möchte ich feststellen, daß sie mir leid tun, und ich hoffe, daß sie sich für die Zukunft bessere Finanzberater aussuchen.« Goldhorter, wie er sie nannte, waren für ihn primitive Leute, die aus Angst vor Dieben kleine Löcher in die Erde oder die Wände ihrer Häuser bohrten, um dort das gelbe Metall zu verstecken.

Offener als Machlup sprach Professor John Parke Young über die Motivation amerikanischer Goldpolitik. Er hatte die internationale Finanzabteilung im State Department jahrelang geleitet, dem Senat als Chef-Nationalökonom für Goldfragen gedient und das IWF-Abkommen mit ausgearbeitet – seine Karriere prädestinierte ihn förmlich dazu, über Weltwährungspolitik und die Rolle des Goldes nachzudenken.

Young hielt das Gold für die Quelle allen Übels, für den Seismograph, der ganz allein am Erdbeben schuld war. Denn: »Die Vereinigten Staaten sind tatsächlich ein wirtschaftlicher Riese, und der Dollar ist die stärkste Währung in der Welt.« Den Irrtum suchte er bei den anderen: »Falsche Ansichten über den Dollar haben die Vereinigten Staaten in ihrer Stellung als führende Weltmacht verwundet. Diesen irrigen Vorstellungen wurde durch die unkontrollierten Bewegungen des Goldes auch noch Vorschub geleistet.«

Schließlich zog Young 1969 (!) den alten Machlup-Plan von 1960 wieder aus der Schublade: den Plan, den Goldpreis durch amerikanische Dumpingverkäufe, die vorher angekündigt würden, systematisch immer weiter unter die 35-Dollar-Marke zu drücken. Er glaubte vorauszusehen: »Die Horter würden eine Sache nicht kaufen wollen, von der sie wüßten, daß sie später einen niedrigeren Preis haben würde.«

Eine Empfehlung Youngs wurde immerhin schon zwei Jahre später verwirklicht: Am 15. August 1971 schloß Richard Nixon das Goldfenster und erklärte den Dollar für inkonvertibel. Die USA würden ab sofort den ausländischen Zentralbanken keine Dollars mehr in Gold umwechseln. Das war eine klassische Bankrotterklärung und Betrug an den Gläubigern: Die USA beglichen ab 1971 ihre Schulden nicht mehr in der international akzeptierten Währung Gold, sondern nur noch mit eigenem ungedeckten Geld. Damit hatten sich die USA praktisch jeder Währungsdisziplin entledigt. Ihr Defizit konnte ins Astronomische wachsen, ungehindert durch die lästige Goldeinlösungspflicht gegenüber dem Ausland. Eine bequeme Möglichkeit, die später von der Regierung Bush, besonders ab 2001, ungeniert genutzt wurde.

Eine ganz andere Sache war, daß sich das Schatzamt weiterhin die Möglichkeit vorbehielt, Gold nach eigenem Gutdünken am freien Markt an Private zu verkaufen, um den Preis zu drücken.

Die Amerikaner kannten natürlich die Schuldigen an dem Desaster, und sie schworen ihnen Feindschaft: Es waren die Franzosen, die auf offiziellem Wege die Tresore des US-Schatzamtes dezimiert hatten, außerdem die »Gnome von Zürich«, also die Schweizer Bankiers, die rechtzeitig auf Gold gesetzt hatten – und die Russen, die beim Kampf der Kapitalisten untereinander nicht abseits stehen wollten.

Die Russen hatten nämlich, was wenigen auffiel, seit 1966 ihre Goldverkäufe in den Westen eingestellt, um die auf dem Markt verfügbare Menge zu verknappen. Und sie waren immerhin damals nach Südafrika der zweitgrößte Produzent der Welt. Ein Blick auf die Statistik zeigt die Konsequenz, mit der sie sich am großen Spiel beteiligten – nachdem ihnen klar geworden sein mußte, daß es de Gaulle mit seiner Kampfansage ernst meinte.

Noch 1963 hatte der Ostblock 489 Tonnen Gold im Westen verkauft. Zum Vergleich die Produktion der gesamten freien Welt einschließlich Südafrika: 1204 Tonnen.

1964 sanken die Ostblockverkäufe auf 400 Tonnen, im Jahr darauf auf 355 Tonnen. Und dann versiegten die russischen Lieferungen völlig, mehr noch: Der Ostblock wurde zum Nettokäufer von Gold, und zwar fünf Jahre lang, von 1966 bis

1970. Erst 1971 kamen wieder spärliche 54 Tonnen aus dem Ostblock in den Westen. Damit lag die gesamte verfügbare Menge, die aus westlicher und östlicher Produktion auf den Markt gelangte, sechs Jahre lang bis einschließlich 1971 lediglich zwischen 1200 und 1300 Tonnen, nachdem sie vorher über 1600 Tonnen groß gewesen war.

Wie entscheidend der Beitrag der Russen in diesen Jahren war, hatte ein so glänzend informierter Bankier wie Michael G. Dealtry von der Basler Bank für Internationalen Zahlungsausgleich (BIZ) am 24. Oktober 1978 auf einem Bankseminar in Bonn bestätigt. »Nach 1965 stellten die Russen die Goldverkäufe für einige Jahre ein«, sagte er, »und damit war das Spiel praktisch ausgespielt, jedenfalls zu 35 Dollar je Feinunze.«

Trotz allem konnten Franzosen, Russen und Südafrikaner, wenn sie 1971 auf die Jahre der ersten Phase des damaligen Goldkrieges zurückblickten, nicht übermäßig zufrieden sein. Zwar hatten sie einerseits Nixon schließlich zum Offenbarungseid gezwungen und dem Dollar einen schweren Schlag versetzt, aber andererseits war es den Amerikanern doch gelungen, den Goldpreis am freien Markt relativ niedrig zu halten. Die Goldbonanza ließ auf sich warten. Der höchste Preis für die Unze, der 1968 in London gezahlt wurde, lag (im Mai) bei 42,60 Dollar. Im März 1969 kletterte er bis auf 43,82 Dollar, um dann wieder zu sinken, bis er Ende des Jahres auf die offiziellen 35 Dollar zurückgefallen war. Auch der Höchststand von 1970 (37,90 Dollar im November) war nicht das, was sich die Goldfreunde erhofft hatten. Der Ausgang der Schlacht war immer noch unentschieden. Allerdings stimmt es natürlich, daß ohne den russischen Lieferstop alles noch schlechter gekommen wäre.

Erst jetzt, Anfang der 1970er Jahre, kamen die Südafrikaner wirklich ins Spiel. In der öffentlichen Weltmeinung isoliert, bedroht von der Feindseligkeit Schwarzafrikas und voller Mißtrauen vor der amerikanischen Politik, hatten sie zunächst wie gelähmt auf die Eskalation im amerikanisch-europäischen Konflikt gestarrt. Vom Ausgang dieses Konfliktes würde ihr nationales Schicksal, vielleicht ihre Existenz abhängen. Um in den 1970er und 1980er Jahren zu überleben, mußte Südafrika militärisch und wirtschaftlich aufrüsten. Dies war aber nur möglich mit Hilfe der Einkünfte, die ein Goldpreis bringen würde, der um ein Vielfaches über den von Roosevelt diktierten 35 Dollar lag.

Die Südafrikaner waren damals gar nicht so sicher, ob Amerikas Macht schwinden würde, und sie hatten Angst, den Riesen zu reizen. Nachdem Washington 1968 der Empfehlung Guido Carlis gefolgt war und den Goldpreis gespalten hatte, erlaubten sie es sich immerhin, ihre Goldverkäufe von London nach Zürich zu verlegen – dorthin also, wo ihre Verbündeten, die Gnome, saßen. Die französische Regierung war über diesen Zug, der die Angelsachsen schwächen mußte, hoch erfreut – sie hatte Pretoria schon seit längerem dazu geraten.

1969, als der Goldpreis wieder in Richtung der 35-Dollar-Marke sank, war ein schreckliches Jahr für die Buren. Sie waren schon froh, daß der IWF ihnen überhaupt die Abnahme neu produzierten Goldes zum alten Preis garantierte, und sie mußten dafür versprechen, auf jede Preistreiberei am freien Markt zu verzichten.

Das Blatt wendete sich erst, nachdem Georges Pompidou, de Gaulles Nachfolger, den Schlachtplan für die zweite Phase des Goldkrieges fertig hatte. Pompidou hatte früher den Rothschilds als Bankier gedient, und es gab eine, allerdings zu simple, Theorie, die im Goldkrieg nichts anderes als einen Machtkampf zwischen dem Rockefeller- und dem Rothschild-Imperium sah. Daran stimmt nur so viel, daß eine Rockefeller-Bank wie die *Chase Manhattan* selbstverständlich auf einer Linie mit der Dollar-Politik Washingtons lag, während die Londoner Rothschild-Bank auf Gold setzte und Gold kaufte.

Auch Pompidou wünschte einen höheren Goldpreis, und er erkannte sogleich, daß dieser ohne tatkräftige Mithilfe der Südafrikaner nicht so leicht durchzusetzen war. Der Schlüssel lag in Südafrika, dem größten Goldproduzenten der Welt. Die Buren mußten endlich ihre Angst vor den Amerikanern verlieren und das Risiko der offenen Konfrontation eingehen, das sie bisher gescheut hatten.

Der Mann, auf den es dabei in Pretoria ankam, war Dr. Nicolaas Diederichs, der berühmte »Mr. Gold«. Seine Vorfahren stammten aus Westfalen, er selbst hatte in Deutschland Politik und Philosophie studiert und schließlich an der niederländischen Universität Leiden über das traurige Thema »Vom Leiden und Dulden« promoviert. Im Jahre 1967 wurde er Finanzminister in Pretoria. Er behielt das Amt, bis er 1975 zum Staatspräsidenten gewählt wurde.

Mit Diederichs schafften die Südafrikaner den ersehnten Durchbruch. Immer wieder prophezeite er einer ungläubigen internationalen Finanzwelt, daß Gold in absehbarer Zeit 200 Dollar pro Unze kosten werde, und nur wenige Tage vor seinem Tod durfte er noch erleben, daß sein Wunsch in Erfüllung ging. Er starb am 21. August 1978 im Alter von 74 Jahren in Kapstadt.

Die Strategie von Diederichs war sehr einfach und ähnelte auffallend derjenigen, die die Russen bis 1970 verfolgt hatten: Er baute darauf, daß knappe Lieferungen die Preise nach oben drücken würden. Noch 1970 hatte die südafrikanische Goldproduktion bei 1000,4 Tonnen gelegen, bis 1974 fiel sie auf 758,6 Tonnen, also um ein rundes Viertel. Ein guter Kenner südafrikanischer Politik, der britische Autor Johnson, behauptete, dies sei Absicht gewesen.

Beweisen ließ sich das freilich nicht. Als ich Ende 1978 in Johannesburg recherchierte, fand ich denn auch niemanden, der mir Johnsons These bestätigt hätte. Die zuständigen Südafrikaner erklärten vielmehr, die Ergiebigkeit der Goldminen habe in dieser Zeit eben abgenommen. Tatsache ist, daß in den

Minen am Kap immer dann Erze mit geringerem Goldgehalt bevorzugt abgebaut wurden, wenn die Goldpreise stiegen.

Wie auch immer: Die Südafrikaner kalkulierten vollkommen richtig, daß es besser für sie sein würde, weniger Gold zu höheren Preisen als mehr Gold zu niedrigeren Preisen zu verkaufen.

Wiederum brauchten die Südafrikaner aber jeden Dollar, den sie verdienen konnten, weil ihre Währungsreserven beschränkt waren. Würde der Goldpreis nicht sogleich kräftig anziehen, dann drohte die Gefahr, daß sie auf der Durststrekke zusammenbrachen. Mit anderen Worten: Sie brauchten einen finanzkräftigen Partner, der ihnen in diesem prekären Stadium mit Krediten unter die Arme griff. Dieser Partner war Frankreich. (Übrigens haben auch Schweizer und deutsche Banken wiederholt Großkredite für Pretoria organisiert.)

1970 war Südafrikas Premierminister Balthazar Vorster zu Besuch in Paris – wenige Monate, nachdem Pompidou unklugerweise einer Einladung Nixons in die USA gefolgt war und erleben mußte, wie ein antifranzösischer Mob in Chicago ihm und seiner Frau buchstäblich ins Gesicht spie. Pompidou wußte genau, daß die Demonstration organisiert war, und er nahm die Gelegenheit zur Revanche gerne wahr.

Was Voster und Pompidou 1970 verabredeten, ist nicht bekannt. Fest steht nur, daß Frankreich von diesem Zeitpunkt an die Kredite an Südafrika erweiterte – und genau darauf kam es an. Die Achse Paris–Pretoria war Realität geworden.

An dieser Stelle müssen wir, um den Siegeszug des Goldes bis Ende 1974 ganz zu verstehen, nach dem Schicksal seines Spiegelbildes, des Dollars, fragen.

Nach der Dollar-Krise im August 1971, die Nixon gezwungen hatte, das Goldfenster zu schließen, versuchten die zehn wichtigsten Industrieländer nur vier Monate später in einem gewaltigen Kraftakt, die Risse im Gebäude von Bretton Woods noch einmal zu kitten. Sie beschlossen im *Smithsonian*

Institute von Washington, das System fester Wechselkurse, und damit den Grundgedanken von Bretton Woods, beizubehalten. Lediglich der Spielraum für Kursschwankungen, ausgedrückt in Bandbreiten, wurde auf 2,25 Prozent erweitert. Gleichzeitig wurde vereinbart, daß die USA – zum ersten Mal seit 1934 – den Dollar abwerteten. Die Unze Gold sollte fortan offiziell 38 statt 35 Dollar kosten.

Triumphierend nannte Richard Nixon das *Smithsonian*-Agreement »das bedeutendste Währungsabkommen in der Geschichte der Welt«. Nixon begriff nicht, daß er gegen den Wind spuckte. Er begriff nicht oder wollte nicht zugeben, daß Amerika mit seinem explodierenden Leistungsbilanzdefizit und mit der rapiden Expansion des Euro-Dollar-Marktes unweigerlich die Fähigkeit verlieren mußte, den Kurs der eigenen Währung nach eigenem Gutdünken festzulegen. Der Dollar und sein Kurs mußten unkontrollierbar werden, nicht wegen der Attacke des Goldes, sondern weil der Wert jedes Geldes auf seiner Knappheit beruht, weil es zu viele Dollars auf der Welt gab und weil sie unaufhörlich mehr wurden.

1972 war das amerikanische Leistungsbilanzdefizit dreimal höher als 1971, und im Januar 1973 forderte Frankreich noch einmal dazu auf, Gold als Basis des Weltwährungssystems beizubehalten und, um dies zu ermöglichen, den offiziellen Preis (den zwischen den Zentralbanken gültigen) auf den Marktpreis anzuheben.

Die Amerikaner dachten gar nicht daran, der Empfehlung aus Paris zu folgen, und im März 1973 brach das System von Bretton Woods, das System fester Wechselkurse, vollständig zusammen. An einem einzigen Tag, dem 1. März, mußte die Deutsche Bundesbank 2,7 Milliarden Dollar ankaufen. Damals stellte eine Milliarde noch etwas dar, heute ist eine solche Summe nur noch Spielgeld.

Einen Tag später wurden die deutschen Devisenbörsen bis zum 19. März geschlossen. Die Bundesrepublik, Frankreich, Dänemark und die Benelux-Länder gaben den Dollar-Kurs frei. An die Stelle fester Wechselkurse trat das *Floating*, und der Wert des Dollars wurde von nun an nicht durch Regierungsbeschlüsse, sondern durch die Kräfte des Marktes bestimmt.

Und der offizielle Goldpreis wurde abgeschafft, als er schon längst überholt war – im Januar 1975 durch den IWF. Wurde das Gold, so fragten sich jetzt alle, nun eigentlich remonetisiert oder nicht doch demonetisiert? Würde es den Europäern gelingen, seine Rolle als Währungsreserve zu stärken, oder den Amerikanern, sie zu schwächen? Die Antwort lautete: Ja und Nein.

Geschwächt wurde die monetäre Rolle, weil es die USA immerhin dazu gebracht hatten, daß es keinen offiziellen Preis und keinen letztinstanzlichen Käufer mehr gab, der Gold zu diesem Preis abnahm. Der Goldpreis schwankte jetzt, und da Zentralbankiers Wert auf gesittete Umgangsformen legen, war kaum anzunehmen, daß sie versuchen würden, sich gegenseitig übers Ohr zu hauen, indem sie untereinander spekulative Käufe und Verkäufe tätigten. Von Notfällen abgesehen würde das Gold in den Tresoren liegenbleiben, es würde vorerst mehr von den Privatbanken als von den Notenbanken benutzt und bewegt werden.

Immerhin behielt Gold auch nach der Abschaffung des offiziellen Preises einen großen Vorzug: Es garantierte den Staaten, die es besaßen, nationale Unabhängigkeit von den Launen einer Supermacht. Michael G. Dealtry von der Bank für Internationalen Zahlungsausgleich, meinte dazu: »Gold ist ein Rohstoff und keine von einem bestimmten Staat oder einer internationalen Institution ausgegebene Papierwährung. Goldbestände können demnach nicht gesperrt werden wie Währungsbestände oder andere treuhänderisch verwaltete Aktiva.«

Im Streit um die künftige Rolle des Goldes zwischen Paris und Washington wurde schließlich ein Kompromiß möglich, weil auf beiden Seiten weniger kampfeslustige Männer das

Ruder übernommen hatten: Gerald Ford in Amerika und Valéry Giscard d'Estaing in Frankreich. Sie trafen sich im Dezember 1974 auf Martinique und beschlossen, daß jede Regierung, die dies wünsche, den gängigen Marktpreis als Grundlage für die Bewertung ihrer Goldreserven nehmen könne.

Schon im Januar 1975 bewertete Frankreich seine Goldbestände erstmals zum Marktpreis – zu 170 Dollar pro Unze. Dies war zwar nicht das, was de Gaulle und Rueff angestrebt hatten, es war kein international fixierter Preis – aber es war den Amerikanern zumindest nicht gelungen, Gold aus den Währungsbeziehungen zu verbannen.

Statt dessen setzten sie jetzt wieder zum Angriff auf den Preis an. Die Goldteuerung hatte die außenwirtschaftliche Position Moskaus fühlbar gestärkt, die Währungsreserven Europas gewaltig aufgewertet und Südafrika Unabhängigkeit von amerikanischen Pressionen beschert. Der Wert der südafrikanischen Goldproduktion war von 775 Millionen Rand im Jahr 1967 auf 2,56 Milliarden im Jahr 1974 gestiegen. Die Buren verkündeten neue gigantische Investitionsvorhaben, hinter denen der Wunsch nach weitgehender wirtschaftlicher Autarkie erkennbar war, und sie steigerten die Militärausgaben von 1973 auf 1974 um 40 Prozent.

Um den Preis zu drücken, blieb den Amerikanern nur eine Möglichkeit: Gold auf den Markt zu werfen – das ihres eigenen Schatzamtes und das des Internationalen Währungsfonds, der dem Wunsch Washingtons sicherlich entsprechen würde.

Ein Mitarbeiter des US-Schatzamtes sagte ganz offen: »Wir müssen die Verkäufe durchziehen, um zu zeigen, daß Gold demonetisiert ist. Die USA verkaufen Gold, um zu zeigen, daß wir uns damit nicht schaden, daß dies gut für uns ist, daß es uns sogar Spaß macht.«

Die Verkaufsoffensive hatte, wenn auch nur für anderthalb Jahre, den erwünschten Erfolg. Von knapp 200 Dollar Ende 1974 sackte der Unzenpreis im darauffolgenden Jahr drastisch ab und fand erst wieder einen Boden im August 1976 bei wenig mehr als 100 Dollar. Den Goldbesitzern in aller Welt fuhr panischer Schreck in die Glieder. Sie hatten den Preis steigen sehen, sie hatten ihr Goldvermögen in wenigen Jahren vervielfacht, sie träumten schon von 250, 300 oder 400 Dollar pro Unze. Noch Ende 1974 schien es nach oben keine Grenze zu geben.

Die Anleger reagierten 1975 und 1976 in der Baisse genauso wie in der Hausse: massenpsychologisch und irrational. Man mußte schon einen kühlen Kopf behalten, um sich von der Panik ebensowenig beeindrucken zu lassen wie von der Euphorie. Man mußte erkennen können, daß die Anti-Gold-Propaganda der amerikanischen Regierung viel gefährlicher war als ihre tatsächlichen Goldverkäufe, daß sie ganz gezielt eine Psychose à la Baisse schuf – durch die Methode der Goldversteigerungen und durch die schrille Begleitmusik.

Die erste Goldauktion ging am 8. Januar 1975 in Washington über die Bühne; nur acht Tage, nachdem es amerikanischen Bürgern nach langer Zeit wieder erlaubt wurde, Gold zu besitzen. Die Aufhebung des Verbotes war insofern logisch, als die Regierung Gold zu einer ordinären Ware erklärt hatte. Wenn die Amerikaner schon Schweinebäuche in Chicago kaufen durften, warum dann nicht auch Gold? Da die Regierung aber wußte, daß Gold eben doch etwas anderes ist als Schweinebäuche, lag ihr daran, daß ihre Bürger nicht zu viel davon kauften. Daher richtete sich die Auktion vom Januar an zwei Adressen: an das eigene Volk und an die Goldlobby in Europa.

Bei der Auktion wurden – völlig willkürlich – alle Gebote ab 153 Dollar akzeptiert, obwohl der Marktpreis in London am Morgen des 8. Januar bei 173 Dollar gelegen hatte. Die Regierung war offenbar nicht darauf erpicht, den höchstmöglichen Preis zu erzielen. Ihr kam es darauf an, den Londoner Preis zu drücken. Er sank tatsächlich bis zum Nachmittag auf 168 Dollar. Ein Londoner Händler klagte: »Es war ein sehr geordneter Markt, bis die Amerikaner hereinkamen. Dann lief das Geschäft nur in eine Richtung – mit einer Flut von Verkaufsaufträgen.«

Es hätte noch schlimmer kommen können, wären die europäischen Goldanhänger nicht auf den Plan getreten. Die Dresdner Bank, die Schweizerische Kreditanstalt, der Schweizerische Bankverein und Rothschild übernahmen 70 Prozent des versteigerten Goldes. Auch bei der zweiten Auktion am 30. Juni 1975 kauften die europäischen Banken wieder massiv. Der Goldpreis lag dabei auf demselben Niveau wie im Januar – nicht gerade ein Grund zum Jubeln für die Amerikaner.

Jetzt stellte Washington die Auktionen fürs erste ein und schickte statt dessen den Internationalen Währungsfonds an die Front. Verkäufe von IWF-Gold würden denselben Zweck erfüllen, und sie hatten obendrein den Vorteil, daß sie die Bestände von Fort Knox schonten.

Der IWF-Interimsausschuß beschloß im August 1975, innerhalb von vier Jahren ein Sechstel des IWF-Goldbestandes zu versteigern. Das waren rund 780 von 4 700 Tonnen – mehr als die damalige südafrikanische Jahresproduktion. Auf der IWF-Konferenz in Kingston, Jamaika, im Januar 1976 wurde der Beschluß bestätigt. Zudem einigte man sich in Kingston auf neue Regeln zur Stabilisierung der Wechselkurse und damit zur Festigung des Dollars.

Unter der Sonne Jamaikas sah die Welt plötzlich wieder freundlich aus, und die Optimisten sprachen von einer Reform des Weltwährungssystems, manche sogar von der endgültigen Reform. Entspannt und zuversichtlich stand US-Schatzminister William Simon nach Abschluß der Sitzung mit einem Cocktailglas in der Hand unter den Mangobäumen und freute sich: »Alles ist gut, das einmal endet.«

Die Amerikaner schienen, für wenige Monate jedenfalls, recht zu behalten. Die Einigung von Jamaika und die im Juni 1976 tatsächlich beginnenden IWF-Auktionen schickten den Goldpreis erst einmal auf Talfahrt. Pessimisten befürchteten eine Zeitlang sogar, der IWF könne sein gesamtes Gold verschleudern. Dies wären mehr als sechs südafrikanische Jahresproduktionen gewesen.

Zwei Gründe gab es dafür, daß sich der Preis ab Mitte 1976 zu erholen begann: Eine Reihe von IWF-Mitgliedern protestierte gegen die Art und Weise der Versteigerungen, und der amerikanische Außenminister Henry Kissinger entdeckte plötzlich inmitten der rasch eskalierenden Krise im südlichen Afrika das Erpressungspotential der amerikanischen Goldpolitik.

Kissinger beabsichtigte, die weiße Regierung in Rhodesien zur Aufgabe der Macht zu zwingen. Dazu brauchte er die Mithilfe Pretorias. Denn ohne die Öllieferungen und andere wichtige Importe aus Südafrika würde Ian Smith den Krieg gegen die schwarzen Partisanen nicht lange durchhalten können. Die Vereinbarung, die zwischen Washington und Pretoria schließlich geschlossen wurde, sah so aus, daß Südafrika Rhodesien opferte und daß die Amerikaner im Gegenzug den Druck auf den Goldpreis lockerten.

Schon Ende September 1976 schloß ein Londoner Analytiker messerscharf, daß die USA »den Goldpreis auf ein Niveau steigen lassen werden, das die südafrikanische Wirtschaft wieder vom Haken läßt«. Und am 5. Oktober dachte der amerikanische Finanzminister William Simon laut über eine Änderung der IWF-Verkaufspolitik nach, damit der Goldmarkt weniger gestört werde.

Solche Töne aus Washington waren vollkommen neu. Überdies veröffentlichte das Schatzamt, ebenfalls am 5. Oktober, eine Studie, die von der amerikanischen Verantwortung für die Stabilität des Goldmarktes sprach und die sogar vorhersagte, daß der Preis steigen werde – möglicherweise über 200 Dollar, falls die Regierungen nicht intervenierten. Dies zu einem Zeitpunkt, da der Höchstpreis (im Oktober) nur 123,50 Dollar betrug.

Was war plötzlich in die Amerikaner gefahren? Waren sie

zu Goldpropagandisten geworden? Keineswegs, sie zahlten nur den vereinbarten Preis für den Rhodesien-Deal – einen Deal, dessen Auswirkungen auf das Gold sich sicherlich nicht exakt in Dollars und Cents berechnen ließen, der aber marktpsychologisch genau zum richtigen Zeitpunkt kam.

Wenige Monate später, am 20. Januar 1977, wurde Jimmy Carter als 39. Präsident der USA vereidigt, eine gute Nachricht für Goldbesitzer und Goldspekulanten auf der ganzen Welt. Eine Weile rätselten sie, welche Goldpolitik er wohl einschlagen würde, bis sie zu ihrer Erleichterung feststellten, daß er gar keine hatte. Wenn ihm nicht irgend jemand aus dem Schatzamt ein Memorandum unterschieben, eine Verrücktheit einblasen würde, war von Carter nichts zu befürchten. Carter war gut für Gold, weil ein schwaches Amerika gut für Gold war. Die Preisentwicklung trat in ein Carter-Hoch ein.

Auch 1978 ließ sich gut an für die Goldfreunde: Der Dollar wurde noch schwächer und Gold noch stärker. Es war wie immer keine geradlinige, sondern eine Zickzackkurve. Im Mai zum Beispiel zog der Dollar noch einmal deutlich an, und Gold gab noch einmal nach. Am letzten Junitag fiel dann die amerikanische Währung gegenüber dem Pfund und dem japanischen Yen – da geschah es, daß Gold die 200-Dollar-Grenze durchbrach und schon am 1. August mit 207 Dollar den höchsten Preis aller Zeiten erreichte. Als dann auch noch Mark und Franc stiegen und der Dollar entsprechend sank, schoß Gold noch im August auf 216 und (nach einem vorübergehenden Rückschlag) auf 230 Dollar im Oktober 1978.

Den Europäern wurde der Dollar-Verfall allmählich unheimlich, zumal sie sich nicht sicher waren, ob amerikanische Unfähigkeit oder amerikanischer Zynismus dahintersteckten. Bei Carters Schatzminister Michael Blumenthal, einem in europäischen Bankenkreisen intensiv gehaßten Mann, wurde manchmal beides vermutet. Er hatte Anfang 1977 herausposaunt, daß der Dollar überbewertet sei, und ihn damit prompt nach unten geredet.

Irgendwann mußte unvermeidlich der Zeitpunkt kommen, wo der Dollar-Sturz für alle Beteiligten lebensgefährlich wurde, wo gehandelt werden mußte, um seine nach wie vor bestehende Funktion als Reservewährung zu retten.

Dieser Zeitpunkt kam am 1. November 1978, einem Mittwoch. Um neun Uhr morgens betrat Jimmy Carter den Presseraum des Weißen Hauses und verlas den Journalisten, die man telefonisch aus den Betten gerissen hatte, eine vorbereite Erklärung.

Es war die größte Rettungsaktion in der Geschichte der amerikanischen Währung, und die Sensation war nur noch vergleichbar mit der des 15. August 1971, als Richard Nixon das Goldfenster geschlossen und damit die Goldeinlösungspflicht aufgehoben hatte. Die Überraschung war perfekt. Von den Geheimverhandlungen mit Bonn, Zürich und Tokio, die dem 1. November vorausgegangen waren, hatte die Presse nichts erfahren. Voller Erstaunen stellte die Welt fest, daß auch eine schwache amerikanische Regierung letzten Endes im amerikanischen Nationalinteresse handelte, sobald sie es einmal erkannt hatte.

Ein frei floatender, also schwankender und dabei kontinuierlich sinkender Dollar war den Amerikanern fast sechs Jahre lang mehr oder weniger gelegen gekommen, weil er ihre Ausfuhren erleichterte und die Einfuhren der europäischen und japanischen Konkurrenz erschwerte. Jetzt aber war der Kursverfall selbst für Washington nicht mehr tragbar.

Jetzt durfte nicht mehr gekleckert, jetzt mußte geklotzt werden. Schweizer Franken, Deutsche Mark und Japanische Yen im Wert von 30 Milliarden Dollar wurden bereitgestellt, um durch Aufkäufe von Dollars den Kurs der amerikanischen Währung zu stützen. Außerdem würde das Schatzamt ab Dezember 1978 monatlich 1,5 Millionen Unzen Gold versteigern – statt 300 000 Unzen bis dahin. Die Auktionen würden die amerikanische Zahlungsbilanz um vielleicht vier Milliarden Dollar jährlich entlasten. Die Absicht war jetzt nicht mehr in erster Linie, das Gold zu schwächen, sondern den Dollar zu stärken.

Gleichwohl reagierte Gold sogleich empfindlich. Vom Oktober-Höchststand von 245 Dollar fiel es im November auf 193. Und der Dollar tendierte fest und fester. Bis Ende Januar setzte die *Federal Reserve* Franken, Mark und Yen im Gegenwert von sieben Milliarden Dollar ein, um den Kurs zu stützen. Mit sichtbarem Erfolg. Die *Federal Reserve* konnte diese Mittel bis zum Frühjahr 1979 sogar zurückkaufen, so daß sie für neue Interventionen zur Verfügung standen.

Und die europäischen Notenbanken mußten Dollars verkaufen, damit der Kurs nicht allzu sehr stieg, denn dies hätte vor allem auch die Ölimporte nach Europa ungewöhnlich verteuert.

Zugleich begann ein völlig neues Kapitel in der Geschichte des Goldes. Es zeigte sich nämlich schon bald nach dem 1. November 1978, daß die alte Regel diesmal nicht galt, wonach sich der Goldpreis umgekehrt proportional zum Dollar entwickelt.

Plötzlich wurde Gold, unbeeindruckt von der relativen Stärke seines alten Gegners, wieder teurer. In der Weihnachtshausse 1978 stieg es über 220 Dollar, bei der Januar-Auktion des IWF gingen 486 400 Unzen für durchschnittlich 219,34 Dollar mit Leichtigkeit weg, und im Mai, Juni und Juli 1979 jagte ein absoluter Preisrekord den anderen.

Das Seltsame dabei: Fast niemand hatte mit dieser rasanten Hausse gerechnet. Die Südafrikaner nicht, die deutschen Banken nicht, die amerikanischen Terminhändler nicht und nicht einmal die Gnome von Zürich, die immer an Gold geglaubt und schon viel dafür getan hatten.

Bis dann die Edelmetallhausse am 21. Januar 1980 abrupt endete. An jenem Tag kostete die Feinunze Gold im Londoner Nachmittagsfixing exakt 850 Dollar, Silber 51 Dollar, und in Zürich wurden für das Kilo Gold 43 900 Franken bezahlt.

Der Bullenmarkt, zunächst noch einmal angeheizt durch

den Einmarsch der Roten Armee in Afghanistan, brach unter seinem eigenen Gewicht zusammen. Wer kaufen wollte und konnte, hatte gekauft. Die Anleger und Spekulanten hatten ihre Munition verschossen. Nach zwei Jahrzehnten einer zunächst langsamen und fast unsichtbaren Aufwärtsbewegung, nach einer ersten Beschleunigung Anfang der 1970er Jahre, nach einer bitteren Baisse von Anfang 1975 bis August 1976 und nach gefährlichen, aber vorübergehenden Preiseinbrüchen im Verlauf von 1978 und 1979 hatten sich die Goldpreise am Ende innerhalb weniger Monate verdoppelt. Zuletzt bewirkten Kaufpanik und eine schier grenzenlose Euphorie einen nahezu vertikalen Preisanstieg – typisch für die Endphase jeder Hausse an den Finanz- und Rohstoffmärkten. Es sollte zwei Jahrzehnte dauern, bis der Goldmarkt den Exzeß verarbeitet hatte, bis die kollektive Erinnerung an den irrationalen Überschwang gewichen war.

Immerhin: Seit jenen 1970er Jahren haben wir eine Vorstellung davon, wie eine primäre Goldhausse ablaufen und enden kann. Manches hat sich seitdem geändert, manches ist gleichgeblieben. Südafrika und Rußland dominieren nicht mehr das Angebot, die europäischen Großbanken haben ihre massiven Eigenpositionen längst abgebaut und sind keine einflußreichen Marktmacher mehr am Goldmarkt. Feste Wechselkurse sind passé, von einem ordentlichen Weltwährungssystem kann schon lange keine Rede mehr sein.

Und doch: Als das amerikanische Leistungsbilanzdefizit in den 1990er Jahren größer und größer wurde, als Alan Greenspan die Führung des *Federal Reserve System* übernommen hatte, als Geldmengen und Schulden zunehmend schneller expandierten, als die Welt wieder einmal mit einer Flut von ungedeckten Dollars überschwemmt wurde und als die Überschüsse am Gold- und Silbermarkt durch Defizite abgelöst wurden – da versuchten die Machthaber ein zweites Mal, den Goldpreis künstlich tief zu halten und den Markt zu manipulieren. Das ist die Geschichte des zweiten Goldkrieges.

Kapitel III

Das Spiegelbild

Der Antagonismus zwischen Dollar und Gold, die Verschwörung von Jekyll Island und ein Blick in die Leitzentrale des Dollar-Imperiums

Zum Grundwissen eines Goldanlegers gehört es, daß sich Gold und der Dollar mehr oder weniger spiegelbildlich bewegen. Wenn das Metall steigt, fällt der Greenback – und umgekehrt. Sie verhalten sich wie Kontrahenten, von denen mal der eine, mal der andere gewinnt. Warum das so ist, läßt sich gar nicht so einfach ergründen. Als ich noch vor dem großen Terroranschlag die Terminbörse COMEX im World Trade Center in Manhattan besuchte und einen Händler fragte, warum Gold immer dann gekauft werde, wenn der Dollar zurückging, antwortete er: »Woran sollen wir uns denn sonst orientieren?«

In der Finanzanalyse beziehungsweise in der Statistik nennt man dieses Phänomen eine negative Korrelation. Sie liegt dann vor, wenn zum hohen Wert des einen Investments ein tiefer Wert eines anderen Investments gehört. Ist die Korrelation hingegen positiv, verhalten sich beide ähnlich. Mit Hilfe einer ziemlich komplizierten Formel läßt sich aus diesen Zusammenhängen ein Korrelationseffizient errechnen mit einer Spanne zwischen –1 und +1.

Die Korrelation gibt auch Aufschluß darüber, wie einseitig oder ausgewogen ein Portfolio zusammengesetzt ist. Enthält es z. B. nur Gold-Aktien, die eng miteinander korrelieren, aber keine defensiven Branchen wie Pharma oder Versorger, dann geht der Anleger ein hohes Risiko ein. Ein falsches Timing kann ihn sehr viel Geld kosten.

Gold wird gerade deswegen zum Risikoausgleich empfohlen, weil seine Korrelation zu Aktien oder Anleihen und eben auch zum Dollar mehr oder weniger negativ ist. Eine Reihe von langfristigen Studien hat ergeben, daß ein Goldanteil, der irgendwo zwischen zehn und 30 Prozent liegt, jedes Portfolio stabilisiert und seine Volatilität, d. h. Schwankungsanfälligkeit, verringert.

Auf einem Seminar in den 1980er Jahren wurde ich einmal gefragt, was jemand machen solle, der sich für zehn Jahre auf eine einsame Insel zurückzieht und von jeder Kommunikation abgeschnitten ist. Die Empfehlung lautete, das Portfolio auf Anleihen und Gold (eventuell auch auf Aktien) aufzuteilen. Die Methode hätte funktioniert, denn die Zinsen waren damals nominal und real sehr hoch, die Anleihen standen am Beginn einer langen Hausse, und die Verluste, die ein europäischer Investor mit Gold machen konnte, wenn er zum falschen Zeitpunkt gekauft hätte, wurden durch die Gewinne am Rentenmarkt mehr als kompensiert.

Zurück zur negativen Korrelation zwischen Gold und Dollar. Sie bezieht sich auf den Goldpreis in der amerikanischen Währung, also in einer Währung, in der Gold an den großen Finanzplätzen in New York und London gehandelt wird. Auch in Zürich, das früher einmal im physischen Handel vor London lag, wird Gold gegen Dollar gekauft und verkauft. Aber Sie können selbstverständlich Ihren Kaufauftrag auch in Euro oder Franken geben, wenn Sie gerade Euro oder Franken auf dem Tagesgeldkonto geparkt haben.

Daß sich Gold und Dollar nicht immer, aber meistens konträr verhalten, erklärt sich aus der Finanzgeschichte. Wir werden darauf zurückkommen. Auch heute noch bestehen die Reserven der europäischen Zentralbanken fast ganz aus Dollar und Gold und nur zu einem sehr kleinen Prozentsatz aus Pfund, Schweizer Franken und Yen. Gold ist die Antithese zum Dollar – und überhaupt zu den ungedeckten Papierwährungen. Es stellt keine Forderung an einen Dritten dar, sein Preis kann nur eine Zeitlang und nur begrenzt manipuliert werden, es kann nie pleite gehen, es bildet das ideale Fundament einer Notenbankbilanz sowie eines privaten Portfolios.

Der Wert des Dollars hingegen hängt ab vom Gutdünken und von den Entscheidungen der amerikanischen Notenbank und von den Interessen der amerikanischen Finanz- und Weltpolitik. Die Europäer haben darauf keinen Einfluß. Wir wissen nicht einmal, ob der Dollar in 30 oder 50 Jahren noch existiert. »Der Dollar ist unsere Währung, aber euer Problem«, sagte einmal ein US-Finanzminister.

Es ist ein Antagonismus zwischen neuer und alter Weltwährung. Seit dem August 1971, als die USA endgültig die Bindung des Dollars an das Gold beendeten, lebt die Welt unter einem Dollar-Standard. Gold als Währung ist nur noch eine Erinnerung, freilich eine sehr zählebige im kollektiven Gedächtnis der Menschheit. Anders als Silber, das bereits im letzten Drittel des 19. Jahrhunderts seine Funktion als Geld verlor, konnte Gold seinen Geldcharakter bewahren. Verständlich also, daß die Hüter der amerikanischen Währung Gold nicht erst seit 1971, sondern schon seit Beginn des ersten Goldkrieges in den 1960er Jahren als Risiko für die Dollar-Hegemonie betrachteten.

Kein Zufall ist es auch, daß die erbittertsten Feinde der US-Notenbank unter den amerikanischen Goldfreunden zu finden sind. In Amerika nennt man sie Gold Bugs, Goldkäfer. Sie sehen in der Gründung und der schieren Existenz der *Federal Reserve* eine gigantische Verschwörung gegen die Verfassung, gegen die Freiheit, gegen den Rest der Nation. Die Pro-Gold-Bewegung ist antistaatlich, liberal, fast schon anarchistisch. Einer der führenden Exponenten war lange Zeit Jim Blanchard. Zu seinen Konferenzen, die er jeweils im Herbst in New Orleans veranstaltete, kamen regelmäßig Tausende.

Ich hatte zweimal Gelegenheit, dort als Redner aus dem fernen Europa aufzutreten. Jim Blanchard lebt nicht mehr, getagt wird immer noch in New Orleans. Inzwischen haben sich die amerikanischen Gold Bugs um Bill Murphy geschart, den Gründer und Chef des *Gold Antitrust Action Committee* (GATA), das seit Jahren gegen alle Front macht, die den Goldpreis hinter den Kulissen manipulieren. Der Einfluß von GATA reicht bis nach Deutschland. Dank Internet hat die Goldgemeinde hierzulande längst ihre eigene Plattform gefunden, auf der argumentiert und orakelt wird, nämlich unter *www.goldseiten.de*, die von Frank Hoffmann aufgebaut wurden.

Mit Vorliebe gelesen und zitiert wird in diesen Kreisen ein Buch des amerikanischen Erfolgsautors G. Edward Griffin über die *Federal Reserve* mit dem Titel *Die Kreatur von Jekyll Island*. 2006 kam das Werk auch in einer deutschen Übersetzung heraus.

Griffin behauptet, die Gründung der amerikanischen Notenbank gehe auf ein konspiratives Treffen von führenden Wall-Street-Bankiers zurück, die sich im November 1910 auf Jekyll Island, einer Insel vor der Küste Georgias, zusammengerottet hätten. Und, schlimmer noch, die *Federal Reserve* sei gar keine staatliche Notenbank, sondern befinde sich in Privatbesitz.

Beide Behauptungen treffen zu.

Da es zu den Hauptaufgaben von Notenbanken gehört, den Geldumlauf und die Kreditversorgung der Wirtschaft sicherzustellen, sind sie normalerweise staatlich. So verhält es sich auch mit der Deutschen Bundesbank. Sie ist eine bundesunmittelbare juristische Person des öffentlichen Rechts. Ihr Grundkapital gehört dem Bund. Rechtlich (und meist auch in der Praxis) ist sie unabhängig von Weisungen der Regierung.

Beim amerikanischen *Federal Reserve System* (kurz »Fed« genannt) ist das anders. Das System besteht erstens aus zwölf über das Land verstreuten regionalen *Federal-Reserve*-Banken, zweitens aus einem Gouverneursrat (*Board of Gouvernors*) mit seinem Vorsitzenden (derzeit Ben Bernanke) und sechs weiteren Mitgliedern und drittens aus dem Offenmarktausschuß (*Open Market Committee*).

Der Offenmarktausschuß führt die laufenden Geschäfte der Geldpolitik und versucht die Geldmenge zu steuern, indem Wertpapiere gekauft oder ausgeliehen werden. Das alles sind Aufgaben, die bei anderen Notenbanken nicht viel anders organisiert sind. Allerdings mit dem Unterschied, daß die Macht der *Fed* beispiellos ist und allenfalls vergleichbar mit der des Weißen Hauses, der EU-Kommission in Brüssel oder des früheren Politbüros in Moskau.

Ein kleiner, feiner Unterschied zu anderen Notenbanken liegt darin, daß die zwölf regionalen *Federal-Reserve*-Banken weder den Bundesstaaten noch der Bundesregierung gehören, sondern amerikanischen Geschäftsbanken. Diese sind die Kapitaleigner und lassen sich einen Teil der Gewinne ausschütten, haben aber nicht das Recht, ihre Anteile weiterzuverkaufen. Unter diesen Mitgliedsbanken befinden sich auch solche, die in Europa so gut wie unbekannt sind, z. B. die *Community Guaranty Savings Bank* in New Hampshire.

Dennoch wäre der Eindruck falsch, daß das *Federal Reserve System* ausschließlich privaten Interessen dient und unabhängig von der Politik operiert. Schließlich werden die sieben Gouverneure einschließlich ihres Vorsitzenden vom US-Präsidenten ernannt und vom Senat bestätigt, und zwar einmalig für eine Amtsperiode von 14 Jahren. Der Präsident kann sie auch wieder absetzen, aber nur, wenn er besondere Gründe dafür hat. Im Gegensatz zu den erwähnten zwölf Regionalbanken der *Fed* handelt es sich beim *Board of Gouvernors* um eine Einrichtung der Regierung. Und die Gründung des *Federal Reserve System* geht zurück auf ein Gesetz, das der Kongreß am 23. Dezember 1913 beschloß. Theoretisch könnte er es auch wieder aufheben oder abändern. Theoretisch, weil dies eine Frage der Machtverhältnisse wäre.

Tatsächlich geht die Etablierung der *Fed* auf eine Initiative der mächtigsten Männer Amerikas zurück. Auf Männer wie Paul Warburg vom Bankhaus *Kuhn, Loeb & Co.*, Frank A. Vanderlip von der *National City Bank of New York* oder Henry P. Davison und Benjamin Strong vom Bankenimperium *JP Morgan*. Mit dabei auf Jekyll Island war auch Nelson Aldrich, Führer der Republikaner im Senat, Gesellschafter von *JP Morgan* und Schwiegervater von John D. Rockefeller jun. (John Pierpont Morgan selbst fehlte; er starb 1913 in Rom).

Jekyll Island, die Insel, auf der sie eine Woche lang berieten, diente schon seit Mitte der achtziger Jahre des 19. Jahrhunderts als Refugium des amerikanischen Geldadels. Im New Yorker *Union Club*, der die Insel gekauft hatte, saßen die reichsten Männer des Landes. Der Club, zu dessen Gründern so bekannte Namen wie J. P. Morgan und William K. Vanderbilt zählten, repräsentierte laut Zeitzeugen ein Sechstel des Weltvermögens.

An der Konzentration von Reichtum und Macht hat sich bis heute nichts geändert. Auch heute, in der Epoche der Globalisierung, besitzen zwei Prozent der Weltbevölkerung 50 Prozent des Weltvermögens. In den USA ist es sogar nur ein Prozent, dem die Hälfte gehört.

Der enorme Einfluß der Runde, die sich im November 1910 auf der Insel versammelte, geht auch daraus hervor, daß der dort entwickelte Plan zur Gründung einer Notenbank zunächst 1911 vom US-Kongreß torpediert wurde und dann doch bereits 1913 von denselben demokratischen Abgeordneten, die sich vorher quergelegt hatten, gutgeheißen wurde. Nur drei Jahre dauerte es, und die Konspirateure von Jekyll Island hatten bekommen, was sie wollten. 1930 verriet Paul Warburg in einem voluminösen Buch über die *Fed*, die er selbst maßgebend aus der Taufe gehoben hatte: »Die Ergebnisse der Konferenz waren absolut vertraulich; sogar die Tatsache, daß es überhaupt solch ein Treffen gegeben hatte, durfte nicht publik werden.«

Die Kontinuität der US-Finanzelite über ein Jahrhundert hinweg ist wirklich ganz erstaunlich. Hauptaktionär der *Federal Reserve Bank of New York* ist (immer noch) kein anderer als *JP Morgan Chase*, gefolgt von der *City Group* (*JP Morgan* hatte im Jahre 2000 mit der *Chase Manhattan Bank* fusioniert). Begreiflich also, daß die Interessen den New Yorker Großbanken bei dieser *Fed* bestens aufgehoben sind.

Die *Federal Reserve Bank of New York* ist mehr als eine Regionalbank unter anderen. Sie ist primus inter pares. Ihr erster Gouverneur war der legendäre Benjamin Strong, Teilnehmer des Treffens auf Jekyll Island. Er amtierte bis zu seinem Tod 1928 und verpaßte so den großen Crash von 1929, der die amerikanische Finanzmacht bis ins Mark erschütterte – und doch nur ein Intermezzo darstellte im Aufstieg Amerikas zur Supermacht.

Die New Yorker *Fed* führt die laufenden Offenmarkt-Operationen aus, sie kauft und verkauft Staatsanleihen und Schatzwechsel, sie bewacht in ihrer Schatzkammer unter dem Straßenpflaster von Manhattan amerikanisches Währungsgold zusammen mit dem Gold befreundeter Staaten (und dies großzügigerweise gebührenfrei!), sie interveniert an den Devisenmärkten, greift im Notfall auch einmal in den Aktienmarkt ein und sorgt mit anderen Zentralbanken dafür, daß der Dollar weder zu stark noch zu schwach wird – je nachdem, was New York in seiner unendlichen Weisheit gerade für angemessen hält.

Es gibt keinen Zweifel: Im imposanten Gebäude an der Liberty Street in Manhattan, Hausnummer 33, werden die globalen Interessen des Dollar-Imperialismus exekutiert. Was hier getan oder unterlassen wird, tangiert die Bond- und Aktienmärkte in Europa und Asien, beeinträchtigt Wohl und Wehe der Volkswirtschaften jenseits der Ozeane, die die Vereinigten Staaten von Amerika wie eine große Insel schützen. Daß sich bereits Abenddämmerung über das allmächtige New York gelegt hat, daß das Imperium bröckelt und von neuen geopolitischen Spielern herausgefordert wird, ist eine andere Geschichte.

Was soll man auch von einer Weltmacht halten, die längst nicht mehr der größte Gläubiger, sondern der größte Schuldner der Welt ist? Die ein Leistungsbilanzdefizit aufweist, das 2006 auf fast 6,5 Prozent des Bruttoinlandsproduktes angeschwollen war, vergleichbar mit den Verhältnissen eines Entwicklungslandes? Eine Weltmacht, die sich von Verbündeten und potentiellen Gegnern in aller Welt finanzieren läßt und die davon abhängig ist, daß China – das Land mit den größten Währungsreserven der Welt – weiterhin amerikanische Schuldscheine kauft?

Das System, über das die *Fed* mit allen Regeln der Kunst wacht, ist verletzlich geworden. Es ist instabil. Der Dollar ist nicht mehr gut wie Gold, er ist schon lange schlechter als Gold. Deswegen muß er nicht unbedingt schnell und bald abstürzen. Aber der Abstieg hat begonnen.

Zahlungsbilanzen sind mehr als trockene Statistiken. Sie sind Schicksalsbücher der Staaten. Sie verraten viel über Stärken und Schwächen der Nationen, über ihren hegemonialen oder auch tributpflichtigen Status – ob sie über ihre Verhältnisse leben oder nicht, ob sie andere finanzieren oder sich von anderen finanzieren lassen.

Um vergleichen zu können, werfen wir zunächst einen Blick auf die deutsche Zahlungsbilanz. Sie ist selbstverständlich wie jede andere Zahlungsbilanz ausgeglichen. Interessant wird ihre Lektüre erst, wenn wir die darin enthaltene Leistungsbilanz aufgliedern und wenn wir sie in Bezug zur Kapitalbilanz setzen. Der manchmal in den Zeitungen zu lesende Begriff »Zahlungsbilanzdefizit« führt in die Irre. Gemeint ist dann immer das Leistungsbilanzdefizit.

Die größten Posten in der Leistungsbilanz sind der Außenhandel, die Dienstleistungen und die laufenden Übertragungen.

2006 war die deutsche Handelsbilanz mit 162,15 Milliarden Euro im Plus – ein Überschuß, der beinahe das Dreifache des Jahres 2000 ausmachte. Deutschland, der Exportweltmeister! Das ist einerseits ein Beweis für die Konkurrenzfähigkeit der deutschen Exportwirtschaft, für die Tüchtigkeit der Ingenieure, Facharbeiter und Unternehmer, andererseits aber auch ein zweischneidiges Schwert. Denn der Exporterfolg und die Schwäche der Binnenwirtschaft sind zwei Seiten derselben Medaille.

Ein anhaltend hoher Handelsbilanzüberschuß hat, was oft vergessen wird, einen realen Gütertransfer zur Folge. Deutschland tauscht eben nicht Ware gegen Ware, sondern – in der Höhe der Überschüsse – Ware gegen Papiergeld. Vor allem gegen Dollars, die mit der Zeit immer weniger wert werden. Hier sieht man den entscheidenden Unterschied zwischen Goldstandard und Dollar-Standard. Überschüsse und Defizite im Außenhandel werden eben nicht mehr durch die Lieferung von Gold, das einen realen Wert hat, ausgeglichen, sondern durch die elektronische Überstellung von Papiergeld, das im Prinzip beliebig vermehrbar ist.

Wäre der Goldstandard noch in Kraft, dann würden die deutschen Goldreserven zunehmen, solange die Leistungsbilanz im Überschuß bleibt. Und die amerikanischen Goldreserven würden abnehmen, solange die USA mehr importieren als exportieren. Nicht nur das: Die amerikanischen Goldreserven in Fort Knox und Manhattan wären längst auf Null gesunken. Genau dies ist der Grund dafür, daß Präsident Nixon im August 1971 das »Goldfenster« schloß und einseitig die Verpflichtung der USA aufkündigte, auf Verlangen Gold gegen Dollars herauszugeben. Nixons Maßnahme glich einer Bankrotterklärung.

Übrigens ist Deutschland doch nicht Exportweltmeister, wenn man das Defizit bei den Dienstleistungen (–23,13 Milliarden Euro) berücksichtigt. Hauptursache dafür sind die ständigen Auslandsreisen der Deutschen. Zusätzlich schrumpft der Leistungsbilanzüberschuß durch die sogenannten »laufenden Übertragungen an das Ausland«, zuletzt in Höhe von 26,79 Milliarden. Enthalten darin sind die Nettozahlungen an die EU, die einer dubiosen und korruptionsanfälligen europäischen Umverteilung dienen, außerdem verschiedene tributähnliche Leistungen, die im Jargon der politischen Klasse unter die Rubrik »Internationale Verpflichtungen« fallen, aber auch so kuriose Posten wie die Entwicklungshilfe an die Atommächte Indien und China. So kommt es, daß von dem deutschen Handelsbilanzüberschuß in Höhe von 162,15 Milliarden schließlich nur 116,56 Milliarden übrigbleiben. Man kann es auch so sehen: Der Export muß viel einbringen, damit sich die Berliner Politiker auf internationalen Konferenzen spendabel zeigen und sich beliebt machen können.

Wenn Sie mir bisher gefolgt sind, werden Sie bereits ahnen, daß der deutsche Leistungsbilanzüberschuß von 116,56 Milliarden auf der Seite der Kapitalbilanz deutsche Kapitalexporte in gleicher Höhe bedingt. Denn, wie gesagt, unter dem Strich muß jede Zahlungsbilanz (übrigens auch jede Goldbilanz) ausgeglichen sein.

Wenn man das Zahlenmaterial der Bundesbank studiert, dann entsprechen übrigens die deutschen Kapitalexporte von 146,34 Milliarden nicht dem Leistungsbilanzüberschuß, weil nicht alle Transaktionen statistisch aufgegliedert werden können. Bei allen Zahlungsbilanzen bleibt eine Grauzone. Die Zahlen sind nie perfekt. Wären sie es, dann müßten sich in der weltweiten Betrachtung alle Defizite und alle Überschüsse gegenseitig aufheben. Das ist aber nicht der Fall.

Nachdem wir die deutsche Zahlungsbilanz untersucht haben, verstehen wir die amerikanische besser. Sie ist sozusagen das Gegenteil der deutschen. Die Leistungsbilanz und die darin enthaltene Handelsbilanz sind im Minus, dafür ist die Kapitalbilanz im Plus. Es findet Jahr für Jahr ein realer Gütertransfer nach Amerika statt. Die Amerikaner bezahlen, was sie einführen, zu einem erheblichen Teil nicht mit Exportprodukten, sondern mit Papier, mit Dollars, deren Herstellung nur einen Bruchteil des aufgedruckten Nominalwertes kostet. Anders ausgedrückt: Sie verbrauchen mehr als sie produzieren, sie lassen das Ausland ihren Konsum finanzieren. Nicht nur den Konsum: Wenn irgendwelche armseligen Länder, wie der Irak oder Afghanistan, besetzt werden, wenn die Führung in Washington wieder einmal einen neuen kleinen Krieg beschließt, dann spielt Geld keine Rolle. Es spielt auch keine Rolle, daß allein der andauernde Irak-Krieg laut *New York Times* 200 Milliarden Dollar im Jahr kostet. Im Prinzip ist alles finanzierbar, denn das Ausland zahlt mit.

Ablesen kann man die wundersame Geld- und Schuldenvermehrung nicht zuletzt an den internationalen Währungsreserven, die seit Jahren in atemberaubendem Tempo zunehmen. Die chinesischen Reserven sind die ersten, die – im Winter 2006/2007 – die Marke von 1000 Milliarden Dollar überstiegen haben. Schätzungsweise 70 Prozent davon sind in Dollar-Schuldscheinen angelegt. China ist neben Japan der größte Gläubiger der USA und hilft mit, amerikanischen Konsum und amerikanische Kriege zu finanzieren. Die Gegenleistung besteht darin, daß das Reich der Mitte in die USA exportieren darf. Washington hätte durchaus die Möglichkeit, den chinesischen Export mit Hilfe von hohen Zollschranken und anderen Schikanen abzuwürgen.

Zwei Aspekte sind in diesem Zusammenhang für den Goldanleger von Interesse. Zum einen haben die seit Jahren steigenden Leistungsbilanzdefizite der USA die weltweite Liquidität und vor allem die Währungsreserven in Asien gewaltig anschwellen lassen – und diese Liquidität ist prinzipiell gut für den Goldpreis.

Die Beschleunigung ist enorm. Noch im Jahr 2000 nahmen die chinesischen Währungsreserven um 10,9 Milliarden Dollar zu, 2006 bereits um 247 Milliarden. Bezogen auf alle aufstrebenden Länder Asiens erhöhte sich der Zuwachs in diesem Zeitraum von 52,5 auf 396 Milliarden. In absoluten Zahlen meldeten die asiatischen Schwellenländer Ende 2006 Währungsreserven von 2217 Milliarden Dollar und Japan solche von 874 Milliarden – verglichen mit 5034 Milliarden, die alle Zentralbanken der Welt zusammen hielten. (Alle Angaben laut Jahresbericht der Bank für Internationalen Zahlungsausgleich vom 24. Juni 2007.)

Von den gesamten Weltwährungsreserven waren nach Angaben des Internationalen Währungsfonds zuletzt 65,4 Prozent in Dollar angelegt, 25,4 Prozent in Euro, 4,2 Prozent in Pfund und 3,3 Prozent in Yen. Auch hier ist der Trend wichtiger als der letzte Stand: Der Anteil der Dollar-Anlagen nahm in den letzten zwei Jahren um mehr als zwei Prozent ab, der Anteil der Euro-Anlagen um knapp zwei Prozent zu. Die Umschichtung hat begonnen.

Das sind Trends, die der Goldanleger genau verfolgen sollte. Denn das Metall profitiert nicht nur von der Zunahme der internationalen Liquidität, sondern eben auch vom Bedeutungsverlust und von der inhärenten Schwäche des Dollars.

Allerdings ist dessen Abwertung keine Einbahnstraße. Der bekannte amerikanische Ökonom Martin Feldstein hat in der Ausgabe Mai/Juni 2006 von *Foreign Affairs* vorgerechnet, daß die Hypothekenschulden in den USA innerhalb von fünf Jahren um 3000 Milliarden Dollar explodiert sind, daß sich die Kapitalzuflüsse aus dem Ausland seit 1997 verfünffacht haben, daß das Leistungsbilanzdefizit (selbstverständlich) identisch ist mit dem Kapitalimport, daß die USA ihre Abhängigkeit von ausländischen Geldgebern nur verringern können, wenn sie ihr Außendefizit reduzieren – und daß deswegen den Amerikanern nichts anderes übrigbleiben wird, als weniger zu konsumieren und mehr zu sparen.

Wenn dieses Szenario so eintrifft, dann könnte der Druck auf den Dollar irgendwann eine Zeitlang nachlassen – sobald mehr gespart und weniger importiert wird, sobald das Außendefizit zurückgeht, anstatt ständig weiter zu wachsen. Am einfachsten wäre ein solcher Effekt zu erreichen über eine Rezession in den USA.

Als Anleger muß man sich auch darüber im klaren sein, daß die Devisenmärkte kurz- bis mittelfristig schwer zu prognostizieren sind. Sie sind keine freien Märkte, weil grundsätzlich immer mit Interventionen der Zentralbanken gerechnet werden muß. Sie sind hochspekulativ, weil Banken und Hedge-Fonds mit Hebel arbeiten und täglich unvorstellbare Summen opportunistisch und ohne jede fundamentale Überzeugung hin- und herschieben. Es herrscht ein hoher Grad von Irrationalität.

Die Währungsspekulationen der großen Operateure werden manchmal mit Zinsdifferenzen, ein andermal mit Wachstumsunterschieden begründet. Manchmal spielt die Leistungsbilanz eine Rolle, manchmal wird sie ignoriert. Je mehr Kapital bewegt wird, desto nervöser operieren die Spieler, desto kurzfristiger disponieren sie.

Besonders beliebt sind seit längerem die sogenannten Carry-Trades. Dabei verschuldet sich eine Bank in einer Währung mit niedrigen Zinsen, z. B. in Yen oder Franken, und kauft dafür eine hochverzinsliche Währung, wie beispielsweise den Südafrikanischen Rand oder die Türkische Lira. Fundamentale Überlegungen werden dabei ausgeklammert. Und alle Carry-Trades werden irgendwann aufgelöst – manchmal langsam und diszipliniert, manchmal panikartig innerhalb von Stunden.

Als Anfang Dezember 2005 der Yen gegen den US-Dollar aufwertete, flohen die Geldschieber ohne triftigen Grund aus dem Brasilianischen Real und dem Neuseeländischen Dollar. Deren Kurse brachen ein, und selbst Gold kam unter Druck – vermutlich, weil mit (vorübergehenden) Goldverkäufen die Verluste anderswo ausgeglichen werden mußten.

Und als die Isländische Krone im Februar 2006 nach einem negativen Bericht einer Rating-Agentur innerhalb von zwei Tagen zehn Prozent verlor, wurden gleich auch noch die australische, die neuseeländische, die ungarische und die südafrikanische Währung mit verkauft. Ein Privatanleger, der glaubt, derart irrationale Ausbrüche kalkulieren oder terminieren zu können, muß naiv sein. Wer mit Krediten und Hebelwirkung arbeitet, muß wissen, wie diese Märkte ticken und worauf er sich einläßt.

Zumindest muß er ab und zu einen Blick auf die Preiskurven werfen. Auch die großen Marktteilnehmer und selbst die Zentralbanken orientieren sich an den Charts. Am Finanzplatz New York wird dabei nicht nur auf Euro und Yen geschaut, sondern gerne auch auf den handelsgewichteten Dollar-Index, in welchem der Euro das Schwergewicht ausmacht.

Nur zweimal in den letzten 25 Jahren konnte der Dollar kräftig aufwerten: von 1980 bis Anfang 1985, als Ronald Reagan der Weltmacht USA neue Geltung verschaffte und als *Fed*-Chef Paul Volcker mit seiner Hochzinspolitik die Inflation eindämmte und der amerikanische Kapitalmarkt ausländischen Anlegern traumhafte reale Renditen, d. h. nach Abzug der Inflationsrate, bot.

Und dann von 1995 bis 2001, als europäisches (weniger japanisches) Kapital nach Amerika strömte, weil die Europäer auf die Propaganda von der »neuen Ära« anbissen. Allerdings fiel diese zweite Dollar-Hausse schon erheblich schwächer aus als die in der ersten Hälfte der 1980er Jahre.

Klar ist aber auch, daß weder die Europäer (hier vor allem Frankreich) noch die Japaner noch die Chinesen an einem zu schwachen Dollar interessiert sind. Dies nicht nur wegen ihrer Exporte – ein wirklicher Dollar-Kollaps wäre brandgefährlich für die Aktienmärkte und für das gesamte internationale Finanzsystem. Daß er nicht wünschenswert ist, heißt freilich nicht, daß er nicht eintreten wird.

Im Analystenjargon befindet sich die amerikanische Zahlungsbilanz in einem Ungleichgewicht. Warum sagt man nicht: Schieflage? Schließlich spricht auch niemand von Ungesundheit, Unreichtum und Unüberschuß. Die Schieflage besteht ganz einfach darin, daß das reichste Land der Welt auf Kapitaleinfuhren in Höhe von zwei bis drei Milliarden Dollar pro Werktag angewiesen ist, daß ein so hohes Leistungsbilanzdefizit auf Dauer nicht durchgehalten werden kann und daß sich Amerika vornehmlich bei Ländern verschuldet, die immer noch zu den ärmeren zählen.

In den 1970er Jahren, im Jahrzehnt der bislang schlimmsten Dollar-Krise, waren es vor allem die europäischen Zentralbanken, die mit ihren Dollar-Käufen nolens volens den Greenback stützten und dadurch Inflation aus Amerika importierten. Ende 2006 waren die chinesischen Devisenreserven, wie bereits erwähnt, auf 1000 Milliarden Dollar angeschwollen, während die der Deutschen Bundesbank weniger als 50 Milliarden betrugen. Selbst kleinere asiatische Staaten wie Taiwan, Südkorea und Singapur sitzen auf einem Vielfachen der deutschen Währungsreserven.

Wie am Beispiel der 1990er Jahre bereits erläutert wurde, hängt das Schicksal des Dollars keineswegs nur vom Verhalten ausländischer Zentralbanken ab. Grob gerechnet, wurde das amerikanische Defizit bisher meist zur Hälfte durch private ausländische Investitionen in den amerikanischen Aktien- und Rentenmarkt ausgeglichen. Der Privatsektor war demnach nicht weniger wichtig als die Zentralbanken. Ob das so bleibt, ist eine Frage des Vertrauens in das amerikanische System. Wenn dieses Vertrauen eines Tages zusammenbricht, werden auch Notenbankinterventionen den Dollar-Kollaps nicht verhindern können. Dann wiederholen sich die 1970er Jahre.

Bereits deutlich erkennbar sind jedenfalls zwei Trends, die den Status des Dollars als führende Weltreservewährung untergraben: die allmähliche Umschichtung der Devisenreserven in Euro (zu einem kleinen Teil auch in Pfund) und die zunehmende Gefährdung seiner Rolle als exklusive Ölwährung.

Öl, der mit Abstand wichtigste Rohstoff, wird an den Terminbörsen in Europa und Amerika in Dollar gehandelt und international in Dollar fakturiert. Das garantiert eine ständige Dollar-Nachfrage. Und es verschafft den USA das einmalige Privileg, die eigenen Ölrechnungen immer bezahlen zu können, weil sie in einer Währung anfallen, die Washington notfalls in beliebiger Menge ausstoßen kann. Müßten sich die Amerikaner Euros besorgen, um Öl einkaufen zu können, hätten sie ein Problem.

Kein Wunder also, daß die US-Regierung vorhersehbar ungnädig reagiert, wenn einer der Ölproduzenten verkündet, er wolle auf Euro umstellen. Das wurde Saddam Hussein zum Verhängnis, und es wird wohl auch den Iranern schlecht bekommen.

Auch in Moskau wird überlegt, im Ölhandel den Euro oder vielleicht auch den Rubel zu bevorzugen. Militärische Drohungen sind da keine realistische Option, auch wenn in *Foreign Affairs*, dem Organ des *Council on Foreign Relations*, schon einmal ausführlich dargelegt wurde, daß die Nuklearstreitmacht der Vereinigten Staaten von Amerika inzwischen stark genug sei, Rußland und China mit einem Erstschlag auszuschalten – und zwar, ohne einen Gegenschlag befürchten zu müssen.

Für den Dollar ebenso wie für Gold bleibt China auf Jahre hinaus ein Schlüsselfaktor. Der chinesischen Führung darf man getrost unterstellen, daß sie strategisch denkt und daß sie sich dessen bewußt ist, daß sie für ihre Exportüberschüsse nichts als einen Haufen Papier in Form von US-Schuldverschreibungen bekommt. Aus zuverlässiger Quelle war 2006 zu erfahren, daß Washington Peking vorsorglich mit harten Gegenmaßnahmen gedroht hat, sollten die Chinesen auf die Idee kommen, ihre Dollars über Nacht auf den Markt zu werfen.

Das Dilemma der asiatischen Schwellenländer besteht darin, daß sie im Dollar überinvestiert sind, daß sie aber ihre eigenen Devisenreserven entwerten würden, sobald sie massiv verkaufen, und daß nur der erste Verkäufer sich einen sofortigen Vorteil auf Kosten der anderen asiatischen Zentralbanken ausrechnen könnte.

Also wird die chinesische Führung behutsam vorgehen, die USA aus handelspolitischen Gründen nicht übermäßig reizen, den Euro- und wahrscheinlich auch den Goldanteil sukzessive erhöhen und vor allem versuchen, in westliche Unternehmen und in Bodenschätze (in Nahost, Afrika und Lateinamerika) zu investieren. So kann Papiergeld am besten in reale Werte umgewandelt werden. Und in einer späteren Phase werden der chinesische und der asiatische Binnenmarkt ohnehin die eigenen Ersparnisse benötigen, die dann den USA nicht mehr zur Verfügung stehen. Dann wird die Abhängigkeit vom amerikanischen Exportmarkt weniger groß sein.

Was wir in diesen Jahren erleben, ist die Spätphase des Dollar-Imperialismus und der Übergang zu einem multipolaren Währungssystem – zu einer multipolaren Welt mit einer Reihe von großen und mittelgroßen Spielern. Seit 1950 ist der Anteil der amerikanischen Industrieproduktion an der Weltproduktion von 60 auf 25 Prozent zurückgegangen. Die Wirtschaftskraft Europas, gemessen am Bruttoinlandsprodukt, liegt weit über der amerikanischen. China wird die USA voraussichtlich noch vor der Mitte des Jahrhunderts einholen. Lateinamerika entzieht sich mehr und mehr der amerikanischen Kontrolle. Auch die USA können dem für alle Großmächte typischen Zyklus von Aufstieg und Niedergang nicht entgehen. Wandel ist das Gesetz der Geschichte.

Auch Währungen kommen und gehen. Im 19. Jahrhundert konnte man überall in der Welt, von Zentralafrika bis nach Peking, mit dem goldgedeckten Pfund Sterling zahlen. Noch 1960 wurden an den Devisenmärkten mehr Schweizer Franken gehandelt als D-Mark oder Yen. Die D-Mark wurde von der Regierung Kohl im Maastrichter Vertrag geopfert. Auch der Dollar wird seine Funktion als Leitwährung nach und nach verlieren.

Ein Wertaufbewahrungsmittel ist er schon jetzt nicht mehr.

Es wird ein langwieriger Prozeß sein, der sich manchmal beschleunigt, manchmal angehalten werden kann. Noch wird die US-Währung gestützt durch Kanonenboote, durch das teuerste Spionagesystem der Welt, durch die politische und militärische Kontrolle der Gegenküsten Amerikas und durch ein globales Netz, dessen Fäden in New York, der Finanzhauptstadt der Welt, zusammenlaufen. Um einen Dollar-Kommentar von André Kostolany umzudrehen: Steigen kann er, fallen muß er.

Kapitel IV

Der zweite Goldkrieg

1996 bis 2001: Wie die Zentralbanken den Preis durch Verkäufe und Leihgeschäfte drückten, wie sie den Kampf gegen das Gold verloren und wie die Anleger kapitulierten, als die Baisse fast schon ausgestanden war

Wer die 1980er Jahre nicht aktiv am Goldmarkt miterlebt hat, könnte aus heutiger Sicht meinen, nach dem Allzeithoch bei 850 Dollar am 21. Januar 1980 hätte sich Pessimismus breitgemacht, und die Anleger hätten den Markt in Scharen verlassen. Das war nicht der Fall. Bereits im Herbst wurde der Monatsdurchschnittspreis vom Januar wieder erreicht, und die Gold-Aktien notierten sogar höher als zu Anfang des Jahres – bei sehr moderaten Kurs-Gewinn-Verhältnissen.

Und als sich die Baisse ab dem Winter 1980/1981 fortsetzte, schien sie bereits im Sommer 1982 bei einem Unzenpreis von 300 Dollar ausgestanden. Gold erholte sich wieder auf 500, mit Gold-Aktien waren innerhalb weniger Monate 100 Prozent und mehr zu verdienen. Die südafrikanische *Vaal Reefs*, eine wunderbare Aktie, verdreifachte sich bis zum Sommer 1983 und rentierte dann immer noch mit über acht Prozent.

Anfang 1985 wurde die Unterstützung bei 300 wieder getestet und vorübergehend sogar leicht unterschritten, aber bereits Ende 1987 touchierte der Goldpreis wieder die Marke von 500. Während des ganzen Jahrzehnts und noch bis Ende 1997 hielt sich Gold komfortabel über den Tiefs von 1982 und 1985. Der vorherrschende Eindruck war der einer Seitwärtsbewegung. Damit konnten die Anleger bis auf weiteres leben, denn der Markt mußte erst einmal die Übertreibungen des großen Bullenmarktes verarbeiten.

In D-Mark oder Euro gerechnet, wurden die extrem hohen Preise von 1980 um die Jahreswende 1982/1983 sogar noch einmal erreicht. Danach ging es im Trend bis 1992 abwärts. Das damalige Tief um 8000 Euro je Kilo wurde zwar 1999 noch einmal getestet, aber nicht mehr dauerhaft unterschritten.

Mit der Einführung des Euros als Buchgeld Anfang 1999 wurde Gold für jemanden, der in Euro rechnete, zu einer ausgesprochen attraktiven Anlage. Wie bereits im Zeitraum 1980 bis 1984, als der Dollar sehr fest war, stellte sich auch nach 1999 heraus, daß Gold eine gute Absicherung gegen die Schwäche der eigenen Währung bieten kann.

Zusammenfassend läßt sich sagen, daß aus europäischer Sicht die Goldbaisse erst ab 1985 wirklich einsetzte und bereits 1992 im wesentlichen ausgestanden war. Aus Dollar-Sicht hingegen begann der schlimmste Teil der Baisse erst 1996 und endete 1999 und 2001 in einem doppelten Preisboden in der Nähe von 250. Da für viele Goldminengesellschaften der Dollar-Preis maßgeblich war und ist, litten sie zum Schluß fürchterlich. Eine ganze Reihe von ihnen ging bankrott. Dies geschah, nachdem sich die Gold-Aktien in den 1980er Jahren gar nicht schlecht gehalten hatten. Die amerikanische *Barrick* erreichte ihr Hoch sogar erst Anfang 1996.

Die 1980er Jahre wurden zum Jahrzehnt der Goldminen – so wie die 1970er Jahre das Jahrzehnt der Investoren gewesen waren. In den 1980er Jahren galten Goldpreise von mehr als 400 Dollar als hoch. Sie waren es auch, gemessen an der damaligen Kaufkraft und den damaligen Produktionskosten. Es wurde in neue Bergwerke investiert, es wurde viel Geld in die Exploration, d. h. in die Suche nach neuen Lagerstätten, gesteckt – und die Goldförderung stieg und stieg.

Von 1980 bis 1989 erhöhte sich die Minenproduktion von

962 auf 1653 Tonnen. Die Goldexporte der kommunistischen Länder stiegen von 90 auf 296 Tonnen, nachdem sie nur in einem einzigen Jahr, nämlich 1986, mit 402 Tonnen außergewöhnlich hoch ausgefallen waren. Damals war in der Sowjetunion alles, was mit der Goldförderung und den staatlichen Goldreserven zu tun hatte, Staatsgeheimnis. Daher war es üblich, in den Statistiken nur die Goldproduktion der freien Welt zu erfassen und die Ostblock-Exporte zu addieren.

Zusammen mit dem Altgold, d. h. der eingeschmolzenen Ware, resultierte daraus ein anschwellendes Angebot. Es stieg im Zeitraum von 1980 bis 1989 von 1313 auf 2477 Tonnen, ohne daß die Preise im Jahresdurchschnitt darunter wesentlich gelitten hätten. Zu verdanken war die relative Stabilität auch den Zentralbanken, die sich in den 1980er Jahren mit Verkäufen und Ausleihungen von Gold zurückhielten. Sie traten sogar oft als Netto-Käufer am Goldmarkt auf, und zwar in den Jahren 1980, 1981, 1982, 1985, 1986, 1987 und 1988. Netto, weil nur der Saldo von Käufen und Verkäufen für das Gesamtangebot aussagekräftig ist.

Tatsächlich gibt es keine Anhaltspunkte dafür, daß der Goldmarkt in den 1980er Jahren von offizieller Seite manipuliert wurde – einmal abgesehen vom Eingriff der amerikanischen *Federal Reserve* in den chaotischen Silbermarkt im ersten Quartal 1980, der sicherlich auch auf den Goldmarkt ausstrahlte.

Wenn wir vom zweiten Goldkrieg sprechen, meinen wir die zweite Hälfte der 1990er Jahre. Die Bezeichnung »Goldkrieg« wurde zum ersten Mal von dem amerikanischen Autor Antony C. Sutton verwendet. Sein vielbeachtetes Buch mit dem Titel *The War on Gold* war 1977 erschienen und befaßte sich hauptsächlich mit den dramatischen Ereignissen seit den 1960er Jahren und seit der Einrichtung des Londoner Gold-Pools, der vergeblich versucht hatte, den Preis bei 35 Dollar einzufrieren. Der Zürcher Bankier Ferdinand Lips sprach dann in einem 2003 in Deutschland erschienenen Buch von einer »Goldverschwörung«. Damit meinte er das heimliche Zusammenspiel von Notenbanken und Geschäftsbanken mit der Absicht, den Goldpreis zu manipulieren und ihn künstlich tief zu halten. Ob es diese Verschwörung tatsächlich gegeben hat, ist Thema dieses Kapitels. Wir müssen dabei sorgfältig zwischen Gerüchten, Indizien und Beweisen unterscheiden. Und wir müssen akzeptieren, daß sich entscheidende Vorgänge der Finanzgeschichte und der politischen Geschichte oft hinter den Kulissen abspielen. Der zeitgenössische Beobachter sieht dann nur die Fassade. Viele Medien neigen dazu, Pressekonferenzen und offizielle Verlautbarungen für bare Münze zu nehmen. Die Sprache wurde den Politikern gegeben, um ihre Gedanken zu verbergen, sagte schon Talleyrand.

Da der zweite Goldkrieg von Anfang bis Ende in die Amtszeit von Alan Greenspan fiel, läge es nahe, die Geschichte an ihm aufzuhängen, in ihm die Figur zu sehen, bei der die Fäden zusammenliefen. Greenspan hat über den langen Zeitraum von fast achtzehneinhalb Jahren die »weltweit wirtschaftspolitisch wahrscheinlich wichtigste Funktion« ausgeübt, wie es die *Neue Zürcher Zeitung* am 27. Januar 2006 formulierte. Manche sahen in ihm gar den »mächtigsten Mann der Welt«. Die Journalisten und die Zunft der *Fed*-Watchers lasen ihm jedes Wort von den Lippen ab, wenn er mit seinen ebenso rätselhaften wie gewundenen Erklärungen an die Öffentlichkeit trat. Als er zum 31. Januar 2006 in Pension ging, war er längst zur Kultfigur avanciert.

Die beiden deutschen Autoren Roland Leuschel und Claus Vogt haben 2004 in ihrem *Greenspan-Dossier* eine negative Bilanz seiner Amtszeit gezogen. In der Tat hat er jede aufkommende Krise bekämpft, indem er zusätzliche Liquidität in das Finanzsystem pumpte. Das war nach dem 19. Oktober 1987, als der Dow Jones an einem einzigen Tag 22,6 Prozent einbüßte, nicht anders als 1997, als die asiatischen Währungen von Indonesien über Thailand bis Korea unter den Attacken westlicher Spekulanten zusammenbrachen, nicht anders als 1998, als Rußland am Rande des Bankrotts stand und der amerikanische Hedge-Fonds LTCM eine Kettenreaktion auszulösen drohte. Ähnlich lief es ab, als im September 2001 Amerika durch die Terroranschläge in New York erschüttert wurde, oder 2002, als die Aktienmärkte weltweit schwer unter Druck gerieten. Jedes Mal inflationierte Greenspan, jedesmal deckte er die Probleme mit noch mehr Geld zu.

Eine solide, langfristige Strategie war hinter seiner Geldpolitik nie zu entdecken. 1996, als der Dow Jones auf 6000 geklettert war, warnte er vor einer »irrational exuberance«, vor einem »irrationalen Überschwang«. Später behauptete er, es sei nicht Aufgabe der Notenbanken, Spekulationsblasen zum Platzen zu bringen. Er könne nicht einmal feststellen, wann der Zustand einer Blase erreicht sei. Es war die Geldpolitik eines nicht nur pragmatischen, sondern auch opportunistischen Mannes.

Die Annahme, daß Notenbankchefs oder Politiker ihre Ämter ausüben, um für eigene Überzeugungen zu kämpfen, beruht auf einem Mißverständnis. Oft sind sie nur Symbolfiguren und Aushängeschilder des Systems, dem sie dienen. Wer weiß schon, wieviel Spielraum Greenspan wirklich gehabt hat? In der Türkei spricht man vom »tiefen Staat« und meint damit jene undurchsichtigen Machtstrukturen, die dafür sorgen, daß die Staatsräson unangetastet bleibt – unabhängig davon, wer gerade regiert. Auch innerhalb anderer Großmächte, auch in den USA, existiert ein solcher »tiefer Staat«. Die Mächte im Hintergrund definieren den Rahmen, innerhalb dessen agiert werden darf. Vielleicht wird sich noch herausstellen, daß Alan Greenspan, der allgemein als erfolgreicher Notenbankchef gilt, in Wirklichkeit eine tragische Figur war.

Jedenfalls standen seine Grundüberzeugungen zum Währungssystem und zum Gold in krassem Gegensatz zu der Politik, die er – einmal im Amt – exekutierte oder exekutieren mußte. Was er wirklich dachte, ist in einem Aufsatz nachzulesen, den er 1966 unter dem Titel *Gold and Economic Freedom* veröffentlicht hatte und der 1967 in einem von Ayn Rand herausgegebenen Band (*Capitalism, the Unknown Ideal*) nachgedruckt wurde.

Greenspan hat sich davon nie distanziert. Ganz im Gegenteil: Am 19. April 1993, nach seinem Vortrag vor dem *Economic Club of New York*, fragte ihn Larry Parks, der Direktor von FAME, ob er noch zu seinen Überzeugungen von 1966 stehe. »Absolut«, antwortete Greenspan und fügte hinzu, daß er den Aufsatz kürzlich noch einmal gelesen habe. Darauf fragte ihn Parks, warum er dann diese Meinung nicht mehr öffentlich vertrete. Greenspan antwortete: »Einige meiner Kollegen bei der Institution, die ich vertrete, stimmen mit mir nicht überein.« Darauf Parks: »Aber Sie wissen, wohin das alles führt.« Da habe ihm Greenspan einen schmerzlichen Blick zugeworfen und sei weitergegangen.

In seinem Aufsatz von 1966 konstatierte Greenspan zunächst einen weitverbreiteten, »fast hysterischen Antagonismus« gegenüber dem Goldstandard und stellte die Frage, woher dieser rühre. Die Antwort: aus der Einsicht, daß der Goldstandard unvereinbar sei mit einem chronischen Deficit Spending, dem Kennzeichen des Wohlfahrtsstaates. »Wenn man den akademischen Jargon wegläßt, dann ist der Wohlfahrtsstaat nichts anderes als ein Mechanismus, mit dem die Regierungen den Reichtum der produktiven Mitglieder einer Gesellschaft konfiszieren, um die verschiedensten Wohlfahrtsprogramme zu finanzieren.« Das dazu notwendige Geld werde teils durch Steuern, teils durch Verschuldung, d. h. durch Ausgabe von Regierungsanleihen, aufgebracht.

Greenspan hätte hinzufügen können, daß die Regierungen das Papiergeld auch dazu benötigen, um Kriege führen zu können, die sonst nicht finanzierbar wären. Das gilt für die immens teure Besetzung Iraks und Afghanistans, das galt für den vergleichbar kostspieligen Vietnam-Krieg, und es galt schon für den Ersten Weltkrieg, der an Weihnachten 1914 zu Ende hätte sein können, weil unter dem Goldstandard den Regierungen bis dahin das Geld ausgegangen wäre.

Weil der Goldstandard bei Kriegsausbruch suspendiert und durch ungedecktes Papiergeld ersetzt wurde, hatten die Völker Europas vier Jahre lang Gelegenheit, sich gegenseitig umzubringen. Die Bindung an das Gold ist den Mächtigen verhaßt, weil sie ihre Möglichkeit beschneidet, Wähler zu bestechen, sich selbst zu bedienen, fremde Regierungen zu kaufen und Kriege zu führen, die neuerdings gerne als Friedensmissionen ausgegeben werden.

Greenspan ließ überdies eine gewisse Sympathie für das sogenannte »Free Banking« in der Zeit vor 1913 erkennen. In einer Zeit, als das Geldwesen noch nicht durch die *Federal Reserve* monopolisiert war, als die Banknoten durch Geschäftsbanken ausgegeben wurden und als diese Banknoten nichts anderes als Quittungen für eine bestimmte Menge Goldes waren, das man bei Vorlage der Noten beziehen konnte. Erst 1913 sei dann das *Federal Reserve System* organisiert worden, »nominell im Eigentum von Privatbanken, aber in Wirklichkeit von der Regierung veranstaltet, kontrolliert und unterstützt«.

Greenspan schilderte sodann, warum Wirtschafts- und Finanzkrisen unter dem Goldstandard immer nur von kurzer Dauer waren, wie die *Federal Reserve* 1927 die Geldmenge ausweitete, um die Wirtschaft anzukurbeln und um den Goldabfluß aus Großbritannien zu stoppen, wie das überschüssige Geld in die Aktienbörse überschwappte und einen phantastischen spekulativen Boom auslöste – und dabei die Weltwirtschaft mit dem Crash von 1929 und der nachfolgenden Depression beinahe zugrunde gerichtet hätte. Ohne es damals zu ahnen, beschrieb Greenspan 1966 eine unter dem Goldstandard nicht vorstellbare Notenbankpolitik, die er später selbst in seiner Amtszeit praktizieren sollte.

Er beschrieb sehr präzise den Unterschied zwischen Golddeckung und Papiergeld und kam zu dem Schluß: »Ohne den

Goldstandard gibt es keine Möglichkeit, die Ersparnisse vor der Konfiskation durch Inflation zu schützen. Es gibt kein sicheres Wertaufbewahrungsmittel. Wenn es dieses gäbe, müßte es die Regierung für illegal erklären, wie sie es im Fall des Goldes tat.«

Die Ironie der Geschichte besteht darin, daß in der Amtszeit von Greenspan der private Goldbesitz in den USA zwar nicht mehr illegal war, daß aber ein Quasi-Ersatz für das von Roosevelt verhängte Goldverbot gesucht und gefunden wurde: die Manipulation des Goldmarktes, um im Interesse des Bankensystems den Preis zu drücken, von der Inflationierung abzulenken und die Funktion des Goldes als Wertaufbewahrungsmittel zu beschädigen.

Ironisch ist es, daß sich die Klage, die der amerikanische Rechtsanwalt Reginald H. Howe am 7. Dezember 2000 beim Distriktgericht in Boston einreichte, auch gegen einen überzeugten Goldanhänger richtete – gegen Alan Greenspan, der nach Auffassung von Howe gemeinsam mit *JP Morgan*, *Chase Manhattan* und anderen Großbanken in die Goldmanipulation verstrickt war.

Niemand hat länger recherchiert, niemand hat mehr Fakten und Indizien ans Licht gebracht als der Anwalt Howe aus Belmont, Massachusetts. Am 26. November 1992 wurde ihm im Rahmen einer eindrucksvollen Feier im Zürcher Hotel *Savoy Baur en Ville* der Internationale Währungspreis der Bank Lips verliehen. In der Jury saßen auch Otto von Habsburg und Baron Robert Triffin, der drei amerikanische Präsidenten beraten hatte. Ich hielt die Laudatio auf Howe und erklärte, warum die Existenz von Goldkrediten und Goldzinsen, die es nur zehn Jahre zuvor so nicht gegeben hatte, ein Beweis dafür sei, daß Gold keine Ware, sondern Geld ist.

Was wir damals nicht ahnen konnten, war die bedauerliche Tatsache, daß der relativ neue Goldkreditmarkt bereits wenige Jahre später dazu mißbraucht wurde, den Goldpreis zu drücken.

Wie solche Goldleihen funktionieren, muß an dieser Stelle kurz erklärt werden. Verständlich wird der Mechanismus erst, wenn wir in Rechnung stellen, daß sich Gold wie jede andere Währung verzinst, daß man sich in Gold wie in jeder anderen Währung verschulden oder auch als Gläubiger Gold verleihen kann.

Das wäre nicht möglich, wenn für diesen Leihmarkt (wir können ihn genausogut Goldkreditmarkt nennen) nur das jährliche Angebot an Minenproduktion und Altgold zur Verfügung stünde. Selbstverständlich beträgt die auf der Welt existierende Goldmenge ein Vielfaches der Jahresproduktion. Wie groß sie genau ist, weiß niemand. Halbwegs genau zu erfassen sind nur die Reserven der Notenbanken und offiziellen Institutionen wie des IWF (halbwegs, weil nicht alle Länder ihre Goldreserven vollständig an den IWF melden).

Laut IWF betrugen die offiziellen Goldreserven Ende 1990 35 590 Tonnen und waren bis Ende 2006 auf 30 435 Tonnen gesunken. Davon besaßen die USA 8133,5 Tonnen und der zweitgrößte Besitzer – Deutschland – 3422,5 Tonnen.

Wer ist überhaupt in der Lage, Gold zu verleihen? An erster Stelle die Notenbanken, aber auch die Geschäftsbanken. Sie können auf das Gold ihrer Kunden zurückgreifen, das diese auf ihren Metallkonten geparkt haben. Von den Zinsen, die die Banken dafür einstreichen, sieht der Kunde normalerweise nichts. Ähnlich verhält es sich übrigens, wenn eine Bank ohne Wissen des Kontoinhabers Aktien aus seinem Depot entnimmt und diese an eine dritte Adresse verleiht, die damit à la Baisse spekuliert, wodurch die Interessen des Kunden geschädigt werden, weil unter Umständen der Wert seiner Aktienpositionen sinkt.

Wer nimmt Goldkredite auf? Zum einen Hedge-Fonds und andere Großspekulanten, die auf fallende Goldpreise setzen. Sie leihen sich das Gold für eine bestimmte Zeitdauer, verkaufen es am Markt und investieren den Betrag in Dollar oder eine andere Währung, die sich höher verzinst als Gold.

Man nennt das Carry-Trade. Bei Goldzinsen von einem Prozent und Dollar-Zinsen von fünf Prozent lassen sich damit vier Prozent verdienen – und sogar mehr, wenn der Goldpreis während der Laufzeit des Kredits sinkt.

Zweitens wird Gold an Schmuckhersteller, an Scheideanstalten und andere Firmen verliehen. Sie verarbeiten das Metall und zahlen erst dann, wenn sie einen Käufer für ihre Produkte haben. Man muß sich das so vorstellen, daß eine in Italien gefertigte Goldkette nach Indien exportiert wird, daß sie dort während der Heiratssaison in den Besitz einer Braut übergeht und daß die Inderin sich mit Gold schmückt, das vorher in den Tresoren einer europäischen Zentralbank lag.

Drittens – und das hatte den größten Einfluß auf die Goldpreisentwicklung der 1990er Jahre – wird Leihgold dazu verwendet, den Goldminen die Absicherung ihrer künftigen Produktion zu ermöglichen. Das ist das sogenannte Hedging – eine lukrative Praxis, wenn der Goldpreis zurückgeht, und eine sehr riskante, wenn er steigt. Wegen des Hedgings sind einige Goldminengesellschaften pleite gegangen (wie die australische *Sons of Gwalia*), wurden insolvent und damit zum Übernahmeopfer (wie die ghanaische *Ashanti*) oder schoben lange Zeit Buchverluste in Milliardenhöhe vor sich her (wie die nordamerikanische *Barrick*).

Das Hedging läuft folgendermaßen ab: Die Bank kauft von einer Goldmine künftige Produktion in einer bestimmten Menge zu einem bestimmten Preis und zu einem Termin, der um mehrere Jahre in der Zukunft liegen kann, d. h. Gold, das die Mine noch nicht gefördert hat, sondern später zu fördern hofft. Fällt der Goldpreis bis dahin, dann hat sich das Hedging gelohnt. Steigt er, dann hätte die Mine den Vorwärtsverkauf besser unterlassen, denn sie hätte am Markt später einen höheren Preis für ihre Produktion erzielen können.

Die Bank wiederum, die beispielweise eine Million Unzen auf Termin von der Mine gekauft hat, finanziert diesen Kauf, indem sie sich eine Million Unzen zu einem Zinssatz von vielleicht einem Prozent von einer Notenbank ausleiht, das Gold verkauft und den Erlös am Geldmarkt anlegt. Später, wenn die Mine die eine Million Unzen gefördert hat und der mit der Bank abgeschlossene Kontrakt fällig wird, liefert sie die Unzen zu dem vorher festgelegten Preis an die Bank, und diese erstattet der Notenbank das ausgeliehene Gold zurück.

So funktioniert es in der Theorie. In der Praxis der 1990er Jahre wurde ständig mehr ausgeliehen als zurückerstattet, und die Goldkredite wurden immer wieder verlängert. Die Folge: Jahr für Jahr kam zunehmend mehr Gold auf den Markt, als in den Bergwerken gefördert wurde. Der Goldpreis geriet unter Druck, die Goldminenindustrie litt, während die Goldhandelsbanken am Hedging gut verdienten.

Je mehr die Banken diese Geschäfte ausweiteten, desto ungelegener kamen ihnen steigende Goldpreise. Denn dem Hedging lagen Derivate zugrunde, die mit der Zeit immer komplizierter wurden und mit denen genaugenommen auf fallende Preise spekuliert wurde. Es war sehr wohl denkbar, daß die Minen oder die Hedge-Fonds einer eventuellen Nachschußpflicht nicht nachkommen konnten und daß die Banken auf den Verlusten sitzenblieben.

Akut wurde die Gefahr im Herbst 1998, als der amerikanische Hedge-Fonds LTCM in Schwierigkeiten geriet. Er hatte angeblich mehrere hundert Tonnen Gold verkauft, die er nicht besaß. Es drohte eine Kettenreaktion, und die *Federal Reserve* mußte eingreifen, um die involvierten Banken vor einer Katastrophe zu bewahren. Eine andere konzertierte Aktion wurde notwendig, als die Goldminengesellschaft *Ashanti* ihre Kontrakte nicht mehr honorieren konnte.

Es war ein zynisches Geschäft. Als ich den Goldhändler einer Großbank einmal fragte, warum die beim Hedging verwendeten Derivate derart kompliziert geworden seien, antwortete er, das habe den Vorteil, daß die Manager der Goldminen sie nicht verstünden und die Kosten nicht abschätzen könnten. Ich erinnere mich auch an ein Mittagessen in Lugano anläßlich einer Goldkonferenz 1995, bei dem mehrere Goldhändler und ein Direktor der Schweizerischen Nationalbank (SNB) mit am Tisch saßen. Die Händler bearbeiteten den Zentralbankier unablässig, er möge doch bitte auch Gold ausleihen. Die SNB lehnte es damals noch ab – das Ansinnen wurde geradezu als unanständig empfunden.

Über den Umfang der damaligen Ausleihungen kursieren bis heute unterschiedliche Versionen. In einem ausführlichen Bericht, der im August 2000 herauskam, behauptete die bekannte Analytikerin Jessica Cross, die Goldliquidität (d. h. der Umfang der Ausleihungen und Swaps) habe sich Ende 1999 auf 5230 Tonnen belaufen. Davon seien allein 3021 Tonnen auf die Absicherungsgeschäfte der Minen und 387 Tonnen auf Carry-Trades entfallen.

Damit hätten sich die Ausleihungen, wenn die Zahlen von Jessica Cross korrekt waren, von 1995 bis 1999 verdoppelt. Waren sie korrekt? Der Amerikaner Frank Veneroso hatte bereits vorher in einer ambitiösen Studie (*The 1998 Gold Book Annual*) erheblich höhere Mengen ermittelt. Bereits für 1995 schätzte er die Golddarlehen aus Notenbankbeständen auf 6000 Tonnen und die von privaten Goldkonten auf 500 Tonnen. Veneroso bezog sich dabei auf seine Kontakte zu Zentralbanken und auf eigene Recherchen, die er besonders in London angestellt hatte. Bis Ende 1997 seien die Ausleihungen auf 8000 angeschwollen, und zu Beginn des neuen Jahrhunderts könnten es 10 000 Tonnen gewesen sein, so Veneroso in einer späteren Untersuchung.

Wenn Veneroso recht hatte, bedeutete das, daß die weltweite Goldnachfrage in den 1990er Jahren unterschätzt wurde und daß das jährliche Defizit am Goldmarkt um die 1000 Tonnen gelegen haben mußte. Wenn das stimmte, dann waren die Möglichkeiten für noch mehr Goldleihen begrenzt, dann war der Goldmarkt trotz der Preisschwäche in Wirklichkeit kerngesund, dann würde die Goldbaisse in absehbarer Zeit einer Hausse Platz machen, dann hätten die Drahtzieher den größten Teil ihres Pulvers bereits verschossen – und genau das hat Veneroso Anfang 1998 prognostiziert.

Obwohl die Praxis der Goldleihen und des Hedgings bereits in den 1980er Jahren mit damals noch kleinen Mengen begann und sich in den 1990er Jahren zunehmend intensivierte, blieb der Goldmarkt erstaunlich lange davon unbeeindruckt. Noch 1993 stiegen die Milliardäre Sir James Goldsmith und George Soros mit erheblichen Beträgen ein und machten mit ihren Goldkäufen Furore. Trotz zeitweiliger Rückschläge notierte der Preis Anfang 1996 immer noch über 400 Dollar.

Warum auch nicht: Die Höhe der Realzinsen, traditionell ein guter Indikator für Gold, sprach für eine feste Tendenz. Und die amerikanische Leistungsbilanz, die sich bis Anfang 1991 zügig verbessert hatte und schließlich für kurze Zeit einen Überschuß auswies, verschlechterte sich zusehends. Das hätte dem Dollar schaden und dem Gold nützen müssen, aber es kam umgekehrt.

Noch Anfang 1996 war die Stimmung am Goldmarkt hervorragend. Am 11. Januar schaffte es Gold auf die Titelseite des *Wall Street Journal*, am 12. Januar sprach eine Schweizer Großbank von einer »fundamentalen Änderung« am Goldmarkt, am 22. Januar meldete die Agentur *Reuters*, in New York werde »auf breiter Basis« gekauft, am 30. Januar verkündete *Barrick* eine Reduktion des Hedge-Buches um 100 Tonnen, und am Freitag, dem 2. Februar, ließ sich ein Händler der japanischen Terminbörse TOCOM mit der euphorischen Frage vernehmen: »Wo, um alles in der Welt, ist das Top?«

Er hatte es vor Augen, es wurde am 5. Februar mit einem Nachmittagsfixing von 414,80 erreicht. Von da an ging es abwärts, 1996 zunächst langsam, 1997 sehr schnell. Was nach jenem 5. Februar 1996 folgte, war die am stärksten gefühlte Goldbaisse der letzten Jahrzehnte.

Ganz zu Beginn stand das, was Howe in seiner Klageschrift »preemptive selling« (Präventivverkäufe) nannte. Damit bezog er sich auf bestimmte Tage, an denen Gold zum Handelsschluß in New York dreimal so stark gefallen war wie zwischen den Londoner Vor- und Nachmittagsfixings desselben Tages. Massive Goldverkäufe also, die den Preis drücken mußten. Howe identifizierte diese Präventivverkäufe nicht nur für einen Tag, sondern für ganze Monate, in denen der Markt auffälligen Verkaufswellen ausgesetzt war. Er konnte sechs solcher Episoden entdecken:

Die erste fiel auf Anfang 1985, konnte aber die damals beginnende dreijährige Hausse lediglich um mehrere Monate aufhalten, nicht verhindern.

Anfang 1996, als der Goldpreis in Richtung 500 zu marschieren drohte, folgte die zweite derartige Verkaufswelle und Mitte 1996, als der Preis dabei war, wichtige gleitende Durchschnitte von unten her zu durchstoßen, die dritte.

Im Oktober 1998, als Rußland das Geld ausging und der Hedge-Fonds LTCM zusammenbrach (eine ideale Konstellation für Gold), folgte die vierte Welle derartiger Präventivverkäufe und verhinderte, daß der Preis die Marke von 300 übersteigen konnte.

Die fünfte derartige Episode ereignete sich im Herbst 1999, als die damalige Preisexplosion gefährliche Ausmaße annahm, und die sechste Mitte 2000, als es noch einmal gelang, den Goldpreis unter 270 zu schicken. Aber da war die lange Baisse schon ausgestanden, nur merkte es (fast) niemand.

Diese sechs Verkaufswellen konnte Howe zuverlässig nachweisen, jedoch nicht, welche Goldhandelsbanken und welche Notenbanken daran beteiligt waren. Um die Hypothese der Manipulation zu bekräftigen, müssen andere Kampfhandlungen des zweiten Goldkrieges herangezogen werden.

Eine Schlüsselrolle spielte dabei in einem frühen Stadium die Schweiz. Sie besaß die einzige verbliebene Währung, die (laut Art. 22 des Nationalbankgesetzes) zu mindestens 40 Prozent des Notenumlaufes durch Gold gedeckt sein mußte. Wenn ausgerechnet die Schweiz die Goldbindung aufgab, wenn sie gar ihre Reserven verleihen oder verkaufen würde, müßte das eine verheerende Signalwirkung haben. Dann konnte Gold ein ähnliches Desaster drohen wie 1871 dem Silber, als dieses zugunsten von Gold ausgemustert und demonetisiert wurde – mit der Folge einer Silberschwemme, die verheerende Wirkungen auf den Preis hatte.

Die Schweiz lieferte die Nachrichten, die die Goldbaissiers so dringend benötigten.

Noch am 19. Juni 1995 hatte Jean Zwahlen, Direktoriumsmitglied der Schweizerischen Nationalbank (SNB), auf der *World Gold Conference* in Lugano verkündet: »Die Schweizerische Nationalbank beabsichtigt in keinster Weise, ihre Goldreserven zu verkaufen oder zu mobilisieren.« Denn Gold müsse als »ultra-verläßlich« eingestuft werden. Ende 1995 trat Zwahlen zurück, und bereits im April 1996 bezeichnete SNB-Präsident Markus Lusser die 40-Prozent-Golddeckung des Schweizer Franken als ein »Relikt der Vergangenheit«.

Im November 1996 behauptete Peter Klauser, Jurist bei der SNB: »Gold ist zu einer Ware geworden ... Gold ist demonetisiert.« Umgehend wurde an den Märkten über mögliche Goldverkäufe der Schweiz spekuliert. Anfang 1997 befürwortete die Nationalbank die erforderliche Änderung der Verfassung, im Juni 1997 wurde vom Ständerat die Teilrevision des Nationalbankgesetzes verabschiedet, und am 18. April 1998 endete die Golddeckung formell mit der Annahme einer Totalrevision der Bundesverfassung durch ein Referendum.

Die Schweiz hatte Gold brutal und unübersehbar herabgestuft – ein schlimmes Signal für den Goldmarkt und ein Prozeß, der von Anfang an Wasser auf die Mühlen der Baissiers war. Im Nachhinein läßt sich konstatieren, daß die Publizität um die Goldpolitik der Schweiz und die Ausleihungen der Jahre 1998 und 1999 mehr geschadet haben als die tatsächlichen Verkäufe der Schweiz, die erst im Jahre 2000 begannen, einige Jahre in Anspruch nahmen und sich am Ende auf 1300 Tonnen beliefen.

Ferdinand Lips sah immer eine Verbindung zwischen der abrupten Wende der offiziellen Schweizer Goldpolitik und der Kampagne gegen die Schweiz, die 1996 von den USA aus angezettelt wurde. Lips vermutete, konnte aber nicht beweisen, daß die neue Goldpolitik Berns eine Konzession und einen »Kniefall« gegenüber den Amerikanern darstellte. Er sah die Zusammenhänge folgendermaßen: »Gerüchten zufolge haben drei prominente amerikanische Figuren (Volcker, Greenspan, Rubin) der schweizerischen Obrigkeit und den Bankiers eingeredet, daß der Verkauf von Gold die perfekte Geste sei, der Welt zu zeigen, daß die Schweizer mit ihrer ›zweifelhaften Vergangenheit‹ endlich abgeschlossen und sich auch von ihrer Verehrung des Goldes endgültig distanziert hätten.«

An vorderster Front war es der New Yorker Senator Alfonso d'Amato, der der Schweiz unterstellte, mit dem Dritten Reich kollaboriert zu haben. Da d'Amato dem *Banking Committee* des Senats vorstand, lag der Schluß nahe, daß sich die amerikanischen Attacken – ungeachtet des üblichen moralisierenden Gehabes – in Wirklichkeit gegen den Schweizer Finanzplatz, gegen das Bankgeheimnis und gegen den Goldschatz richteten.

Die drei Großbanken wurden vor einem New Yorker Gericht angeklagt, Edgar Bronfman rief zum »totalen Krieg« gegen die Eidgenossenschaft auf, und schließlich übernahm Paul A. Volcker, früherer *Fed*-Chef und kein Freund des gelben Metalls, den Vorsitz einer Kommission, die die Vorwürfe gegen die Schweiz untersuchen sollte. Falls der Verdacht zutrifft, daß sich die Schweiz mit der Veräußerung der Hälfte ihrer Goldreserven und dem Beginn von Ausleihungen eine gnädigere Behandlung durch die Großmacht USA sicherte, dann muß es Volcker gewesen sein, der den Handel einfädelte.

Wir müssen uns damit abfinden, daß das Regiebuch des zweiten Goldkrieges nicht im Detail aufgeblättert werden kann. Vieles bleibt im Dunkeln. Aber das ist oft so in der Geschichte, auch in der amerikanischen. Der Mord an Präsident John F. Kennedy ist bis heute unaufgeklärt, die offizielle Version zum 11. September 2001 ist voller Lücken und Widersprüchlichkeiten, selbst die Umstände des Eintritts der USA in den Ersten und Zweiten Weltkrieg (Stichwort *Lusitania* 1915 und Pearl Harbour 1941) sind unter Historikern heute noch umstritten.

Es gibt allerdings genügend Hinweise darauf, daß Notenbank und Schatzamt (*Treasury*) der USA nicht fair gespielt haben. Dazu muß man wissen, daß die amerikanischen Goldreserven nicht der Notenbank gehören, sondern der Regierung. Deswegen sind beide beteiligt, wenn Maßnahmen ergriffen werden, die das Gold betreffen. Offiziell hat sich am Bestand von mehr als 8000 Tonnen weder in den 1990er Jahren noch danach etwas geändert. Intuitiv möchte ich bezweifeln, daß Amerika damals eigenes Gold verkauft hat.

Statt dessen wurden andere vorgeschickt und benutzt: die Schweiz, eine Reihe kleinerer Goldbesitzer und schließlich 1999 die Briten, deren Reserven damals schon weit unter denen der Schweiz lagen. Statt dessen wurde das Gold anderer Staaten verliehen, höchstwahrscheinlich auch solches, das im Keller der *Federal Reserve* in New York deponiert war. Statt dessen haben die Amerikaner vermutlich zusätzlich mit Derivaten und in Kooperation mit einigen Wall-Street-Banken in den Markt eingegriffen.

Indizien dafür gibt es genug, und dazu gehört auch das Versteckspiel der amerikanischen Behörden. Bei einem Abendessen im *Dolder Waldhaus* in Zürich erzählte mir Frank Veneroso, wie er auf der Internetseite der *Federal Reserve* eine verräterische Spur entdeckt hatte, wie er einen Mitstreiter am Telefon darüber informierte und wie der verdächtige Hinweis einen Tag später von der Seite verschwunden war.

Veneroso, ein langjähriger Berater verschiedener Zentralbanken, und Reginald H. Howe, der Rechtsanwalt aus Neuengland, waren der Konspiration jahrelang auf der Spur. Michael Bolser, ein GATA-Berater, entdeckte seltsame Umbenennungen in der Klassifizierung der amerikanischen Goldreserven, die an verschiedenen Plätzen des Landes verwahrt werden. James Turk, der bekannte amerikanische Goldexperte, hat ebenfalls recherchiert und versucht, die Teile des Puzzles zusammenzusetzen.

Im September 2000 wurden 1700 Tonnen Gold, die in West Point, New York, lagen, neu klassifiziert – von »Gold Bullion Reserve« in »Custodial Gold Bullion«. Damit könnte Gold gemeint sein, das treuhänderisch für eine ausländische Institution verwahrt wird. Erklärungen für die Umbenennung wurden keine geliefert.

Und im *Status Report of U.S. Treasury Owned Gold* vom 31. Mai 2001 wurden dann 94 Prozent der gesamten US-Goldreserven als »Deep Storage« neu ausgewiesen. Wieder blieb offen, was damit gemeint war und was die Umbenennung veranlaßt hatte.

Falls die amerikanischen Behörden direkt in den Goldmarkt eingegriffen haben, dann am ehesten über den geheimnisvollen *Exchange Stabilization Fund* (ESF). Er wurde 1934 mit dem Gold Reserve Act ins Leben gerufen, um laut *Fed* »zur Wechselkursstabilität beizutragen und um unordentlichen Verhältnissen am Devisenmarkt entgegenzuwirken«. Der ESF steht unter ausschließlicher Kontrolle des Schatzministers (Secretary of the Treasury), der dabei nur auf die Zustimmung des Präsidenten angewiesen ist.

Aus dem Haushalt des Schatzamtes für 2005 geht hervor, daß der Schatzminister autorisiert ist, »mit Gold und Devisen und anderen Kreditinstrumenten und Wertpapieren zu handeln, so wie er es für notwendig hält«. Damit verfügt das Schatzamt als Eigentümer der amerikanischen Goldreserven mit dem ESF ganz eindeutig über ein Instrument, um in die Märkte einzugreifen – ohne die Interventionen offenlegen zu müssen.

Veröffentlicht werden vom Schatzamt lediglich quartalsweise die Gewinne und Verluste des ESF. Woher sie rühren und welche Operationen abgewickelt wurden, erfährt man nicht. Es fällt jedoch auf, daß der ESF ab 1998 ausgerechnet in Quartalen mit fallenden Goldpreisen Gewinne auswies – und Verluste in Quartalen mit steigenden Goldpreisen. Naheliegend ist also, daß der *Exchange Stabilization Fund* kurz (»short«) war, d. h. mit dem Einsatz von Derivaten einen Goldpreisanstieg zu verhindern suchte. Am Devisenmarkt jedenfalls hatte der ESF laut Auskunft der Regierung Clinton seit 1998 nicht mehr interveniert.

Zum Beispiel verbuchte der ESF einen Verlust von 1,6 Milliarden Dollar im vierten Quartal 1999, als der Goldpreis explodiert war – und einen Handelsgewinn von 1,3 Milliarden im dritten Quartal 1999, als Gold bis in den September hinein schwach blieb.

Unterstellen darf man auch, daß ESF-Interventionen von den New Yorker Großbanken begleitend unterstützt wurden. In den USA ist es üblich, in Fragen des nationalen Interesses zusammenzuarbeiten. Das wurde mir erstmals deutlich, als ich bei einem Besuch in New York von der Strategiesitzung einer großen Investmentbank erfuhr, bei der Vertreter des Geheimdienstes CIA mit am Tisch saßen. Im übrigen besagt ein Dokument des Schatzamtes vom 17. November 1996 (Treasury Directive 27-07), daß *Federal Reserve* und ESF ihre Operationen koordinieren und daß dabei »die Goldmärkte und Entwicklungen mit Bezug auf diese« fortlaufend überwacht werden.

Wenn bei gewissen dramatischen Ereignissen der Dollar steigt und Gold fällt, obwohl es umgekehrt sein müßte, sollten Sie sich nicht allzu sehr wundern. Dann ist wieder einmal die unsichtbare Hand im Spiel. So war es auch vor Ausbruch des Irak-Krieges. Am 19. März 2003 – einen Tag vor dem Angriff der Amerikaner und Briten – meldete die BBC, daß die USA und Japan in der Woche zuvor abgesprochen hatten, im Falle einer Krise die Finanzmärkte zu stützen. Die BBC zitierte den Chefsekretär des japanischen Kabinetts, Yasuo Fukuda, mit der Aussage: »Zwischen Japan und den USA wurde vereinbart, am Devisenmarkt, an den Aktienbörsen und auf anderen Märkten in Kooperation zu handeln, falls die Märkte mit einer Krise konfrontiert sind.«

Ebenfalls am 19. März meldete der Londoner *Evening Standard* massive Euro-Verkäufe, die den Dollar entsprechend ansteigen ließen, sowie »plötzliche massive Verkäufe« am Goldmarkt. Die einzige Erklärung dafür sei ein von der US-Regierung inspiriertes Vorgehen, um die Märkte dorthin zu schicken, wo man sie vor Ausbruch der Feindseligkeiten haben wollte. Die Zeitung spielte auf das ominöse *Plunge Protection Team* an, das in solchen Fällen in Aktion tritt.

Dahinter verbirgt sich ein geheimes Komitee, das immer dann in die Finanzmärkte eingreift, wenn amerikanische Interessen auf dem Spiel stehen. Es nennt sich offiziell *Working Group on Financial Markets*, inoffiziell *Plunge Protection Team*, Team zur Verhinderung von Abstürzen. Gemeint sind Abstürze an der Börse. In dem Komitee sitzen Vertreter von Banken wie *Merrill Lynch* und *Goldman Sachs*, Vertreter der amerikanischen Börsen, das Schatzministerium und selbstverständlich die *Federal Reserve*. Das Team wurde 1989 von Präsident Reagan ins Leben gerufen und rettete 1998 während der hochgefährlichen LTCM-Krise schon einmal das US-Finanzsystem.

Im Zuge seiner Recherchen ist Howe auch auf das autorisierte Skript der Sitzung des *Fed*-Offenmarktausschusses vom 15. Januar 1995 gestoßen. Dort ist im Zusammenhang mit den Operationen des *Exchange Stabilization Fund* die Rede von Gold-Swaps, allerdings ohne nähere Angaben. Mit einem Swap kann Gold z. B. am Kassamarkt verkauft und gleichzeitig auf Termin zurückgekauft werden.

Öfters zitiert wird als Indiz für Preismanipulationen auch die Aussage von *Fed*-Chef Greenspan anläßlich der Anhörung eines Senatsausschusses am 30. Juli 1998. Wörtlich: »Ebenso wenig können private Gegenparteien das Angebot an Gold einschränken – eines weiteren Rohstoffes, dessen Derivate oft im Freiverkehr gehandelt werden –, wo doch die Zentralbanken bereitstehen, Gold in zunehmenden Mengen zu verleihen, sollte der Preis steigen.«

Selbst wenn die *Federal Reserve* damals keine einzige Unze eigenen Goldes verkauft hat, was durchaus denkbar wäre, so mußte Greenspans Bemerkung doch von den Banken und von allen Goldbaissiers als Zusicherung verstanden werden, daß der Markt nicht gegen sie laufen würde. Als Leerverkäufer kann man sich nichts mehr wünschen als die Garantie der mächtigsten Notenbank, daß ein plötzlicher und verlustreicher Goldpreisanstieg verhindert werden würde.

Bis in den Sommer 1999 hinein glich die Spekulation auf fallende Goldpreise einer Lizenz zum Gelddrucken. Wer clever war oder sich so vorkam, rief seinen Broker an und verkaufte Gold auf Termin. Nichts konnte schiefgehen, die Zeit arbeitete scheinbar unerbittlich für die Baissiers. Schließlich hatten sie Rückendeckung durch die Notenbanken, durch die Medien, durch den Konsens.

Am 7. August 1999 brachte die *Finanz und Wirtschaft*, die von den Investoren in der Schweiz gerne gelesen wird, auf Seite 1 einen schockierenden Beitrag. Der Titel lautete: »Hat Gold eine Zukunft?« Die Antwort lautete: Nein. Autor war Barry Eichengreen, Professor für Wirtschaftswissenschaften an der Universität von Kalifornien in Berkeley.

Eichengreen verkündete apodiktisch: »Gold war zwar fast tausend Jahre lang die Grundlage für den monetären Tauschhandel. Die nächsten tausend werden das Millennium des elektronischen und nicht des physischen Geldes sein. Gold hat in diesem Umfeld keine Funktion mehr. Die restlichen Bestände, die die Zentralbanken noch behalten, werden sie in den Vitrinen ihrer Währungsmuseen ausstellen. Kann der Goldpreis ewig sinken? Sicher nicht. Doch bevor die Zentralbanken ihre Veräußerungen beendet haben, wird es für die Anhänger des Edelmetalls keinen Trost geben.«

Warum auch? Immer, wenn die schrumpfende Schar der Goldanleger Licht am Ende des Tunnels zu erblicken glaubte, war es ein entgegenkommender Zug. Am 7. Mai 1999 – es war ein Freitag, unmittelbar vor einem Treffen der Zentralbanken in Basel – kündigten die Briten eine Serie von Goldauktionen an, die bereits am 6. Juli beginnen sollte. Die Nachricht schlug ein wie eine Bombe.

Die britischen Verkäufe im Zeitraum Juli 1999 bis März 2002 summierten sich auf 395 Tonnen, so daß zum Schluß nur noch 314 Tonnen übrigblieben. London hätte die Reserven, wie andere Zentralbanken, ohne großes Aufheben am Markt veräußern können. Statt dessen wurde die Methode der Auktionen gewählt, die einen größtmöglichen negativen Effekt haben mußte. Zugeteilt wurde auch noch zum niedrigsten akzeptierten Gebot, nämlich zu 261,20 Dollar am 6. Juli 1999.

Für die Verkaufsentscheidung war nicht die Bank von England verantwortlich, sondern das Schatzministerium. Die Bank veranstaltete die Auktionen lediglich im Auftrag des Ministeriums. Vom zuständigen Minister, Gordon Brown, waren nur lahme Rechtfertigungen zu hören. In der britischen Öffentlichkeit und im Unterhaus regte sich Widerstand. Der naheliegende Verdacht kam auf, daß sich die Engländer wieder einmal von den Amerikanern benutzen ließen. Wenn man sich die spätere Entwicklung der Goldpreise anschaut, erkennt man unschwer, daß London zum denkbar ungünstigsten Zeitpunkt verkauft hat.

Gordon Brown erlöste bei den Auktionen von 1999 bis 2002 1,8 Milliarden Pfund und verschenkte damit mehr als zwei Milliarden Pfund, die er 2006 oder Anfang 2007 bei Preisen von über 600 Dollar zusätzlich hätte kassieren können. Terry Smeeton, der bei der Bank von England zuvor für Gold und Devisen zuständig gewesen war, kommentierte schon damals: »Das ist keine Politik, die ich befürwortet hätte, als ich noch bei der Bank war. Ich bin traurig, daß so verfahren wurde.«

Während London Schlagzeilen machte, hing im Sommer 1999 zu allem Überfluß auch noch das Damoklesschwert neuer IWF-Auktionen über dem Markt. Zuletzt hatte der Internationale Währungsfonds im Zeitraum zwischen Juni 1976 und Mai 1980 insgesamt 25 Millionen Unzen (das waren 780 Tonnen) in New York, London und Paris versteigert. Und zwar auf Wunsch der Amerikaner, die zu der weisen Einsicht gekommen waren, daß es besser sei, fremdes Gold statt eigenes auf den Markt zu werfen.

1999 war die Rede von bis zu zehn Millionen Unzen, die auktioniert werden sollten. Es war scheinbar nur noch eine Frage des Wann, nicht mehr des Ob. Am Ende wurde doch nichts verkauft, denn dafür hätte im zustimmungspflichtigen Gremium des IWF eine Mehrheit von 85 Prozent der Stimmen zustande kommen müssen. Dies bei einem amerikanischen Anteil von 17,5 Prozent.

Aufmerksamen Beobachtern hätte in diesem kritischen Sommer 1999 auffallen müssen, daß die Kampagne gegen Gold eine angelsächsische Spezialität war, die sich nicht mit der Einstellung der Kontinentaleuropäer deckte. Es war paradox: London war das Zentrum des Weltgoldhandels, keine Notenbank hatte einen so intimen Einblick in den Markt wie die Bank von England, und nirgendwo sonst waren und sind mehr ausländische Goldreserven deponiert als in London (und in New York). An beiden Plätzen liefen und laufen zugleich die Fäden des internationalen Finanzsystems zusammen, eines auf dem Dollar basierenden Systems, das in Gold einen Konkurrenten und eine ständige Herausforderung sehen mußte. Es war fast so, als ob die Verantwortlichen in London und New York einerseits Gold als Währungsalternative eliminieren wollten, andererseits aber durchaus zufrieden damit waren, auf dem Gold anderer Staaten zu sitzen und seine Zu- und Abflüsse überwachen zu können.

Tatsächlich lag in dem unterschwelligen Interessengegensatz zwischen Angelsachsen und Kontinentaleuropäern der Schlüssel für die Wende am Goldmarkt. Inmitten einer Nachrichtenlage, die für den Goldmarkt kaum hätte schlechter sein können, arbeiteten die Europäer unter Ausschluß der Öffentlichkeit an einer Maßnahme, die den Preisverfall und damit die Entwertung ihrer eigenen Notenbankreserven stoppen sollte.

Nichts sickerte durch, bis EZB-Präsident Wim Duisenberg am 26. September bekanntgab, 15 europäische Zentralbanken – darunter die EZB – hätten sich darauf geeinigt, innerhalb der nächsten fünf Jahre höchstens 400 Tonnen im Jahr zu verkaufen, insgesamt also 2000 Tonnen. Wichtiger noch: Die Termin- und Absicherungsgeschäfte und vor allem die Ausleihungen würden ab sofort nicht mehr ausgeweitet.

Weil Duisenberg den Pakt am Rande eines Treffens der Finanzminister und Notenbankchefs der sieben führenden Industrieländer (G7) in Washington verkündete, ging er als »Washington Agreement« in die Goldgeschichte ein. Vertragspartner waren außer der EZB die elf nationalen Notenbanken der Euro-Zone und die Zentralbanken der Schweiz, Schwedens und Großbritanniens. Die Amerikaner waren offenbar nicht frühzeitig konsultiert worden und die Briten wahrscheinlich erst in einem späten Stadium der Verhandlungen. Zum ersten Mal seit Einführung der Einheitswährung war die Euro-Zone und damit Kontinentaleuropa als selbständiger Akteur auf der internationalen Bühne aufgetreten.

Einer der wenigen Beobachter, die die Tragweite des 26. September 1999 sogleich erkannten, war Arnd Hildebrandt. Er schrieb am 4. Oktober in der *Frankfurter Allgemeine Zeitung*, die Bedingungen am Goldmarkt hätten sich grundlegend gewandelt: »Zunächst einmal gilt die lange und weite Baisse des Edelmetalls mit diesem Ereignis als beendet.«

Es wird Sie vielleicht interessieren, was in *GOLD&MONEY INTELLIGENCE* mit Redaktionsschluß vom 24. September (zwei Tage vor dem Washington Agreement!) zu lesen war: »Es wird auf den ersten Blick klar, daß der 21. September untypisch für den bisherigen Preisverlauf ist und als Wendetag betrachtet werden kann … Die Aussichten sind insgesamt gut, weil Rückenwind von den festen Rohstoffen und schwachen Finanzmärkten kommt, weil der Goldmarkt insgesamt noch kurz und pessimistisch ist und weil der nahende Jahrtausendwechsel grundsätzlich positiv für das Metall zu werten ist. Letzteres aus zwei Gründen: Die Notenbanken verleihen nicht gerne Gold über den Jahreswechsel und erst recht nicht über diesen. Und *G&M* hatte schon vor Wochen von Londoner Goldbanken gehört, sie wollten ihre Leerverkäufe vorsichtshalber im vierten Quartal eindecken.«

Unter dem Titel »Inside Gold: Die Baissiers auf dem Rückzug« schrieb *G&M* außerdem am 24. September: »Nicht die Goldbesitzer haben jetzt ein Problem, sondern diejenigen, die das Metall verkauft haben, ohne es zu besitzen. Die Situation ist vergleichbar mit der gigantischen Spekulation gegen den Yen, die erst 1998 in einem Fiasko endete, nachdem man drei Jahre lang scheinbar risikolos am Yen verdienen konnte, und zwar gleich doppelt: einmal daran, daß er fiel, und einmal daran, daß er unglaublich billig zu borgen war und eine satte Zinsdifferenz zum Dollar aufwies … Wir können nicht einmal ausschließen, daß in Zukunft Goldminen nur deswegen pleite gehen, weil sie zu viel Gold zu früh zu billig verkauft haben.«

Die damals in *G&M* als Pleitekandidat erwähnte *Ashanti* kam tatsächlich in allergrößte Schwierigkeiten und wurde von *Anglogold* geschluckt, die nach Auffassung von Reginald H. Howe – ähnlich wie *Barrick* – an der großen Goldkonspiration beteiligt war.

Wie auch immer: Mit dem 26. September konnten die Spekulanten nicht mehr auf die Zusicherung Greenspans vertrauen, daß bei steigenden Preisen zunehmende Mengen von Gold ausgeliehen würden. Es kam umgehend zu panikartigen

Eindeckungen. Der Preis explodierte. Zwar konnte der Anstieg im Oktober unter mysteriösen Begleitumständen noch einmal abgebremst werden, doch er driftete danach zunehmend langsamer und zäher wieder abwärts, bis im April 2001 Preise von unter 260 Dollar noch einmal erreicht wurden. Die Charts lieferten einen perfekten doppelten Boden und damit die Basis für die Hausse des neuen Jahrzehnts.

In den hektischen Wochen nach dem 26. September 1999 muß eine letzte große Manipulation stattgefunden haben, um die Leerverkaufspositionen der Großbanken und anderer Baissiers zu verteidigen. Ein Indiz dafür war die abrupte Zunahme der Goldderivate in den Büchern der New Yorker Großbanken. *JP Morgan*, der führende Akteur, meldete für Ende Juni 1999 Goldderivate im nominellen Wert von 18,4 Milliarden Dollar, für Ende September im Wert von 30,5 Milliarden und für Ende Dezember im Wert von 38,1 Milliarden. Insgesamt schwollen die in den USA erfaßten Goldderivate von Ende Juni 1999 bis Ende März 2000 von 61,4 auf 95,5 Milliarden Dollar an. Welche Positionen die Banken im einzelnen innehatten, ist aus solchen Statistiken nicht ersichtlich.

Wie gefährlich die Situation für die Leerverkäufer unmittelbar nach dem 26. September war, ließ sich unschwer aus einem Artikel der *Financial Times* vom 30. September herauslesen. Darin hieß es, die europäischen Zentralbanken müßten ihre Entscheidung, die Goldverkäufe und Goldleihen zu begrenzen, möglicherweise revidieren.

Plötzlich war keine Rede mehr vom Tod des Goldes und einer ewigen Baisse. Jetzt fehlte das Gold, das die Leerverkäufer benötigten, um sich bei steigenden Preisen einzudecken. »Die Situation ist unhaltbar«, klagte Andy Smith, »einer der am meisten respektierten Goldanalysten«, so die *Financial Times*. Smith habe die europäischen Notenbanken aufgefordert, ihre Strategie »dringend« noch einmal zu überdenken. Die Zeitung hätte hinzufügen können, daß Andy Smith – persönlich ein sympathischer Mann, den ich immer gerne in seinem Londoner Büro aufgesucht habe – jahrelang die Interessen der Baissiers vertreten und gegen Gold getrommelt hatte.

Am 11. Oktober zitierte die Agentur *Dow Jones* den damals sehr einflußreichen Ted Arnold, Goldspezialist bei *Prudential Bache*, mit den Worten: »Die Zentralbanken verkaufen Gold, um zu verhindern, daß ein weiterer scharfer Preisanstieg eine große Finanzkrise auslöst.« Zu diesem Zeitpunkt hatten verschiedene Banken und Hedge-Fonds bereits schwere Verluste einstecken müssen. Es werde ein Domino-Effekt befürchtet, so Arnold. Nach seinen Quellen würden die involvierten Zentralbanken den Goldpreis bis auf weiteres nicht höher als auf etwa 330 Dollar steigen lassen. Der Hinweis stimmte, Arnold war wieder einmal gut informiert.

Zu den Indizien für eine Manipulation paßte, was Eddie George, der Gouverneur der Bank von England, später dem Chef der Platingesellschaft *Lonmin*, Nicholas J. Morrell, über die chaotischen Zustände unmittelbar nach dem 26. September verriet: »Wir hätten in einen Abgrund geblickt, wenn der Goldpreis weiter gestiegen wäre. Ein weiterer Anstieg hätte eines oder mehrere Goldhandelshäuser zu Fall gebracht – und dann vielleicht auch noch den Rest. Deswegen mußten die Zentralbanken den Goldpreis – gleichgültig, zu welchem Preis und zu welchen Kosten – dämpfen und in den Griff bekommen. Es war sehr schwierig, den Goldpreis unter Kontrolle zu bekommen, aber jetzt haben wir es geschafft. Die amerikanische *Fed* war sehr aktiv, um den Goldpreis herunterzukriegen. Ebenfalls das Vereinigte Königreich.« (Das Zitat ist nachzulesen in der Klageschrift von Reginald H. Howe.)

So endete die große Goldbaisse nach zwei Jahrzehnten. Die Manipulateure hatten verloren, der Markt hatte sich wieder einmal als stärker erwiesen. Eichengreen & Compagnie hatten sich blamiert, die involvierten Banken und Fonds konnten zum Schluß froh sein, mit Hilfe von oben ihre Haut gerettet zu haben.

Für viele Anleger, auch in Deutschland, kam die Wende zu

spät. Im März 1999 waren in der Bundesrepublik noch zwölf Goldminenfonds zum Vertrieb zugelassen. Im Juli war deren Vermögen insgesamt auf klägliche 270 Millionen Mark gesunken. Ende Juli schloß der *Morgan Stanley Gold Fund.* Am 8. September schrieb die *Frankfurter Allgemeine Zeitung*, die Verkaufsankündigung der Bank von England im Mai habe dem Preis einen entscheidenden Stoß versetzt. »Die Abkehr der Investoren vom Gold könnte in Kürze auch andere Anbieter dazu bewegen, ihre Fonds zu schließen.« So wurden die Kunden des bekannten *Pioneer Gold Shares Fund* dazu aufgefordert, ihre Anteile bis zum 15. Oktober zu verkaufen oder in einen anderen *Pioneer*-Fonds zu wechseln.

Sie kapitulierten, als der Krieg vorüber war. Sie stiegen aus, als sie hätten einsteigen sollen. Ende der Baisse, Gold war zurück.

Kapitel V

Kunstwährung Euro

Der Preis, den Deutschland zahlte.
Geheimnisse des Euro-Systems.
Warum die Währungsunion nicht unumkehrbar ist

Am Tag, als der Euro kam, war es bitterkalt in Berlin. Ich stand zusammen mit 600 000 Menschen am Brandenburger Tor, harrte der Zeremonie und zog mir dann auch noch eine Lungenentzündung zu. Pünktlich um Mitternacht – es war der Jahreswechsel von 2001 auf 2002 – postierte sich Finanzminister Eichel vor dem sogenannten Euro-Pavillon, den die Dresdner Bank gleich neben dem Tor errichtet hatte, zückte einen 200-Mark-Schein und ließ sich ihn von Bankchef Fahrholz in 102 Euro und 26 Cent umwechseln. Man wollte wohl die Bürger, die den Pavillon massenhaft belagerten, begierig auf das neue Geld machen. Am 2. Januar berichtete der Berliner *Tagesspiegel*, es seien Hunderte gewesen, die ihre gute alte Mark gegen die unerprobte Kunstwährung eingetauscht hatten – Hunderte von 600 000.

Und die Reporter der *Berliner Zeitung* notierten die ersten Reaktionen der Berliner auf die seltsamen Scheine. »Sieht aus wie Spielgeld«, »wie photokopiert«, »wie Monopoly« waren die typischen Kommentare der Hauptstadtbewohner, die sich in ihrer skeptischen Art von der offiziellen Propaganda nicht beeindrucken ließen. Bestellte Feiern gab es auch anderswo in Europa. Nur in Paris wurde an jenem Silvester gegen den Euro auf der Straße demonstriert.

Und nur in Rom erlaubten sich die Politiker respektlose

Kommentare. »Ich hoffe, daß ich mich irre, aber das Risiko ist groß, daß der Euro in einem Fehlschlag endet«, meinte Verteidigungsminister Antonio Martino. Umberto Bossi, italienisches enfant terrible und Chef der *Lega Nord*, verkündete: »Der Euro ist mir vollkommen gleichgültig.« Und Finanzminister Giulio Tremonti ließ sich vernehmen: »Ich zögere etwas, einen Weg mitzugehen, der voll ist von Primaten, die Spruchbänder schwingen, voll von Quacksalbern, Schamanen, Wunderheilern und Bankiers.« Tremonti fügte hinzu: »Ich finde die Idee besonders seltsam, daß der Euro Frieden bringen soll und die Kriege beendet.«

In dieselbe Kerbe schlug die *Süddeutsche Zeitung*, die das Währungsexperiment schon immer mit Distanz begleitet hatte. Am 4. Januar schrieb das Münchener Blatt: »Noch nie hat es eine derartige konzertierte Aktion von Politik, Werbewirtschaft und nahezu gleichgeschalteten Medien gegeben.«

Fünf Jahre später hatten sich die Deutschen mehr oder weniger an das Geld mit den fiktiven Brücken und Torgängen gewöhnt, äußerten jedoch laut Meinungsumfragen in erstaunlich großer Zahl immer noch den Wunsch, die Deutsche Mark zurückzubekommen. Das Einheitsgeld wird nolens volens akzeptiert, aber nicht geliebt, nicht einmal geschätzt. Wurde der Euro wirklich, wie die Politiker behaupten, zur Erfolgsgeschichte? Ja und Nein.

An dieser Stelle ist vielleicht eine persönliche Anmerkung erlaubt. Als Investor muß man strikt zwischen subjektiver Einstellung und objektiver Analyse trennen. Man darf Sympathien und Antipathien haben, aber nicht zur Grundlage von Anlageentscheidungen machen. In den 1990er Jahren hatte ich als Gründungsmitglied des Bundes Freier Bürger, der damals führenden Anti-Euro-Partei, ausgiebig gegen den Euro angeschrieben und angeredet, was mich dann aber schließlich nicht dazu bringen konnte, dem Euro – nach einer anfänglichen Schwächephase – schlechtere Chancen als dem Dollar einzuräumen. Wer aus Abneigung gegen die europäische Währung in den Dollar flüchtete, traf eine kostspielige Fehlentscheidung. Denn der Euro, der ja bereits am 1. Januar 1999 als bargeldloses Buchgeld das Licht der Welt erblickt hatte, blieb danach nur etwa zwei Jahre lang wirklich schwach, stabilisierte sich ab Ende 2000 und setzte fast unmittelbar mit der Ausgabe der Banknoten zu einer fulminanten Hausse an.

Ob er damit auch zur Erfolgsgeschichte wurde, hängt von der Perspektive des Betrachters ab. Ein endgültiges Urteil ist noch nicht möglich. Die Bilanz der ersten fünf bzw. acht Jahre sagt wenig aus über die künftige Entwicklung. Der Euro kann, wie wir sehen werden, in fernerer Zukunft immer noch scheitern – auch wenn das für jemanden, der es gut meint mit Europa, inzwischen vielleicht gar nicht mehr wünschenswert ist.

Aber was heißt schon scheitern? Den Euro am Dollar zu messen ist nicht falsch, denn beide konkurrieren – abgesehen von Gold – als Weltwährungsreserve. Nur sind Papierwährungen immer relative Größen. Ich kann die eine – wieder abgesehen von Gold – immer nur gegen eine andere verkaufen oder kaufen. Auch wenn der Euro gegen den Dollar fest ist oder umgekehrt, können doch beide schlechte Währungen sein. Im schlimmsten Fall läuft es auf die Wahl zwischen Pest und Cholera hinaus.

Besser ist es, einen Nagel in die Wand zu schlagen, einen Fixpunkt zu bestimmen, einen realen Wert, gegen den sich die Nominalwerte bewegen. Dann stellt sich heraus, daß der weltweit bekannteste Aktienindex, der Dow Jones Industrials, seit 2000 im Trend gegen Gold fällt, daß der US-Dollar seit April 2001 massiv gegen Gold verloren hat und daß selbst der vermeintlich starke Euro seit 1999 verglichen mit Gold die schlechtere Währung war. Wer also das neue Einheitsgeld partout nicht wollte, war mit Gold besser bedient, wenn er bereit war, die üblichen temporären Schwankungen zu tolerieren.

Gemischt ist die Euro-Bilanz auch deswegen, weil die Gewinner von gestern nicht notwendigerweise die von morgen sein werden. Zu den ersteren zählt ohne Zweifel Italien. Der Euro hat das Land vor dem drohenden Staatsbankrott gerettet. In der Endphase der Lira waren die Zinsen auf die italienische Staatsschuld kaum noch aufzubringen. Das hätten auch Tremonti und Bossi nicht abstreiten können. Carlo Ciampi, bis 1993 italienischer Notenbankgouverneur und dann bis 1994 Ministerpräsident, plauderte Anfang 2006 (*Frankfurter Allgemeine Zeitung* vom 2. Januar 2006) aus dem Nähkästchen. Das war wenige Monate nach Ablauf seiner Amtszeit als italienischer Staatspräsident. Ohne den Euro, so Ciampi, »wäre Italien im besten Falle ein Hündchen an der Leine Europas, im schlimmsten ein Land im finanziellen Bankrott«. Die schwache Lira hätte es schwer gehabt, nach der Herabstufung der italienischen Bonität durch die Rating-Agenturen, aber auch nach Ereignissen wie dem 11. September 2001. Er, Ciampi, habe zu Beginn der 1990er Jahre traumatische Erlebnisse gehabt, als an den Finanzmärkten gegen die Lira spekuliert wurde. »Wir waren nur einen Schritt entfernt von dem Abgrund, in den dann Argentinien gefallen ist.« Das Problem sei nicht nur die Abwertung der italienischen Währung gewesen, sondern die immensen Staatsschulden mit einer durchschnittlichen Laufzeit von nur einem Jahr. Jede neue größere Emission von Staatstiteln sei damit zur Zitterpartie geraten. Es sei fraglich gewesen, sagte Ciampi, wie lange Italien diese Situation hätte durchstehen können.

Erst der Euro brachte den Italienern historisch tiefe Zinsen und erleichterte damit immens die Bedienung der Staatsschuld. Der Euro war für die gesamte EU-Südschiene ein Geschenk des Himmels. Die Professoren Dieter Spethmann, der frühere langjährige Vorstandsvorsitzende der Thyssen AG, und Otto Steiger, emeritierter Wirtschaftswissenschaftler an der Universität Bremen, haben dazu aufschlußreiche Berechnungen angestellt. Die Studie erschien im Dezember 2004 beim Zentrum für Europäische Integrationsforschung an der Universität Bonn unter dem Titel *Deutschlands Wirtschaft, seine Schulden und die Unzulänglichkeiten der einheitlichen Geldpolitik im Euro-System*.

Danach mußte Italien 1992, dem Jahr der Unterzeichnung des Maastrichter Vertrages, 12,2 Prozent (!) seines Bruttoinlandsproduktes für Zinszahlungen auf die Staatsschuld aufbringen – und 2002 weniger als die Hälfte, nämlich 5,8 Prozent, obwohl die Staatsschulden in dieser Zeit in absoluten Zahlen von 848 auf 1343 Milliarden Euro gestiegen waren. Da die Höhe der Zinsen immer entscheidend ist für die Tragfähigkeit von Schulden, läßt sich leicht schlußfolgern, daß die Italiener nur dank des ungeliebten Euros gerade noch rechtzeitig das rettende Ufer erreicht haben.

Bezogen auf nur ein einziges Jahr, nämlich 2001, belief sich die italienische Zinseinsparung auf 78 Milliarden Euro! Spethmann und Steiger schrieben: »Immerhin bleibt es den wahren ›Schuldenkönigen‹ in der Europäischen Währungsunion, den Italienern, weiterhin unbenommen, ihren Euro als den größten Segen zu empfinden, der seit Petrus über sie gekommen ist, während es der Mehrheit der Briten genauso unbenommen bleibt, den Euro als den größten Schwindel zu fürchten, der seit Karl Marx über sie kommen würde.«

Wenig anders verhielt es sich mit Belgien, Finnland, Griechenland, Irland, Portugal und Spanien. Zusammengenommen sparten sie 2002 rund 116 Milliarden Euro an Zinsen, weil sie dank Währungsunion in den Genuß der traditionell tiefen deutschen Geldkosten gekommen waren. Möglich war das nur, weil die Europäische Zentralbank von Anfang an auf das Prestige der Deutschen Bundesbank aufbauen konnte. Erst der jahrzehntelange Erfolg der Bundesbank machte den reibungslosen Übergang zum Euro überhaupt möglich. Der Erfolg wurde ihr zum Verhängnis. Sie entmachtete sich sozusagen selbst, weil sie zu gut gearbeitet hatte.

Hinzuzufügen wäre, daß Spanien, Griechenland, Portugal und Irland nicht nur von einem »deutschen« Zinsniveau profitierten, sondern obendrein mit üppigen Subventionen aus Brüssel bedacht wurden, die besonders in Spanien und Irland einen gewaltigen und ungesunden Immobilienboom anheizten. Den Zahlmeister spielte die Bundesrepublik. Das seit der Wiedervereinigung finanziell klamme Land überwies der EU im Zeitraum von 1990 bis 2004 netto 315 Milliarden Mark. Dies nach einer Berechnung von Professor Franz-Ulrich Willeke, die im *DeutschlandBrief*, Ausgabe Juli/August 2005, veröffentlicht wurde.

Ein anderer, verzerrender Effekt der Währungsunion bestand darin, daß Deutschland im europäischen Vergleich den Vorteil besonders tiefer nominaler und realer Zinsen verlor – ein nicht zu unterschätzender Vorteil, der zu D-Mark-Zeiten die Investitionen in Deutschland begünstigt hatte. Der Euro bescherte allen Teilnehmern (bei lediglich minimalen Differenzen) dieselben Zinsen. Da aber im Süden die Inflationsraten trotz Euro höher blieben als in Deutschland, tendierten dort die Realzinsen gegen Null oder wurden zeitweise sogar negativ. Die höhere Inflation wiederum blähte die Steuereinnahmen auf, während sie in Deutschland stagnierten.

Für den Euro haben die Deutschen in den ersten Jahren des neuen Jahrhunderts teuer bezahlt. Nicht nur, weil es grundsätzlich von Vorteil ist, wenn Europas größte Volkswirtschaft in eigener Regie über Zinsen und Geldversorgung entscheiden kann, sondern auch, weil der Euro in erheblichem Maße schuld war an dem extrem schwachen Wirtschaftswachstum der Jahre 2001, 2002, 2003 und 2004. Erst im zweiten Halbjahr 2005 und dann besonders 2006 ging es in der Bundesrepublik wieder aufwärts. Der Euro wurde damit bezahlt, daß die Staatsschulden überdurchschnittlich stark stiegen, daß die Einkommen und damit der Lebensstandard stagnierten oder sogar nach Abzug der Inflation sanken.

Der Grund dafür lag einerseits, wie bereits geschildert, in einem europäischen Zinsniveau, das deutschen Verhältnissen nicht entsprach und Deutschland der komparativen Vorteile beraubte, und andererseits in dem psychologischen Schock, den das Erscheinen des Euros 2002 auslöste.

Damit sind nicht nur die exorbitanten Preissteigerungen gemeint, die der Euro in manchen Bereichen mit sich brachte, sondern auch der allgemeine Vertrauensverlust. Die Kölner Psychologin Simone Severin schrieb im *Handelsblatt* vom 31. Dezember 2001: »Es gibt derzeit nichts, was die psychologische Bedeutung der D-Mark ersetzen könnte. Deshalb ist davon auszugehen, daß die Verlustangst der Deutschen tief sitzt.« Und weiter: »Die Menschen erleben den Euro als heimatlose Währung. Die persönliche Zugehörigkeit zur EU ist als Faktor der Identitätsbildung nicht existent – seelisch ist Brüssel weit weg.« Daß die Entfremdung und der Schock lähmten und Kaufzurückhaltung auslösten, kann nicht bestritten werden.

2007 allerdings ergibt sich ein etwas anderes Bild, wenn Deutschland und Italien – um zwei typische Fälle herauszugreifen – Bilanz ziehen. Die über mehrere Jahre hinweg unterschiedliche Geldentwertung (zusammen mit der unterschiedlichen Leistungsfähigkeit dieser Volkswirtschaften) hat dazu geführt, daß die Lohnstückkosten in Italien kräftig gestiegen sind, während sie in Deutschland sogar leicht zurückgingen. Damit verbesserte sich die Wettbewerbsfähigkeit der deutschen Unternehmen. Auch im Tourismus wird dies sichtbar. Der Urlaub in Italien oder auch Spanien ist jetzt ein teurer Spaß. Der früher übliche Ausweg einer Abwertung ist wegen des Euros versperrt.

Je länger sich dieser Trend fortsetzt, desto dringender bräuchte Italien eine Abwertung. Die ist aber nur zu bekommen, wenn das Land aus der Währungsunion wieder austritt – und dann müßte Rom wieder hohe Zinsen auf die Staatsschulden zahlen. Insofern ist das Dilemma, in das sich Länder wie Italien, Portugal oder Spanien durch die Übernahme des Euros manövriert haben, auf absehbare Zeit unlösbar. Wie auch immer: Ob die Europäische Währungsunion auf Dauer Bestand hat, läßt sich nach so kurzer Zeit nicht beurteilen. Währungspolitische Mühlen mahlen immer sehr langsam. Das gilt für die Degradierung des Dollars als führende Weltreservewährung ebenso wie für den Konkurrenten Euro. Jedenfalls bleibt es der eigentliche Schwachpunkt des Euros, daß er – um den von Nobelpreisträger Robert Mundell eingeführten Begriff zu verwenden – kein »optimales Währungsgebiet« abdeckt. Die beteiligten Volkswirtschaften, gar nicht zu reden von einem desaströsen Beitritt der Türkei, sind zu disparat.

Was sagt es schon aus, wenn die Europäische Zentralbank in ihren Publikationen mit Wachstums-, Preis- und Zahlungsbilanzstatistiken hantiert, die sich auf das gesamte Euro-Gebiet beziehen? Im Grunde nicht viel. Interessanter ist, was sich hinter den Durchschnittswerten verbirgt. Dann stellt sich nämlich heraus, daß eine europäische Volkswirtschaft nur in der Einbildung existiert und daß der Euro in mancher Hinsicht an dem Lasttier Deutschland hängt.

Beispiel: die Leistungsbilanz von Euroland. Sie war jahrelang im Plus, rutschte 2006 leicht ins Minus, ist aber immer noch vorbildlich im Vergleich zur amerikanischen. Verantwortlich dafür ist ein Land mit seinen Überschüssen: Deutschland. Die anderen können es sich leisten, über ihre Verhältnisse zu leben, weil die größte europäische Volkswirtschaft das eben nicht tut und den Exportweltmeister spielt.

Beispiel: die Inflation. Für die gesamte Euro-Zone wird sie seit Jahren von *Eurostat* mit etwas mehr oder weniger als zwei Prozent ausgewiesen. Sie pendelte immer um diese Marke. Das trifft sich gut, denn in der unergründlichen Philosophie der EZB herrscht Preisstabilität, solange die Preise per annum um nicht mehr als etwa zwei Prozent steigen. (Ob die Statistik stimmt oder ob die Geldentwertung nicht etwa mit Hilfe des »Harmonisierten Verbraucherpreisindex« schöngerechnet wird, ist ein ganz anderes Thema.)

Leider sind die offiziell verkündeten zwei Prozent Geldentwertung auch wieder nur erreichbar dank des deutschen

Beitrages. In anderen Euro-Ländern beträgt die durchschnittliche jährliche Teuerung seit langem das Doppelte oder noch mehr. Laut EZB vom Februar 2007 kam Deutschland im Zeitraum 1999 bis 2006 auf 1,5 Prozent Inflation, Italien jedoch auf 2,3 Prozent, Holland auf 2,5 Prozent, Spanien und Griechenland auf 3,2 Prozent und Irland auf 3,4 Prozent. Demnach müßte das Zinsniveau in den Südländern und in Irland erheblich über dem deutschen liegen. Das ist aber nicht so, weil die EZB in Frankfurt einen Zins für alle dekretiert, obwohl Konjunkturzyklen, Wachstum und Inflation nicht zueinander passen. Solche Dissonanzen sind nicht nur von akademischem Interesse. Sie machen deutlich, welche Spannungen sich im System aufbauen und warum die Währungsunion nicht endgültig über den Berg ist. Wohlgemerkt: Das ist nicht die Schuld der Europäischen Zentralbank. Sie hat bisher keine größeren Fehler gemacht, sie mußte wohl oder übel mit der Situation fertigwerden, die sie vorgefunden hat. Sie muß so tun, als sei eine einheitliche und vernünftige Geldpolitik für eine europäische Volkswirtschaft, die nur als Fiktion existiert, jederzeit möglich.

Um seriös einschätzen zu können, ob die Währungsunion wirklich »unumkehrbar« ist, wie der frühere Bundesbankpräsident Welteke einmal zu erkennen glaubte, und ob eine Rückkehr zur D-Mark überhaupt vorstellbar und praktikabel ist, müssen wir wissen, wie das Euro-System rechtlich konstruiert ist und wie es funktioniert. Die Öffentlichkeit in Deutschland einschließlich vieler Journalisten (und der Politiker ohnehin, die aus Prinzip die Verträge nicht lesen, die sie beschließen) ist darüber nicht informiert. Und die europäischen Institutionen können auch in Sachen Euro kein Interesse daran haben, zur Aufklärung beizutragen.

Die Ignoranz beginnt damit, daß alle davon überzeugt sind, die auf Euro lautenden Banknoten würden von der EZB herausgegeben. Schließlich tragen die Scheine die Abkürzung EZB in fünf verschiedenen Sprachen, versehen mit einer unleserlichen Unterschrift, hinter der man den EZB-Präsidenten vermuten darf. Gar nichts zu vermuten ist hinter der abgebildeten Architektur, weil die Euro-Erfinder befürchteten, sie würden mit der Darstellung real existierender Bauwerke durch Bevorzugung des einen und Benachteiligung des anderen Landes nationale Empfindlichkeiten verletzen. Daher die synthetischen Konstruktionen.

Tatsächlich werden die Banknoten wie früher durch die nationalen Notenbanken herausgegeben. Die EZB muß die Ausgabe nur genehmigen. Wer sich auskennt, kann sogar herausfinden, woher das Geld kommt. Die Schöpfer des Euros kamen nämlich auf die Idee, jedem der teilnehmenden Euro-Länder einen Buchstaben in der Reihenfolge des Alphabets zu verpassen und dabei die Buchstaben Q und W, die nicht in allen Sprachen vorkommen, sowie B, I und O wegzulassen, weil diese mit Zahlen verwechselt werden könnten. Sodann wurde die Reihenfolge umgedreht, so daß Belgien mit dem letzten Buchstaben des Alphabets (Z) identifiziert werden kann. Darauf folgt – als Ausnahme und anstelle Dänemarks – Ellas (Griechenland) mit einem Y und dahinter Deutschland mit einem X.

Wenn Sie also eine Euro-Note mit dem X vor der Nummer in der Brieftasche haben, können Sie sicher sein, daß sie von der Deutschen Bundesbank stammt. (Wie praktisch: Man könnte für eine Übergangszeit die Euro-Scheine mit dem X weiterhin zirkulieren lassen, falls man irgendwann zu einer nationalen deutschen Währung zurückkehren möchte.) V steht für Spanien, U für Frankreich, T für Irland, S für Italien, R für Luxemburg, P für die Niederlande, N für Österreich, M für Portugal und L für Finnland. Und sobald Ihnen eine Note mit einem Buchstaben, der hier nicht aufgeführt wurde, herausgegeben wird, handelt es sich höchstwahrscheinlich um keine Fälschung, sondern um einen slowenischen Euro. Denn zum 1. Januar 2007 ist Slowenien als dreizehnter Staat der Währungsunion beigetreten. Übrigens sind nahezu alle 27 EU-

Mitglieder zur Einführung des Euros verpflichtet, sobald sie die im Maastrichter Vertrag festgelegten Voraussetzungen erfüllen. Eine Ausnahmeregelung, die sogenannte Opting-out-Klausel, haben sich nur Großbritannien und Dänemark erstritten.

Zum Grundwissen gehört ferner, daß die nationalen Zentralbanken zusammen mit der Europäischen Zentralbank (EZB) das Europäische System der Zentralbanken (ESZB) bilden; daß im EZB-Rat die 13 Präsidenten der nationalen Notenbanken, der Präsident und der Vizepräsident der EZB sowie vier weitere Mitglieder des Direktoriums sitzen; daß der Rat, in dem die nationalen Präsidenten die Mehrheit haben, als höchstes Entscheidungsgremium fungiert – er »erläßt die Leitlinien und Entscheidungen«; und daß das sechsköpfige Direktorium der EZB die »laufenden Geschäfte« führt. Schließlich gibt es noch einen sogenannten Erweiterten Rat, in dem die Notenbankchefs aller EU-Staaten sitzen, d. h. auch jener, die bisher auf den Euro verzichten mußten oder durften. Letztere können beraten, haben aber nichts zu entscheiden.

Damit wird deutlich, daß das Europäische System der Zentralbanken ganz anders und weniger zentralistisch konstruiert ist als das amerikanische *Federal Reserve System*. Die Stellung der nationalen Notenbanken in Europa ist stärker als die der Regionalbanken der *Federal Reserve* – einmal abgesehen davon, daß die *Federal Reserve Bank of New York* den primus inter pares spielt, in akuten Finanzkrisen als *lender of last resort* (als Kreditgeber der letzten Hand) zur Verfügung steht, um bedrohte Finanzinstitute zu retten, und auch abgesehen davon, daß New York für die geldpolitischen Operationen zuständig ist. Es wäre vernünftig gewesen, der Bundesbank dieselben Aufgaben zu übertragen und damit ihre Erfahrung und Machtstellung möglichst vollständig in die Euro-Zone hinüberzuretten.

Die Vorstellung, daß die Bundesbank eine Art von Tochter

der Europäischen Zentralbank sei, ist falsch. Es verhält sich umgekehrt. Die EZB ist gesellschaftsrechtlich ein Tochterinstitut der 13 nationalen Zentralbanken. Diese sind es, die die EZB mit Währungsreserven in Höhe von 40 Milliarden Euro (vor dem Beitritt Sloweniens) ausgestattet haben, 15 Prozent davon in Gold. Die Bundesbank stellte 12,5 Milliarden Euro zur Verfügung, die keineswegs verloren oder verschenkt sind, sondern als verzinsbare Forderung an die EZB in den Büchern der Bundesbank stehen.

Auf die EZB entfällt demnach nur ein kleiner Teil der Aktiva des Euro-Systems. Der weitaus größte Teil verblieb bei den nationalen Notenbanken. Völlig korrekt urteilte Professor Martin Seidel, einer der besten Kenner des Euro-Systems, am 3. März 2004 bei einem Vortrag in Berlin: »Die Weisungs- und Herrschaftsmacht der EZB im Europäischen System der Zentralbanken und damit auch gegenüber den nationalen Zentralbanken ist schwach ausgeprägt.«

Um es zu wiederholen: Schon die Tatsache, daß die nationalen Notenbanken eine komfortable Mehrheit im EZB-Rat haben, beschränkt theoretisch den Spielraum des in Frankfurt residierenden EZB-Apparates. Die nationalen Notenbanken wurden zwar durch den Maastrichter Vertrag teilentmachtet, aber nicht demontiert. Sie blieben funktionsfähig. Sie könnten, wenn dies von der Politik irgendwann gewünscht wird, die klassischen Aufgaben einer Zentralbank wieder in eigener Regie übernehmen: die Währung zu sichern, Banknoten herauszugeben (was sie jetzt ohnehin bereits tun), den Refinanzierungszins festzulegen und Liquidität bereitzustellen.

Damit erscheint der Maastrichter Vertrag plötzlich in einem anderen Licht. Er ist nicht unumkehrbar, sondern sehr geschickt so konstruiert, daß die Rückkehr zu nationalen Währungen im Notfall technisch machbar ist. Es fällt auf, daß die meisten europäischen Notenbanken kein Personal abgebaut haben – anders als die Bundesbank, die von den Politikern dazu gedrängt wurde und der obendrein von dem unseligen Finanzminister Eichel auch noch das Management der Staatsschulden und Befugnisse der Bankenaufsicht entzogen wurden. Aber schließlich waren ja die Zurückdrängung der Bundesbank und die Abschaffung der D-Mark als europäische Ankerwährung – beides zu Lasten deutscher Souveränität – der Hauptzweck des Maastrichter Vertrages.

Wo liegen die tatsächlichen und denkbaren Schwächen des Euros, die seine Stabilität in Zukunft gefährden könnten? Zum einen darin, daß die beteiligten Notenbanken Geld gegen Entgegennahme qualitativ unterschiedlicher Sicherheiten emittieren. Insofern ist eine griechische Euro-Note von geringerer Qualität als eine deutsche, auch wenn das jetzt in der Praxis (noch) keine Rolle spielt. Um dies zu kaschieren, hat man sich für die Kennzeichnung der Banknoten mit mysteriösen Buchstaben entschieden, anstatt die nationale Herkunft klar und deutlich aufzudrucken.

Eine Notenbank ist in mancher Hinsicht durchaus mit einer Geschäftsbank vergleichbar – so, wie umgekehrt die Geschäftsbanken im 19. Jahrhundert auch als Notenbanken gearbeitet haben. Beide haben auf die Bonität ihrer Geschäftspartner und die Qualität der Sicherheiten zu achten, die ihnen angedient werden. Auch Banknoten werden nicht einfach gedruckt und verteilt, sondern gegen Sicherheiten emittiert. Bis 1914 waren das Gold oder erstklassige Handelswechsel, jetzt sind es Wertpapiere verschiedener Art. Das Problem liegt darin, daß Papiere, die die Bundesbank nicht mit der Zange anfassen würde, von anderen Notenbanken des Euro-Systems durchaus akzeptiert werden. Gemeint sind die risikoreichen Kategorie-2-Sicherheiten. Und deren Qualität wird nicht von der EZB geprüft, sondern von der Zentralbank in Athen oder Lissabon.

Zu den Kategoric-2-Sicherheiten gehören Aktien und nichtmarktfähige Titel, die wenig liquide sind, und sogar Papiere, die vom staatlichen Sektor ausgestellt wurden. Damit verschlechtert sich nicht nur die Qualität dieser Notenbankbilanzen, sondern auch die Qualität der von ihnen ausgegebenen Banknoten. Nur wird dies nicht sichtbar, solange griechische und portugiesische Banknoten im ganzen Euro-Raum gesetzliche Zahlungsmittel sind, d.h. zur Begleichung einer Schuld angenommen werden müssen. Die Geschichte lehrt freilich, daß im Krisenfall der staatliche Zwang mißachtet wird und daß die Bürger dann selbst entscheiden, welches Geld sie akzeptieren oder zurückweisen. Daß bestimmte Euro-Noten irgendwann mit Abschlag gehandelt werden und daß andere, bessere, gehortet werden, ist keineswegs unvorstellbar.

Gunnar Heinsohn und Otto Steiger gehören zu den wenigen Wissenschaftlern, die die verborgenen Schwachstellen der Europawährung frühzeitig erkannt haben. Im Mai 2000 monierten sie in ihrer Studie *Das Euro-System und die Verletzung der Zentralbankregeln* u. a. auch die Qualitätsunterschiede bei der Emission der verschiedenen Euro-Noten: »Die Kategorie-2-Sicherheiten sind von vornherein risikoreich. Ihre Qualität wird – anders als die der Kategorie 1 – nicht etwa von der EZB, sondern von den nationalen Zentralbanken zwischen Lissabon und Helsinki allein vor Ort geprüft werden. Gleichwohl sind sie – wie schon die Kategorie-1-Sicherheiten – grenzüberschreitend nutzbar. Zu ihnen gehören neben marktfähigen Schuldtiteln und frei gehandelten Aktien auch nicht marktfähige, also nur eingeschränkt liquide Titel. Ausstellen dürfen sie nicht nur der private, sondern auch der staatliche Sektor. Neben den – aufgrund ihrer hohen Volatilität – risikoreichen Aktien sind es mithin vor allem ›nicht marktfähige Schuldtitel der öffentlichen Hand‹, die für die Stabilität des Euro als größte Gefahr wirken.«

Schließlich folgt bei Heinsohn und Steiger ein Hinweis auf das Kleingedruckte, das bekanntlich in allen Verträgen und Verlautbarungen besonders kritisch gelesen werden muß: »Während das EWI (Europäisches Währungsinstitut als Vorläufer der EZB) im Januar 1997 in seinem Bericht über ›Die einheitliche Geldpolitik in Stufe 3‹ noch auf totaler Offenlegung und Genehmigung aller von den nationalen Zentralbanken akzeptierten Sicherheiten bestanden hat, mußte die EZB sich im September 1998 – in dem bereits erwähnten gleichnamigen Bericht – mit einer bloßen Zustimmung zu den nationalen Zulassungskriterien begnügen. Ausdrücklich vermerkt sie hier – allerdings wieder in einer Fußnote versteckt –, daß die Titel selbst nicht einer spezifizierten Veröffentlichungspflicht unterliegen: ›Die nationalen Zentralbanken können beschließen, bei nicht marktfähigen Kategorie-2-Sicherheiten in den Veröffentlichungen ihrer nationalen Kategorie-2-Verzeichnisse keine Angaben zu einzelnen Emissionen, Emittenten, Schuldnern oder Garanten zu machen.‹ Hier liegt Dynamit für die Stabilität des Euro.«

Das zweite langfristige Risiko für den Euro liegt in einer zunehmenden Einflußnahme der Politiker. Ihnen zu trauen hat sich für Investoren (und spätere Rentner) schon oft als fatal erwiesen. Per saldo sind ihre Aktivitäten wohlstands- und freiheitsmindernd. Wenn dem nicht so wäre, bräuchten wir uns nicht mit Gold als Absicherung zu befassen.

Die Deutsche Bundesbank hat den wiederholten Einmischungsversuchen aus Bonn und Berlin, die gelegentlich heftig ausfielen, bestmöglich widerstanden. Das konnte sie, weil sie beim Souverän, dem Volk, großes Ansehen genoß und von der Öffentlichkeit verteidigt wurde, wenn es darauf ankam. Wer aber verteidigt die EZB im Notfall? Die europäische Öffentlichkeit? Die gibt es nicht. Allenfalls könnte sich der Bankensektor mit seinem beträchtlichen Einfluß auf die Politiker vor die EZB stellen. Das wird er aber nur tun, wenn seine eigenen Interessen, nicht die seiner Kunden, tangiert sind.

In dieser Hinsicht ist es ein großes Plus des Maastrichter Vertrages, daß nach Artikel 107 weder die EZB noch eine nationale Zentralbank noch ein Mitglied der Beschlußorgane Weisungen von Regierungen, von Brüssel oder von anderen

Stellen »einholen oder entgegennehmen« darf. Die Regierungen dürfen nicht einmal »versuchen«, die Mitglieder der Institutionen des Euro-Systems zu »beeinflussen«.

Das hört sich gut an, es schafft eine Verteidigungslinie für die EZB, ist aber in der Praxis auf Dauer schwer durchsetzbar. Sowohl die EU-Kommission als auch die sogenannte Euro-Gruppe, in der die Finanzminister der Währungsunion sitzen, haben das Recht, an den Sitzungen des EZB-Rates teilzunehmen. Und dort fallen schließlich die maßgeblichen Entscheidungen. Sie haben kein Stimmrecht, aber sie werden wohl kaum stumm am Tisch sitzen. Wenn sie den Mund aufmachen, dann wohl nicht, um sich über technische Details wie die Geldmenge M3 belehren zu lassen. Das weiß niemand besser als EZB-Chef Jean-Claude Trichet. Als 2006 der Luxemburger Jean-Claude Juncker als Vorsitzender der Euro-Gruppe und Joaquín Almunia, der zuständige Brüsseler Kommissar, häufigere Treffen mit der EZB verlangten, wurde Trichet hellhörig. Er lehnte ab. Es gebe bereits genug Möglichkeiten zur Aussprache. Im ersten Quartal 2007 während des Wahlkampfes in Frankreich häuften sich die Nadelstiche französischer Politiker gegen die EZB, gegen ihre Zinspolitik, gegen den *Euro fort* und gegen Trichet persönlich.

Das alles in einer Zeit sinkender Arbeitslosigkeit und wachsender Wirtschaft in der EU. Was aber, wenn der Konjunkturzyklus wieder nach unten zeigt, wenn die Steuereinnahmen wieder stagnieren und die Schulden wieder schneller wachsen? Dann wird Druck auf die EZB ausgeübt, damit sie inflationiert und für leichteres Geld sorgt. Dann garantiert niemand, daß sich die Politiker an einen Maastrichter Vertrag halten, den ihre längst ausgeschiedenen Vorgänger ausgehandelt haben. Ich unterstelle den Verantwortlichen der EZB nicht, daß sie schnell und leicht kapitulieren würden. Aber mit einer schweren Wirtschafts- oder Finanzkrise waren sie bisher nicht konfrontiert. Eine wirkliche Kraftprobe mit den Politikern hatten sie bisher nicht zu bestehen.

Ein drittes, derzeit nicht aktuelles Problem der EZB ist die Wechselkurspolitik, d. h. die Einflußnahme auf den Außenwert des Euros. Selbstverständlich kann mit dem Instrument der Abwertung ebenso inflationiert werden wie mit einer großzügigen Geldversorgung der Wirtschaft und des Finanzsektors. Auf diesem Gebiet hat der EU-Ministerrat laut Maastrichter Vertrag eindeutig größere Kompetenzen als die Europäische Zentralbank. Der Ministerrat kann (in diesem Fall nur einstimmig) feste Wechselkurse gegenüber Drittwährungen beschließen, er kann Paritäten bzw. Leitkurse festlegen, ändern oder aufheben. Im wesentlichen bleiben dem Euro-System nur Befugnisse, die sich auf die tägliche Wechselkurspolitik beschränken. Auch die Bundesbank erwähnte in ihrem Monatsbericht vom Februar 1992, in dem sie den Maastrichter Vertrag ausführlich kommentierte, »daß Entscheidungen über das Wechselkurssystem selbst nicht primär Notenbankangelegenheiten sind«.

Soweit meine Erläuterung zur Funktionsweise des Euro-Systems, wobei ein unter Umständen lebenswichtiger Bereich ausgeklammert wurde: die Frage nach dem *lender of last resort*, die auch im Maastrichter Vertrag weder gestellt noch beantwortet wurde. In der Ära einer mächtigen Bundesbank war klar, wer schnell und effektiv eingreifen würde, sollte das Bankensystem vom Kollaps bedroht sein. Im Fall einer grenzüberschreitenden, europaweiten Finanzkrise können wir nicht so sicher sein, daß die EZB die Aufgabe mit Bravour meistern würde. Merkwürdigerweise bezeichnet der Maastrichter Vertrag es als vorrangiges Ziel des Euro-Systems, »die Preisstabilität zu gewährleisten« – und nicht etwa, »die Währung zu sichern«. Die Sicherung einer Währung geht jedoch weit über die Preisstabilität hinaus. Sie umfaßt die Abwehr einer Finanz- und Bankenkrise, die sich bei der enger gewordenen Verflechtung des Finanzsektors sehr schnell zu einer europaweiten Panik ausweiten könnte. Daß der Euro unter Schönwetterbedingungen funktioniert, wissen wir inzwischen. Ob er einem Klimasturz standhalten würde, muß sich erst noch herausstellen.

Wenn es ganz schlimm kommt, bleibt immer noch die Option, den Euro an das Gold zu binden. Laut Wochenausweis vom 9. März 2007 standen in der Bilanz des Euro-Systems auf der Aktivseite Gold und Goldforderungen in Höhe von 176,4 Milliarden Euro und an erster Stelle der Passiva ein Banknotenumlauf von 609,7 Milliarden. Bei den damaligen Goldpreisen reichte das bequem für eine 25-Prozent-Dekkung der in Euroland zirkulierenden Banknoten. Noch komfortabler wäre das Verhältnis, wenn die Notenbanken des Euro-Systems den Goldpreis auf einem realistischen Niveau (z. B. bei 1000 Dollar oder 850 Euro je Unze) fixieren und sich verpflichten würden, das Metall zu diesem Preis anzukaufen. Damit könnten sie ihre Dollar-Reserven abbauen oder Euros gegen Gold emittieren. Daß die USA im Internationalen Währungsfonds eine Klausel durchgesetzt haben, die eine solche Goldbindung verbietet, muß kein besonderes Hindernis sein. Sie müßte eben gestrichen werden. Bekanntlich war die Schweiz das letzte Land, das die Golddeckung seiner Währung abgeschafft hat. Immerhin hatte das Europäische Währungsinstitut, der Vorläufer der 1998 gegründeten EZB, eine Arbeitsgruppe eingerichtet, in der eine Goldbindung des Euros untersucht und erwogen wurde. Der Vertreter der Deutschen Bank war damals dafür. Die Arbeitsgruppe tagte nicht öffentlich. Warum sie den Vorschlag letztlich verwarf, wurde nie bekannt.

Kapitel VI

Das Gold der Deutschen

Von der Goldwährung zur D-Mark. Was die Bundesregierung verschweigt und warum New York der falsche Platz ist für die deutschen Goldreserven

Die Feststellung, daß die Menschen nur selten aus der Geschichte lernen, ist ebenso richtig wie die Empfehlung, daß sie es immer wieder versuchen sollten. Das gilt für die Börse und die Finanzmärkte nicht weniger als für die politische Geschichte. Und es ist fatal, daß sich der Geschichtsunterricht an deutschen Schulen und der Diskurs der Meinungsmacher vorzugsweise mit zwölf Jahren unserer Vergangenheit beschäftigt. Daraus resultiert negatives Denken. Das schwächt die Kraft, die gebraucht wird, um die Zukunft zu bewältigen.

Zwiespältig ist denn auch das Bild, das wir uns von der Epoche machen, in der Deutschland eine Goldwährung hatte – die Epoche von 1871 bis 1914. Die tonangebenden Kreise sehen im Kaiserreich einen von Untertanen bevölkerten Obrigkeitsstaat, dem es an Demokratie und Freiheit mangelte. Und sie behaupten, das damalige Währungssystem habe deflatorisch gewirkt und sei anfällig gewesen für Wirtschaftskrisen. Im Volk hingegen hat sich eine, wenngleich schwindende Erinnerung an die gute, alte Zeit bewahrt. Was ist richtig? Hat sich der damalige Goldstandard bewährt oder nicht? War er vielleicht sogar dem heutigen Papiergeldsystem überlegen? War das Reich das bessere Deutschland?

Die Fragen sind auch insofern interessant, als die heutzutage oft beklagte Globalisierung kein neues Phänomen ist. Schon das Kaiserreich mußte sich den Anforderungen einer globalisierten Weltwirtschaft stellen. Schon damals herrschte Freiheit des Kapitalverkehrs, wurde nach Übersee exportiert, waren Firmen wie Siemens in aller Welt tätig, wurde in Amerika und Asien investiert, drängten billige Importe – z. B. Weizen aus den USA – auf den deutschen Markt und unterboten hier die Preise.

Der Anteil der deutschen Exporte, der in die USA, nach Europa und in die restlichen Regionen ging, war kaum anders als die heutige Struktur der Ausfuhren. Bis dann die Globalisierung des ausgehenden 19. und beginnenden 20. Jahrhunderts durch die beiden Weltkriege abrupt beendet wurde – für lange Zeit, eigentlich bis zum Ende des Kalten Krieges zwischen West und Ost.

Verglichen mit der aktuellen Bildungsmisere der Bundesrepublik, dem Geburtendefizit, der Arbeitslosigkeit, der weitverbreiteten Korruption, der Selbstentmachtung des Parlaments, der drückenden Steuerlast, der gewaltigen Staatsverschuldung und den seit Jahren stagnierenden Reallöhnen schneidet das Kaiserreich glänzend ab. Aber auch, wenn man das damalige Deutschland mit seinen Nachbarn vergleicht.

Professor Dr. David Nachmansohn, Mitglied der Kaiser-Wilhelm-Gesellschaft, die an der Spitze der Wissenschaftsförderung stand, schrieb 1982 von New York aus: »Der gewaltige Aufstieg der deutschen Wissenschaft und Technik in den letzten drei Jahrzehnten des 19. Jahrhunderts und in den ersten drei Jahrzehnten des 20. Jahrhunderts verwandelte Deutschland aus einem relativ mittellosen und in vieler Hinsicht rückständigen Land in eine der größten Mächte der Erde. Das Ergebnis war eine Umwälzung von noch nie dagewesenen Ausmaßen. Wir sind Zeugen einer neuen Ära der Geschichte der Menschheit. Im Jahre 1840 war das Land von Armut, Elend, Hunger und Krankheit geplagt. 1910 war Deutschland mit einer Bevölkerung von rund 70 Millionen ein reiches Land mit einer hochgebildeten Mittelklasse und einer Arbeiterklasse, die bessere Lebensbedingungen und fortschrittlichere soziale Einrichtungen besaß als die entsprechenden Bevölkerungsschichten in Frankreich und England.«

Alle Fakten belegen diesen Befund. Im Jahr 1900 betrug der Anteil der Analphabeten an der Bevölkerung in Deutschland 0,9 Prozent, in England 9,6 Prozent, in Frankreich zehn Prozent und in den USA zwölf Prozent. Im Kaiserreich lag der Sockel der Arbeitslosigkeit zwischen ein und zwei Prozent, in England und Frankreich bei einem Vielfachen. Auf Deutschland entfielen 20 Nobelpreise für Medizin und Naturwissenschaften, auf England acht, auf Frankreich sieben und auf die USA zwei. In Deutschland wurden 1908 1,69 Mark pro Kopf für Sozialleistungen ausgegeben, in Frankreich 0,27 und in England 0,07 Mark. Deutsch war die internationale Wissenschaftssprache, Deutschland war Weltspitze auf den Hightech-Gebieten Optik, Elektro- und Spezialmaschinenbau. Die deutsche Chemie und Pharmazie hatte 87 Prozent des Weltmarktes erobert. Nur bei den Rüstungsausgaben pro Kopf der Bevölkerung lag das Reich weit hinter England oder Frankreich.

Auch im Vergleich mit der heutigen Bundesrepublik kommt das Kaiserreich auf Traumwerte. In den Jahren vor Kriegsausbruch machte der Staatsanteil am Sozialprodukt 14 Prozent aus, heute sind es 50 Prozent. 1913 betrug die Belastung mit direkten und indirekten Steuern pro Kopf 54,62 Mark – in Euro und kaufkraftbereinigt ist sie seitdem auf das 20fache gestiegen. Die Staatsschulden beliefen sich 1912 auf 20,5 Milliarden Mark bzw. 310 Mark je Einwohner, wobei fast die Hälfte auf die Schulden der Eisenbahn entfielen. (Gemessen an der Kaufkraft entsprach eine Goldmark etwa zehn Euro.)

Da bekommt man eine Vorstellung davon, wie schlank dieser Staat war (auch gemessen an der ungleich geringeren Zahl an Beamten), wie effizient er arbeitete, wie sparsam die öffentlichen Mittel eingesetzt wurden, wie gering die Zumutungen der politischen Klasse waren. Und man muß sich fragen, ob die Deutschen heute freier leben. Denn die Möglichkeit, selbst verdientes Geld selbst ausgeben zu können, anstatt es dem Fiskus abzuliefern, ist immer ein wesentliches Stück Freiheit.

Die obigen Zahlen sind dem anregenden Büchlein des Privatbankiers Ehrhardt Bödecker *Preußen und die Marktwirtschaft* entnommen. Er lebt jetzt im Ruhestand und hat in Wustrau ein Brandenburg-Preußen-Museum eröffnet. Er hält das Kaiserreich für den »Höhepunkt« der jüngeren deutschen Geschichte.

Aus all dem folgt noch nicht unbedingt, daß wirtschaftlicher Aufschwung, öffentliche und private Moral, steigender Wohlstand und solide Staatsfinanzen primär dem Goldstandard zu verdanken waren. Es wäre ja auch denkbar, daß die Goldwährung vor 1914 nur deswegen funktionierte, weil die vorherrschende Philosophie eine andere war, weil sich der Staat zurücknahm, weil die Selbstverantwortung noch nicht dem Anspruchsdenken Platz gemacht hatte, weil Staat und Gesellschaft getrennt blieben. Es stimmt, daß der Goldstandard ebenso einen bestimmten Zeitgeist voraussetzt, wie er diesen verstärkt.

Tatsache ist jedenfalls, daß sich beide deutsche Wirtschaftswunder auf der Grundlage einer stabilen Währung entfaltet haben – vor 1914 im Zeichen des Goldstandards und zu Zeiten Ludwig Erhards unter einem internationalen Währungssystem mit festen Wechselkursen und einer modifizierten Goldbindung.

Kritiker des Goldstandards behaupten, er sei krisenanfällig gewesen, habe Arbeitslosigkeit und Deflation bewirkt. Das ist so nicht richtig. Selbstverständlich verlief auch die Konjunktur vor 1914 zyklisch. Die Jahre unmittelbar nach der Reichsgründung 1871 waren wirtschaftlich nicht ohne Probleme. Nur verschwanden diese ungleich schneller als nach der Wiedervereinigung 1989. Es gab Kredit-, Wirtschafts- und Börsenzyklen. Sie konnten heftig ausfallen (besonders in den 1870er Jahren), waren aber von relativ kurzer Dauer. Und – das ist der entscheidende Unterschied zum gegenwärtigen Papiergeldsystem – sie betrafen mehr den Finanzsektor als die reale Wirtschaft.

Wir haben uns längst daran gewöhnt, daß die Aktienkurse eines Unternehmens steigen, wenn Mitarbeiter entlassen werden, daß die Börse auch bei hoher Arbeitslosigkeit floriert. Bis 1914 war das umgekehrt. 1873, als die sogenannte Gründerzeit endete, gingen die Börsenkurse auf Talfahrt. Bis 1877 sank der Index erstklassiger Aktien von 200 auf 80, ein auch unter modernen Verhältnissen gewaltiger Absturz. Nur: Anschließend bewegten sich die Kurse bis zum Kriegsausbruch 1914 unter Schwankungen nur noch aufwärts. Und sie gaben immer dann vorübergehend nach, wenn die Arbeitslosigkeit einmal zunahm. Und sie stiegen wieder, wenn die Arbeitslosigkeit in Richtung ein bis zwei Prozent zurückging.

Der Historiker Michael Stürmer hat in seinem Band über das Kaiserreich (Deutsche Geschichte bei Siedler) zurecht darauf hingewiesen, daß sich der Konjunktureinbruch der Jahre 1873 bis 1879 mehr im Kreditbereich und bei den Unternehmensgewinnen abspielte als in der Produktion. Insgesamt stiegen die Reallöhne von der Reichsgründung bis 1914, nur kurzfristig unterbrochen in den 1870er Jahren, stetig an. Bei den Nominallöhnen war der Trend kaum anders, denn die Geldentwertung blieb – dank Goldstandard – unerheblich.

Zwischen 1875 und 1880 sanken die Preise, dann stiegen sie wieder leicht an. Um 1900 lag der Index der Lebenshaltungskosten nur minimal über dem Stand von 1871. Bis 1914 beschleunigte sich die Geldentwertung, wobei aber die nominalen Löhne deutlich stärker zunahmen. 1871 verdienten die Arbeitnehmer in der Industrie, dem Handel und dem Verkehrswesen (nach Preisen von 1895) real 466 Mark im Jahr. 1913 waren es 834 Mark. Nach dem Stand vom 1. Oktober 1882 betrug in München die Monatsmiete für eine Familienwohnung mit zwei heizbaren Räumen 15 Mark.

Ein anderer Vergleich: In beiden Wirtschaftswunderzeiten, also auch in den 60er Jahren des 20. Jahrhunderts, konnte ein alleinverdienender Facharbeiter eine mehrköpfige Familie ernähren, heute ist das kaum noch möglich. Soviel zum Thema soziale Gerechtigkeit. Vielleicht liegt darin eine Erklärung für den Zusammenbruch der Geburtenrate in Deutschland, der in den nächsten Jahrzehnten unweigerlich zum Ruin des Rentensystems führen wird.

Um es zu wiederholen: Der Goldstandard hat die Konjunkturzyklen nicht aufgehoben, er hat aber die Produktion und damit die Realwirtschaft weniger beeinträchtigt. Er ging auf Kosten der Spekulation und der Finanzindustrie, weil Kredit und Geldmenge nicht beliebig vermehrbar waren, weil Exzesse jeweils schnell korrigiert wurden. Verständlich also, daß unsere zeitgenössischen Finanzjongleure und Firmenjäger von einer Goldwährung nichts halten und das Papiergeldsystem mit seinen nahezu unbeschränkten Möglichkeiten der Geldschöpfung bevorzugen. Verständlich auch, daß die politische Klasse die Möglichkeit, Schulden machen und Wähler kaufen zu können, über alles schätzt.

Wann das Deutsche Kaiserreich zur Goldwährung überging, läßt sich nicht so genau datieren. Die Geldreform vollzog sich in Schritten, und sie verlief nicht ohne Schwierigkeiten. Die Probleme hatten vor allem damit zu tun, daß weitaus mehr Silber als Gold in Umlauf war und daß das benötigte Gold erst noch besorgt werden mußte, vor allem in London. Zum Zeitpunkt der Reichsgründung 1871 belief sich der Metallgeldvorrat in Deutschland nach einer Schätzung von Kurt Helfferich auf nicht mehr als knapp zwei Milliarden Mark. Davon entfielen vier Prozent auf inländische, zwölf Prozent auf ausländische Goldmünzen und 82 Prozent auf Silbermünzen.

Im Gesetz über die Ausprägung von Reichsgoldmünzen vom Oktober 1871 wurde eine Standardmünze festgelegt, deren zehnter Teil, die Mark, als neue Recheneinheit im Reich fungieren sollte. Das in der Lateinischen Münzunion seit 1865 geltende Wertverhältnis zwischen Gold und Silber (1 zu 15,5) wurde übernommen. Damit entsprach ein Taler Silber drei Mark Gold, ein Gulden 1,71 Mark und 1395 Mark einem Pfund Gold. Für die Bevölkerung war die Umrechnung erheblich komplizierter als beim Übergang von der D-Mark zum Euro.

Ein weiteres Münzgesetz wurde am 9. Juli 1873 verabschiedet. Danach sollten künftig neben den Reichsgoldmünzen auch Reichssilbermünzen sowie Scheidemünzen aus Kupfer und Nickel umlaufen. Die alten Landesmünzen in Silber und Gold blieben zunächst im Verkehr, weil sie aus praktischen Gründen nicht in kurzer Zeit eingeschmolzen werden konnten. Die Silbertaler fungierten sogar bis 1907 als gesetzliche Zahlungsmittel. Ein Großteil der zahlreichen anderen in- und ausländischen Münzen, die zunächst noch in Deutschland kursierten, wurde bis 1875 aufgerufen und aus dem Verkehr gezogen.

Das Preisverhältnis zwischen Gold und Silber, das die heutigen Anleger immer noch fasziniert und das immer noch Anlaß zu allen möglichen Theorien gibt, war im 19. Jahrhundert das Währungsproblem Nummer eins. Die meisten deutschen Territorien, außer Bremen, hatten lange Zeit Silbergeld benutzt. Frankreich hielt zunächst an seiner Doppelwährung, also an Gold und Silber, fest. Großbritannien hatte sich bereits 1816 endgültig für die Goldwährung entschieden. China blieb noch lange beim Silber. Daß sich Gold in der zweiten Hälfte des Jahrhunderts in Europa und schließlich auch in den USA gegen Silber durchsetzte, lag nicht zuletzt daran, daß der Transport von Gold und damit der Zahlungsverkehr in Gold allein aus Gewichtsgründen bequemer waren.

In einer Ära fester Wechselkurse mußte selbstverständlich auch das Preisverhältnis von Gold zu Silber fixiert werden. Als Frankreich 1803 den Napoleon d'or herausgab, für lange Zeit ein Favorit französischer Investoren, wurde ein Verhältnis von 1 zu 15,5 dekretiert. Der US-Kongreß beschloß 1837 ein Verhältnis von 1 zu 16. 1886, als das bimetallische System schon zusammengebrochen war, wurden am freien Markt in London 22 Unzen Silber für eine Unze Gold gezahlt.

Die sich beschleunigende und weltweite Silberabwertung, die in der Depression der 1930er Jahre ein extremes Verhältnis von 1 zu 100 erreichte, ging hauptsächlich auf die deutsche Entscheidung gegen den Bimetallismus zurück. Am 3. Juli 1871 hatte die preußische Regierung den freien Silberankauf durch die Preußische Münze beendet. Bis 1879 hatte das Reich etwa 3,75 Millionen Kilogramm demonetisiert – eine beachtliche Menge, wenn man bedenkt, daß die Weltproduktion damals auf wenig mehr als zwei Millionen Kilo geschätzt wurde. Mit den Verkäufen am Weltmarkt wurde die Deutsche Bank beauftragt. Auch nach 1879, als Berlin die Silberverkäufe suspendierte, fiel der Preis weiter. Er lag Anfang der 1890er Jahre nur noch bei 43 Prozent des Standes von 1879. Neben der Demonetisierung spielte auch die wachsende Silberförderung eine große Rolle. Zu Beginn des neuen Jahrhunderts kostete die Unze nur noch 20 bis 24 Pence und lag damit auf dem Niveau der Produktionskosten.

Fallende Silberpreise bewirkten automatisch eine Abwertung der Silberwährungen in Zentral- und Südamerika und in Indien, und dies tangierte selbstverständlich die Handelspartner dieser Länder, vor allem die USA und Großbritannien. In den USA wie auch in Deutschland agitierten die Silberanhänger für den Bimetallismus und gegen eine reine Goldwährung, weil sie auf eine weniger strenge Währungsordnung, auf leichteres Geld, auf mehr Inflation und auf eine Abwertung der Schulden hofften. Wie man sieht, sind der Wunsch nach mehr Liquidität und der Widerwille gegen knappes Geld (das war damals Gold im Vergleich zu Silber) alles andere als neu.

Auch der Reichstag hat mehr als einmal über die Silberfrage und den Bimetallismus diskutiert. Erstaunlicherweise waren es damals die Konservativen und die Vertreter der

Agrarinteressen, die sich für Silber erwärmten, und die Sozialisten, die hinter der Goldwährung standen – als hätten sie geahnt, daß wertbeständiges Geld zuallererst dem kleinen Mann zugute kommt. Schließlich konnten sich die Reichen leichter vor der Inflation schützen. In der Hyperinflation der 1920er Jahre wurden einerseits Sparguthaben vernichtet, andererseits wurden von denen, die das Spiel durchschauten, neue Vermögen angehäuft. Ein bißchen vergleichbar ist das mit der zügellosen Geldmengenausweitung seit der Ära Greenspan: In den USA explodierten die Einkommen des Finanzsektors, die Reichen wurden sehr viel reicher, während die realen Einkommen der Arbeitnehmer stagnierten. Erheblich moderater, aber nicht grundsätzlich anders verlief die Entwicklung in Deutschland. Heute sind es allerdings die Sozialdemokraten, die gerne inflationieren und Schulden machen und den Goldschatz der Bundesbank am liebsten verschleudern würden, während die CDU eher bremst und die CSU den bayerischen Staatshaushalt weitgehend saniert hat.

Als Hinweis für die Genossen in Berlin, die ständig nach den Goldreserven der Deutschen Bundesbank schielen, folgendes Zitat aus der Parteizeitung *Vorwärts* vom 19. Juni 1896: »Die deutsche Arbeiterklasse und ihre politische Vertretung, die Sozialdemokratie, wird darum in den entbrannten Währungskämpfen immer auf Seiten der Goldwährung zu finden sein.« Und dies zu einer Zeit, als im Reichstag diejenigen Parteien, die in der Goldwährung die Ursache für konjunkturelle Einbrüche sahen, die Mehrheit innehatten. Mit der monetären Expansion ab 1895, die dann auch steigende Preise zur Folge hatte, verstummte die Kritik allmählich.

Was machte eigentlich den Goldstandard aus?

Zweierlei: Im Außenverhältnis waren die europäischen Währungen gegeneinander fixiert, denn jede Währungseinheit war in Gold definiert, und Defizite sowie Überschüsse in der Handelsbilanz wurden durch Abfluß oder Zufluß von Gold ausgeglichen. Keiner konnte dauerhaft auf Kosten anderer leben und seine Defizite mit Papiergeld begleichen. Insofern funktionierte der Goldstandard nicht grundsätzlich anders als das System fester Wechselkurse nach dem Zweiten Weltkrieg. Damals war die D-Mark fest an den Dollar gebunden und dieser fest an Gold. Die Unze war bei 35 Dollar fixiert.

Zwar dienten schon nach dem Ersten Weltkrieg auch Devisen neben dem Gold als Währungsreserve, aber von Staat zu Staat konnten die Zahlungsbilanzen prinzipiell auch in Gold ausgeglichen werden. So war es möglich, daß Frankreich unter de Gaulle Goldreserven auf Kosten der USA anhäufte. Und so wuchsen auch die deutschen Goldreserven in den 1950er Jahren, als es der Bundesrepublik überraschend schnell gelang, im Außenhandel Überschüsse zu erzielen.

Darüber hinaus gehört es zu einer Goldwährung, daß die Bürger die Banknoten, die ja auf eine bestimmte Menge Gold lauten, bei der Notenbank präsentieren und in Gold eintauschen können. Das war der Fall in England ab 1821, nachdem die Goldeinlösung wegen der Napoleonischen Kriege für längere Zeit suspendiert worden war. Und so war es im Deutschen Reich seit Juli 1875, als die Preußische Bank und später die Reichsbank damit begannen, ihre Noten auf Verlangen in Gold auszubezahlen (und nicht etwa in Silber).

Vollständig und de jure wurde der Goldstandard erst mit dem Münzgesetz vom 1. Juni 1909 verwirklicht, de facto mit Einschränkungen freilich schon 1873. Nachdem die neue Reichswährung 1874 und 1875 nach und nach von allen Bundesländern außer Bayern eingeführt worden war, wurde sie zum 1. Januar 1876 vom Kaiser für das ganze Reich in Kraft gesetzt. Ebenfalls 1876 nahm die Reichsbank ihre Arbeit auf.

Daraus wird ersichtlich, daß eine Edelmetallwährung auch von alleine funktioniert, daß sie kein staatliches Geldmonopol benötigt, daß nicht einmal eine Zentralbank unbedingt erforderlich ist. Wir können uns heute schwer vorstellen, daß ein freies Bankwesen nicht nur theoretisch möglich ist, sondern daß es lange Zeit auch existiert hat. Banknoten, die auf Gold lauten, können durchaus auch von privaten Instituten ausgegeben werden. Dazu benötigt man keine Zentralbank.

In Deutschland konkurrierten – wie in den USA bis unmittelbar vor dem Ersten Weltkrieg – zahlreiche nichtstaatliche Notenbanken miteinander, bis dann im Norddeutschen Bund das Recht der Notenemission an staatliche Auflagen gebunden wurde. Damit verschwanden die Privatnotenbanken immer noch nicht. Sie wurden erst zum 31. Dezember 1935 endgültig abgeschafft. Sie paßten nicht in eine Diktatur.

Es war auch keineswegs so, daß alle von der Reichsbank emittierten Banknoten durch Gold gedeckt waren. Die Golddeckung betrug in der Regel ein Drittel, war aber in der Praxis flexibel. Die Deckung des Notenumlaufs im Reich schwankte, gemessen an den Extremwerten, zwischen 27,9 Prozent im Jahr 1881 und 65,2 Prozent im Jahr 1888. Die Weltmacht England erreichte einmal, nämlich 1896, sogar eine Deckung von 166,6 Prozent. Dänemark entschied sich 1907 für eine Dritteldeckung, die Schweiz übernahm die 40-Prozent-Dekkung der Niederlande und blieb länger dabei als jede andere Nation.

Auch der Goldstandard setzte voraus, daß nicht alle zur gleichen Zeit das gleiche taten. Die Geldbesitzer mußten eine Fiktion für Realität halten – nämlich die Fiktion, daß alle Banknoten jederzeit einlösbar waren. Immerhin war die Annahme richtig, daß dies unter normalen Umständen nie eintreten würde. Ein Weltkrieg war kein normaler Umstand. Die Goldwährung war nicht für große und lange Kriege gemacht. Als der Konflikt 1914 ausbrach, wurde überall in Europa die Goldeinlösung suspendiert. Die Regierungen hatten keine andere Wahl. Die einzige Alternative hätte darin bestanden, auf den Krieg zu verzichten.

Erstaunlich in der Rückschau ist, mit wie wenig Geld und Gold die Staaten im 19. Jahrhundert auskamen. Die brauchbarste Übersicht finden wir in einer Publikation des *World*

Gold Council mit dem Titel *Central Bank Gold Reserves*, die 1999 von Timothy Green zusammengestellt wurde. Danach besaß die Reichsbank im Kaiserreich nie auch nur annähernd soviel Gold wie die Deutsche Bundesbank. 1875, unmittelbar bevor die Reichsbank ihre Arbeit aufnahm, betrugen die deutschen Goldreserven nur 45 Tonnen. 1895 waren es schon mehr als 200 Tonnen und 1915, mitten im Krieg, beachtliche 876 Tonnen. Der Zuwachs erklärt sich daraus, daß zum 31. Juli 1914 die Goldeinlösungspflicht aufgehoben wurde, daß kein Gold mehr ins Ausland ausgeführt werden durfte, daß die damals noch sehr patriotischen Bürger in großer Zahl dem Aufruf folgten, ihr Gold abzuliefern, um den Krieg zu finanzieren, und daß deswegen die Reichsbank erhebliche Mengen aufkaufen konnte. Die Deutschen gaben Gold für Eisen, der Krieg ging dennoch verloren. Das Papiergeld, das sie für ihr Gold kassierten, wurde 1923 wertlos. Sie hätten die Goldmünzen besser behalten.

Die Entwicklung der internationalen Goldreserven in der Zwischenkriegszeit vermittelt einen guten Eindruck von der Machtverschiebung zugunsten der Vereinigten Staaten. Deren Reserven waren noch im 19. Jahrhundert kleiner als die deutschen, beliefen sich aber bereits im Jahr 1900 auf 602 Tonnen, 1925 fast auf 6000 Tonnen, 1940, vor dem Kriegseintritt, auf knapp 20 000 Tonnen und nach dem Krieg auf nahezu 22 000 Tonnen. Das war das Maximum. Nie hat ein anderer Staat soviel besessen. Die Amerikaner, seit dem Ersten Weltkrieg die Gläubiger Europas, schwammen in Gold.

Diese Zahlen müssen in Relation zur Goldproduktion gesetzt werden. Das 19. Jahrhundert begann mit einer kaum nennenswerten weltweiten Goldförderung von schätzungsweise 600 000 Unzen. Das waren nicht einmal 19 Tonnen. 1850, nach massiven Produktionssteigerungen in Brasilien und Rußland, waren es schon 137 Tonnen. Und im Jahre 1900 wurden 385 Tonnen gefördert, obwohl damals gerade die südafrikanischen Bergwerke wegen des Burenkrieges geschlossen waren. Die Vorkommen am Witwatersrand, die größten der Welt, waren 1886 entdeckt worden. Das südafrikanische Gold war der eigentliche Grund für den britischen Vernichtungskrieg gegen die Buren.

Überhaupt war die Epoche des Goldstandards eine Zeit der großen Goldfunde. Wer Gold schürfte, grub Geld aus. 1848 fand ein gewisser James Marshall Gold bei Sutter's Mill am Sacramento River in Kalifornien und löste damit den ersten großen amerikanischen Gold Rush aus. 1851 wurde Gold in Bendigo und Ballarat entdeckt – zwei australische Minen, die heute wieder aktiv sind. 1877 eröffnete *Homestake*, die inzwischen von *Barrick* übernommen wurde, ihre Mine in South Dakota. 1893 folgte Kalgoorlie in Australien, 1896 machten sich Tausende von Glücksrittern zum Yukon in Kanada auf. Insgesamt wurde in der zweiten Hälfte des 19. Jahrhundert zehnmal soviel Gold aus der Erde gegraben und gekratzt wie in der ersten Hälfte. Das erleichterte den Übergang zum Goldstandard. 1897 führte sogar Japan eine Goldwährung ein.

Daß sich Deutschland, noch in der Mitte des Jahrhunderts ein bitterarmes Land, die Goldwährung überhaupt leisten konnte, wird oft mit den Reparationen in Verbindung gebracht, die Frankreich nach der Niederlage 1871 auferlegt wurden. Sie beliefen sich auf 5,6 Milliarden Goldfranken, umgerechnet 4,46 Milliarden Goldmark. Die Franzosen zahlten umgehend, allerdings nur einen kleinen Teil davon in Gold. 4,3 Milliarden Franc gingen in Form von Wechseln nach Berlin, und damit (sowie mit dem Erlös aus den deutschen Silberverkäufen) wurde Gold vor allem in London gekauft.

Da der Mechanismus des Goldstandards auch unter Volkswirten weitgehend unbekannt ist, hält sich hartnäckig die Behauptung, er sei unter modernen Verhältnissen nicht praktikabel und erlaube keine dem Wirtschaftswachstum angemessene Kreditausweitung. Das stimmt so nicht. Zwar kann die Entwicklung der Geldmenge vor 1914 nur grob geschätzt werden, weil die Statistiken fehlen. Die Geldmenge war kein Thema für die Zentralbanken, weil in Friedenszeiten auch die Inflation kein Thema war. Mit Ursachen und Symptomen einer Krankheit befaßt man sich schließlich auch nur dann, wenn die Krankheit erst einmal entdeckt wurde. Unter dem Goldstandard konnten die Preise schwanken, sie pendelten sich aber immer wieder ein. Die folgenden Angaben sind in der Wissenschaft nicht unumstritten, sie sind aber die bestmöglichen. Sie stammen aus der Veröffentlichung der Deutschen Bundesbank *Währung und Wirtschaft in Deutschland 1876–1975*.

Danach war der Umlauf von Goldmünzen in den 1870er und 1880er Jahren zeitweise rückläufig. Er konnte sich anschließend bis 1913 mehr als verdreifachen – auf knapp drei Milliarden Mark. Der Umlauf von Banknoten wiederum stieg bereits seit Ende der 1870er Jahre. 1913 entsprach er ziemlich genau dem Goldmünzenumlauf. Das waren insgesamt etwa sechs Milliarden Mark, und dazu kamen die Bankdepositen des Publikums, die 1913 doppelt soviel ausmachten. Daraus errechnet sich ein Geldvolumen von insgesamt 18 Milliarden. Auf zwei Drittel dieser Summe schätzt die Bundesbank das zusätzliche Giralgeldvolumen. Schlußfolgerung: »Im großen und ganzen haben sich die Expansion der Geldmenge und des Nettosozialproduktes recht gut entsprochen.«

Das ist der entscheidende Unterschied zum ungedeckten Papiergeld! Der Geldmantel war groß genug für das Wirtschaftswachstum und für eine bis dahin beispiellose Steigerung des Lebensstandards. Er war aber nie so groß, daß Überschußliquidität entstand, die von der realen Wirtschaft nicht benötigt wurde und die nur dem Finanzsektor und der Blasenbildung zugute gekommen wäre. Für Hedge-Fonds, Private Equity, für die Derivateinflation und für ähnliche Entartungen des Finanzkapitalismus war in diesem System kein Platz.

Was ebenfalls nicht akkomodiert wurde, war Geldentwertung als Dauerzustand. Der Index der Großhandelspreise lag 1913 – ungeachtet großer temporärer Schwankungen – wieder genau auf dem Niveau von Mitte der 1850er Jahre. Gemessen an den Verbraucherpreisen erwähnt Bödecker für den Zeitraum 1875 bis 1913 einen durchschnittlichen jährlichen Anstieg um 0,37 Prozent. Erreicht wurde das vor allem durch zwei Bestimmungen: Ein Drittel der Notenausgabe mußte, wie bereits erwähnt, in der Regel durch Gold gedeckt sein, der Rest durch gute diskontierte Wechsel mit einer Laufzeit von höchstens drei Monaten. Weil Gold einen realen Wert darstellt und nicht beliebig vermehrbar ist und weil die Wechsel einen direkten Bezug zur realen Wirtschaft hatten, konnte der Geldwert stabil bleiben.

Es kommt eben immer darauf an, gegen welche Sicherheiten Geld in Umlauf gebracht wird, wie solide die Bilanz einer Notenbank ist. Nach Kriegsende wurde die Hyperinflation erst dadurch möglich, daß die Zentralbank die Defizite des Reichshaushaltes finanzierte, d. h. Geld druckte, daß sie die Zinsen künstlich niedrig hielt und daß sie eine zu hohe Liquidität des Bankensektors tolerierte. Dazu kam eine enorme Beschleunigung der Umlaufgeschwindigkeit des Geldes.

Der paradoxe Effekt bestand darin, daß das Geld in der Hyperinflation knapp wurde. Während der Nominalwert des Geldumlaufs explodierte und die Druckmaschinen auf vollen Touren liefen, brach der Goldwert des Geldumlaufs (berechnet über den Dollar-Kurs) regelrecht zusammen. Der reale Geldumlauf schrumpfte zwischen 1919 und 1923 von über zehn Milliarden Goldmark auf wenige hundert Millionen im Monatsdurchschnitt – tageweise sogar auf unter hundert Millionen, und dies bei einem Volkseinkommen von etwa 25 Milliarden Goldmark.

Am 20. November 1923 entsprach

- 1 Goldmark 1 000 000 000 000 Papiermark,
- 1 Dollar 4 200 000 000 000 Papiermark.

Das waren 4,2 Billionen. Der geniale Einfall bestand 1923 darin, einfach die Nullen zu streichen. Die durch die Währungsreform umgestellte Mark kostete wieder 4,20 Dollar. Eine Billion Papiermark wurden umgestellt auf eine Reichsmark. Die gute, alte, goldgedeckte Mark war scheinbar wieder auferstanden.

Angesichts der schrecklichen Inflationserfahrung wurde nicht einmal die Goldbindung aufgegeben. Zwar wurden keine Goldmünzen mehr geprägt, und die neue Reichsmark war keine Goldumlaufwährung. Laut Bankgesetz vom 30. August 1924 (geändert am 8. Juli 1926) mußte der Notenumlauf immerhin zu 40 Prozent durch Gold und Devisen gedeckt sein. Diese Deckung durfte nur unter »ausnahmsweisen Umständen« unterschritten werden. Die Mark blieb gegen Gold fixiert. Die Reichsbank war verpflichtet, Barrengold zum festen Preis von 1392 Reichsmark für das Pfund fein gegen ihre Noten umzutauschen.

Deutschland hatte wieder eine trotz allem stabile Währung, und nach 1933 bemühte sich Reichsbankpräsident Hjalmar Schacht, der immer ein Anhänger des Goldstandards geblieben war, die Fassade der Geldwertstabilität aufrechtzuerhalten. Das gelang ihm durchaus. Für den oberflächlichen Beobachter sah es in den 1930er Jahren so aus, als ließen sich Wirtschaftswachstum, Vollbeschäftigung und stabiles Geld miteinander vereinbaren. Alle drei Ziele wurden dank Schacht tatsächlich erreicht, aber um den Preis planwirtschaftlicher Eingriffe in die Wirtschaft (bis hin zum Preisstop 1938) und um den Preis einer umfassenden Devisenzwangswirtschaft. Das war keine Dauerlösung, und es täuschte eine Stärke der Reichsmark vor, die sie im Grunde nicht besaß. Den Test der Konvertibilität, d. h. eines freien Devisenmarktes, hätte sie nicht bestanden.

Währenddessen bekamen auch die Amerikaner eine gehörige Dosis Sozialismus zu spüren. Roosevelt, der im selben Jahr wie Hitler an die Macht gekommen war, stoppte die

Goldexporte, beendete die Konvertibilität der Dollar-Noten in Gold und vergriff sich am Eigentum der Bürger. Die Amerikaner mußten ihre Goldmünzen beim Staat abliefern. Der Besitz von monetärem Gold wurde verboten. Die erzwungene Sammlung erbrachte 16 Millionen Unzen. Wie viele Amerikaner das Goldverbot mißachteten, ist bis heute umstritten. Am 31. Januar 1934 setzte Roosevelt den Goldpreis, der vor 1933 lange Zeit bei 20,67 Dollar je Unze fixiert war, auf 35 Dollar fest. Auch verglichen mit Deutschland war Roosevelts Wirtschaftspolitik alles andere als erfolgreich. Es ging nicht richtig aufwärts – bis der Weltkrieg ausbrach.

Auch im Dritten Reich mußten die Bürger unter Androhung schwerer Strafen ihr privates Gold abliefern. Es kam freilich erheblich weniger zusammen als in den Vereinigten Staaten, denn Deutschland war damals alles andere als ein reiches Land. Laut einer statistischen Übersicht der Bergier-Kommission (*Neue Zürcher Zeitung* vom 2. Dezember 1997) wurde im Reich und in den besetzten Gebieten privates Gold im Gegenwert von 71,8 Millionen Dollar eingezogen, und zwar im Rahmen der sogenannten »Vierjahresplan-Aktivitäten«.

Dazu kam Gold im Wert von 2,5 Millionen Dollar, das KZ-Opfern abgenommen wurde. Die Kommission unter Vorsitz von Jean-François Bergier war eingerichtet worden, um die in den USA erhobenen Vorwürfe zu untersuchen, die Schweiz habe sich während des Krieges an deutschem »Raubgold« bereichert. Tatsächlich wurde im Verlaufe des Weltkrieges an die Schweizerische Nationalbank Gold im Wert von 389,2 Millionen Dollar geliefert und an die Schweizer Geschäftsbanken im Wert von 61,2 Millionen. Damit bezahlte Berlin Waffen und Maschinen, die aus der Schweiz importiert wurden.

Gold floß aber auch über die Schweiz an andere deutsche Handelspartner, wie z. B. Schweden. Das Dritte Reich bezog sogar noch nach 1939 Gold aus Rußland. Damit bezahlte

Moskau für deutsche Exporte. Ein Teil des russischen Goldes wurde in der Schweiz umgeschmolzen und nach New York weitergeleitet, um (ebenfalls bis 1941) Rechnungen für deutsche Einfuhren aus den USA zu begleichen.

Anders als der Dollar wurde die Reichsmark (RM) auch nach 1933 nicht abgewertet. Die Goldparität wurde beibehalten, während Außenwirtschaft und Devisen immer stärker reguliert wurden. Schon das Kabinett Brüning hatte die Option einer Abwertung ausgeschlagen, obwohl 1931 Großbritannien zusammen mit anderen Ländern abgewertet hatte (gemeint ist: gegen Gold). Da Berlin nicht nachzog, implizierte die britische Abwertung eine Aufwertung der Reichsmark – ein denkbar schlechtes Rezept inmitten der Depression. Heinrich Irmler schreibt in dem bereits zitierten Band *Wirtschaft und Währung in Deutschland 1876–1975*:

»Aus der Rückschau erscheint es mir nicht zweifelhaft, daß die Entscheidung, den Goldgehalt der RM trotz des englischen Abgehens vom Goldstandard und erst recht nach dem gleichartigen US-amerikanischen Verhalten 1½ Jahre später, nicht zu reden vom Auseinanderfallen des Goldblocks 1936, unverändert zu lassen, falsch war und daß sie sich politisch wie wirtschaftlich verhängnisvoll ausgewirkt hat. Die Alternative, die hätte gewählt werden sollen, wäre die Abwertung der RM zusammen mit England und den Ländern des Sterlingblocks oder spätestens zusammen mit dem Dollar gewesen. Die Reparationsfrage mußte ohnehin politisch gelöst werden, das Hoover-Moratorium für die Reparationsschulden hatte im Juni 1931 bereits den Anfang hierzu gemacht.«

Warum die Reichsmark weder 1931 noch nach 1933 abgewertet wurde und damit gegenüber dem Gold stabil blieb, läßt sich dennoch erklären. Die Erinnerung an die vernichtende Inflation war noch frisch. Brüning wollte durchhalten, bis die Reparationen gestrichen waren. Und vor allem lautete ein Großteil der deutschen Auslandsschulden, mit denen die Reparationen bezahlt wurden, auf Pfund und Dollar. Durch die

Abwertung der beiden angelsächsischen Währungen verringerte sich entsprechend die Schuldenlast des Deutschen Reiches – ein willkommener Effekt, der verlorengegangen wäre, wenn auch die Reichsmark abgewertet hätte.

Die Kehrseite dieser Währungspolitik zeigte sich in der Abnahme der deutschen Gold- und Devisenreserven. Ende des Jahres 1933 betrug die Golddeckung der Reichsmark nur noch 10,9 Prozent. Und 1934, als der Gold- und Devisenbestand des Reiches auf einen Tiefstand von 77 Millionen Reichsmark zusammengeschrumpft war, mußte die Devisenfreigrenze für den Reiseverkehr auf zehn Reichsmark herabgesetzt werden. Im Zeitraum 1930 bis 1935 schmolzen die staatlichen Goldreserven von 794 auf 56 Tonnen zusammen.

Erst im Reichsbankgesetz vom 15. Juni 1939 wurde die de facto längst überholte Golddeckung auch de jure gestrichen. Das Gesetz gab dem Staat die Lizenz zum Gelddrucken. Es enthielt in Paragraph 1 die skurrile Formulierung: »Die Deutsche Reichsbank ist dem Führer und Reichskanzler unmittelbar unterstellt.« Zu diesem Zeitpunkt hatte Schacht, der die Inflationierung nicht mehr mitmachen wollte und während eines Essens äußerte, Deutschland sei unter die Verbrecher gefallen, bereits sein Amt niederlegen müssen.

Merkwürdigerweise hielt das Reichsbankgesetz von 1939 dennoch am festen Goldpreis fest. In Paragraph 14 wurde die Reichsbank verpflichtet, »an ihrem Sitz in Berlin Barrengold zum festen Satz von 2784 Reichsmark für 1 Kilogramm fein anzukaufen«. Weiter hieß es: »Die Deutsche Reichsbank gibt aus ihren verfügbaren Beständen Gold in Barren zum Preise von 2790 Reichsmark für 1 Kilogramm fein gegen Barzahlung ab, wenn ihr die Verwendung für volkswirtschaftlich gerechtfertigte Zwecke gewährleistet erscheint.«

Bei Kriegsausbruch konnte die Deutsche Reichsbank nur noch Goldreserven im Wert von 31,1 Millionen Dollar ausweisen. Dazu kamen allerdings die Goldreserven der Tschechoslowakei in ähnlicher Größenordnung und diejenigen

Österreichs, die mit 99 Millionen Dollar dreimal so groß wie die deutschen waren (vgl. *NZZ* vom 2. Dezember 1997). Während des Krieges wurden die Reserven aus den Beständen der besetzten Länder aufgefüllt. So wurden die belgischen Goldreserven, die bei der *Banque de France* lagen, als »Abschlagszahlung auf die Besatzungskosten« eingezogen. Und die Niederlande mußten einen »Kriegskostenbeitrag zum Kampf gegen den Bolschewismus« leisten.

Man darf bezweifeln, daß die Nationalsozialisten ihre Anti-Gold-Propaganda jemals selbst glaubten. Typisch für die offizielle Linie war die Ansprache des Reichsbankpräsidenten Walther Funk vom 30. März 1939, der erst im Januar das Amt von Schacht übernommen hatte. Die Währung, so behauptete Funk, sei niemals das Primäre, sondern »stets abhängig von der Kraft und Klugheit der Staatsführung und von der Gestaltung des Wirtschaftslebens«. Das stimmte damals nicht, das ist auch heute unrichtig. Auch ein reiches Land – siehe die USA seit den 1970er Jahren – kann eine schwache Währung haben. Die Stärke einer Währung beruht immer auf der Art ihrer Deckung bzw. auf ihrer Knappheit in Relation zu anderen Währungen und in Relation zum Sozialprodukt.

Im Februar und März 1945 wurde der größte Teil der deutschen Goldreserven in ein ehemaliges Salzbergwerk bei Merkers in Thüringen gebracht. Dort wurde es im April 1945 von den Amerikanern konfisziert. General Eisenhower stieg höchstpersönlich hinab, um die Beute in Augenschein zu nehmen. Nach Angaben der Bergier-Kommission wurde bei Kriegsende Gold im Wert von 198 Millionen Dollar sichergestellt. In eklatantem Widerspruch zur NS-Geldtheorie klagte Goebbels in seinem Tagebucheintrag vom 9. April 1945:

»Eine traurige Nachricht kommt über UP aus Mühlhausen in Thüringen. Dort sind in den Salzbergwerken unsere gesamten Goldreserven in Höhe von hundert Tonnen und dazu noch ungeheure Kunstschätze, u. a. die Nofretete, in die Hände der Amerikaner gefallen. Ich habe immer dagegen plädiert, daß Gold und die Kunstschätze von Berlin weggebracht würden; aber Funk hat sich trotz meiner Einwendungen nicht eines Besseren belehren lassen ... Nun haben sie in einer sträflichen Pflichtvergessenheit die wertvollsten Besitztümer des deutschen Volkes in die Hand des Feindes fallen lassen.«

Später wurde Gold an Belgien, Holland, die Tschechoslowakei und andere Länder restituiert. Die damit beauftragte, geheimnisumwitterte *Tripartite Gold Commission* wurde erst am 9. September 1998 offiziell in Paris aufgelöst. Die ungleich größere Kriegsbeute an Gold, Platin, Diamanten und Antiquitäten, die sich Japan in den eroberten asiatischen Ländern angeeignet hatte, wurde nach 1945 nicht zurückerstattet. Die Amerikaner kassierten das Gold und finanzierten damit während des Kalten Krieges verdeckte Operationen ihres Geheimdienstes CIA – ein schmutziges Geheimnis, das sie bis heute mit den Japanern teilen und das vielleicht auch erklärt, warum das besetzte Japan besser behandelt wurde als das niedergerungene Deutschland. Einen nicht genau definierbaren Schwarzmarkt für Gold hat es in den vergangenen Jahrzehnten immer gegeben. Offenbar wurde ein Teil davon aus dem Raubgold der Japaner gespeist. Versteckt wurde es vor Kriegsende unter Aufsicht von Angehörigen des Kaiserhauses vor allem in unzugänglichen Höhlen auf den Philippinen, die von den Japanern durch Sprengung versiegelt wurden, bevor die Arbeiter die unterirdischen Lager verlassen konnten. Wo sich die Verstecke befanden, wurde von amerikanischen Geheimdienstmitarbeitern durch Folter ermittelt. (Siehe dazu: Sterling & Peggy Seagrave, *Gold Warriors*)

Irgendwie hat es Japan nach der Niederlage nie geschafft, selbst größere Goldreserven anzuhäufen – falls man nicht unterstellt, daß ein Teil der Kriegsbeute immer noch in geheimen Depots schlummert. Beweise gibt es dafür nicht. Die Erklärung liegt wohl darin, daß der phänomenale wirtschaftliche Aufstieg Japans später einsetzte als der Deutschlands und daß es aus amerikanischer Sicht seit den 1970er Jahren nicht mehr erwünscht war, Handelsüberschüsse in Gold anzulegen.

Als Taiwan das einmal in den 1980er Jahren versuchte, reagierte Washington erbost. Wir dürfen annehmen, daß Japan ganz einfach die ihm von den USA zugedachte Rolle spielte – nämlich, die Schuldscheine der US-Regierung zu kaufen und damit den Dollar zu stützen. So kam es, daß Tokio 1970 nur 473 Tonnen Goldreserven meldete, 1980 nur 754 und daß sich an diesem Stand bis heute so gut wie nichts geändert hat. Die Reserven der Bank von Japan sind extrem dollarlastig, damit von schlechter Qualität und ohne nennenswerte Diversifikation. Im Grunde wurde die internationale Verteilung des Notenbankgoldes auf dem Stand der 1960er Jahre eingefroren. Der weitaus größte Teil liegt immer noch in Europa und den USA. Japan, China und die asiatischen Tigerstaaten haben einen enormen Nachholbedarf.

Die Bundesrepublik Deutschland begann, aus den dargelegten Gründen, bei Null und brachte es dank brillanter Exporterfolge bis 1968 auf einen Höchststand von 4034 Tonnen. Dies in der Amtszeit zweier Notenbankchefs, die beide im Direktorium der Reichsbank gesessen hatten und Anfang 1939 zusammen mit Schacht entlassen wurden: Wilhelm Vocke, ab 1948 Präsident des Direktoriums der Bank deutscher Länder, und Karl Blessing, Bundesbankpräsident von 1958 bis 1969, der mit seiner harten Geldpolitik das Prestige der Zentralbank überhaupt erst begründete.

Daß die Bundesbank nach Blessing einen Teil ihres Goldes und vor allem ihre überragende Machtstellung in Europa verlor, hatte vor allem mit der forcierten europäischen Integration zu tun. Ende der 1960er Jahre, als die US-Reserven in den Wirren des ersten Goldkrieges arg dezimiert waren, wurden sie noch einmal aufgestockt – aus deutschen Reserven und ironischerweise zu einem Zeitpunkt, da das US-Schatzamt unmißverständlich erklärte, es erwarte von anderen Zentralbanken, daß sie keine Goldkäufe mehr vornehmen würden.

Die Amerikaner setzten damals alles daran, daß der Goldpreis nicht stieg. Sie verteidigten den von Roosevelt dekretierten Goldpreis von 35 Dollar je Unze. Das hinderte sie freilich nicht daran, der Bundesbank für 500 Millionen Dollar Gold abzukaufen. Die Deutschen bekamen dafür Devisen. Offiziell wurde die merkwürdige Transaktion Anfang 1970 bestätigt (vgl. *NZZ* vom 12. Januar 1970). Dementsprechend sanken die Frankfurter Goldreserven bis Ende 1969 auf unter 4000 Tonnen, und die amerikanischen erhöhten sich vorübergehend auf über 10 000. Ab Ende 1970 wurden die US-Reserven wieder mit weniger als 10 000 Tonnen ausgewiesen, eine Marke, die nie wieder erreicht wurde, ganz zu schweigen vom Höchststand Ende der 1940er Jahre, der bei 22 000 Tonnen gelegen hatte. Und die deutschen Reserven stagnierten ab 1971 knapp über 3650 Tonnen – bis sie dann 1979 unvermittelt fielen.

1979 war das Jahr der Gründung des Europäischen Währungssystems (EWS). Die Bundesbank hatte ihren Beitrag in Form von Gold geleistet und dafür ECU bekommen. Das war die Abkürzung für »European Currency Unit«. Auf Betreiben von Giscard d'Estaing und Helmut Schmidt erblickte der ECU als europäisches Kunstgeld das Licht der Welt. Er setzte sich nicht durch. Ebensowenig von Dauer war der Wechselkursmechanismus (Exchange Rate Mechanism) des EWS, der den beteiligten Währungen zunächst eine Schwankungsbreite von 2,25 Prozent nach oben und unten erlaubte und später ab 1993 eine solche von 15 Prozent. Damit betrug die Bandbreite insgesamt 30 Prozent. Von festen Wechselkursen war das meilenweit entfernt. Weil der Wechselkursmechanismus nicht funktionierte und der »freiwillige« ECU nicht angenommen wurde, einigten sich Kohl und Mitterrand nach der deutschen Wiedervereinigung auf eine europäische Zwangswährung. Sie hieß schließlich Euro statt ECU.

Immerhin konnten sich die deutschen Goldreserven dank des Euros wieder erholen, und zwar von 2960 auf über

3400 Tonnen. Denn der Europäischen Zentralbank mußte weniger Gold zur Verfügung gestellt werden als dem inzwischen beerdigten EWS. So blieb der nationale Schatz – 274 708 Barren mit einem Gesamtgewicht von 3433 Tonnen – auch unter dem Euro-Regime erhalten: Gold als Lohn und Symbol des Wirtschaftswunders, Gold als eiserne Reserve Deutschlands für den Notfall, Gold als Objekt der Begierde für Politiker, umgeben von einem Staatsgeheimnis, das von Bundesregierung und Bundesbank gleichermaßen verteidigt wird.

Letzteres mußte auch der CDU-Bundestagsabgeordnete Martin Hohmann erfahren, als er im August 2002 eine Reihe von Fragen an die Parlamentarische Staatssekretärin im Bundesfinanzministerium, Dr. Barbara Hendricks, richtete. Am 22. August 2002 antwortete die Staatssekretärin, sagte aber nur das, was ohnehin öffentlich bekannt war. Den heiklen Fragen wich sie aus, oder sie gab irreführende Antworten. Dabei müßte Berlin eigentlich genau wissen, wie es um die deutschen Goldreserven steht. Denn das Grundkapital der Deutschen Bundesbank gehört allein dem Bund.

Korrekt war die Auskunft, daß sich der physische Goldbestand der Notenbank Ende Juli 2002 auf 110,8 Millionen Unzen Feingold oder 3446 Tonnen belief. Ende 1998 waren es noch 3701 Tonnen gewesen, wovon 232 Tonnen in der ersten Januarwoche 1999 (zeitgleich mit der Einführung des Euros als Buchgeld) an die Europäische Zentralbank übertragen wurden. Diese 232 Tonnen stehen seitdem in den Büchern der Bundesbank als Forderung in Euro, nicht etwa als Goldforderung. Außerdem flossen auch später kleinere Mengen ab, die zur Prägung von DM- und Euro-Goldmünzen verwendet wurden.

Soweit ging alles mit rechten Dingen zu. Was hingegen im dunkeln bleibt, ist, 1) wieviel genau vom deutschen Gold verliehen ist und 2) wo die deutschen Goldreserven liegen.

Zu Punkt 1 antwortete Dr. Hendricks am 22. August 2002: »Von diesem Gesamtbestand (von 3446 Tonnen) wird ein sehr geringer Teil im einstelligen Prozentbereich im Goldleihegeschäft eingesetzt. Das genaue Volumen kann von der Deutschen Bundesbank aus geschäftspolitischen Gründen nicht veröffentlicht werden.«

Eine seltsame Begründung. Warum sollte es der Geschäftspolitik der Bundesbank schaden, wenn sie diese Angaben macht? Nicht nur das: Würde die Bundesbank ebenso sorgfältig bilanzieren wie jede normale Aktiengesellschaft, dann müßte sie selbstverständlich zwischen Gold als greifbarem Eigentum und Goldforderungen unterscheiden und dies auch korrekt publizieren.

Was wir meinen, zeigt ein Vergleich älterer und neuerer Bundesbankbilanzen. Noch zum 31. Dezember 1998 stand an erster Stelle der Aktiva der Posten mit der Bezeichnung »Gold« mit einem Gegenwert von 17,1 Milliarden Mark. Das waren die bereits erwähnten 3701 Tonnen, die damals noch zu den Anschaffungskosten von 143,8065 DM pro Feinunze bewertet wurden. Dieses Gold war und ist der einzige nennenswerte Posten in der Bilanz, der keine Forderungen an Dritte darstellte und somit auch nicht notleidend werden kann. Gold kann bekanntlich nie pleite gehen.

Inzwischen nennt sich der erste Posten auf der Aktivseite nicht mehr »Gold«, sondern »Gold und Goldforderungen«. Hier werden zwei Positionen, die nicht im geringsten identisch sind, miteinander vermengt. Keine Aktiengesellschaft würde damit durchkommen. Denn Goldforderungen haben eine ganz andere Qualität als Goldbesitz. Manchmal sogar bekommt man das verliehene Gold nicht zurück. Genau dies widerfuhr vor vielen Jahren den Notenbanken Portugals und Polens, als deren Vertragspartner, das US-Haus *Drexel*, in Konkurs ging.

Der Verdacht liegt nahe, daß die Bundesbank mit dieser seltsamen Bilanzierungsmethode etwas verbergen will. Aber was? Erstens die Höhe der Ausleihungen, zweitens den Zeitpunkt. Wenn man beides wüßte, könnte man Rückschlüsse darauf ziehen, ob sich die Bundesbank an einem amerikanischen Komplott beteiligt hat: an dem Komplott, den Goldpreis tief zu halten, indem der Markt jahrelang mit Leihgold überschwemmt wurde.

Entsprechende Gerüchte kursieren seit langem in den USA. Es wurde auch der Verdacht geäußert, Washington hätte auf deutsches Gold zurückgegriffen, um damit am Markt zu intervenieren. Recherchiert wurde dies durch den amerikanischen Rechtsanwalt Reginald Howe und den Goldexperten James Turk, der herausgefunden hat, daß die Klassifizierung der amerikanischen Goldreserven mehrmals und ohne stichhaltige Begründung geändert wurde. Tatsächlich gibt es gravierende Ungereimtheiten in den offiziellen US-Goldstatistiken.

Die Auskunft der deutschen Staatssekretärin, wonach deutsche Goldreserven im einstelligen prozentualen Bereich verliehen wurden (also zwischen ein Prozent und neun Prozent), ist jedenfalls extrem vage. Frankfurter Goldhändler tippen seit langem auf etwa zehn Prozent. Mit dieser Menge kann man am Goldmarkt schon etwas bewegen. Aber einmal abgesehen vom Leihgold: Wo eigentlich befinden sich die nicht verliehenen Goldreserven der Deutschen Bundesbank?

Als Martin Hohmann eben dies von der Bundesregierung wissen wollte, erhielt er am 22. August 2002 folgende Antwort: »Die Deutsche Bundesbank hält einen großen Teil ihrer Goldbestände in eigenen Tresoren im Inland. Sie läßt allerdings auch Goldbestände an wichtigen Goldhandelsplätzen, wie z. B. London, von den dort ansässigen Zentralbanken, z. B. die *Bank of England*, verwahren. Dies hat sich historisch und marktbedingt so ergeben, weil die Deutsche Bundesbank das Gold an diesen Handelsplätzen übertragen bekam. Es macht aber auch aus betriebswirtschaftlichen Gründen Sinn, solange die Lagerung dort kostengünstiger ist als der Transport nach Deutschland und der Bau zusätzlicher Tresoranlagen.«

Eine Antwort, an der im wesentlichen nichts stimmt. Alle Insider, mit denen ich sprach, haben keinen Zweifel daran, daß der allergrößte Teil der deutschen Goldreserven in den USA liegt. Und zwar nicht in Fort Knox, wie oft kolportiert wird, sondern im Keller der *Federal Reserve Bank* in New York, also unter dem Straßenpflaster von Manhattan. Wenn wirklich ein »großer Teil« des deutschen Goldes in inländischen Tresoren läge, wie Dr. Hendricks behauptet, dann wäre dies eine, bisher unbemerkte, Sensation.

Offiziell hat die Bundesbank zur Lagerung des Goldes nie Angaben gemacht. Sie hat freilich einmal aus dem Nähkästchen geplaudert, und zwar gegenüber David Marsh, der von 1986 bis 1991 die einflußreichste Wirtschaftszeitung Europas, die englische *Financial Times*, in Deutschland als Korrespondent vertrat. Daß Marsh immer eine Vorzugsbehandlung genoß, erklärt sich daraus, daß die Bundesbank bei der Pflege ihres Mythos auf niemanden mehr angewiesen war als auf ausländische Blätter vom Kaliber der *Financial Times*.

1992 veröffentlichte Marsh sein Buch *Die Bundesbank – Geschäfte mit der Macht*, das bis heute ein Standardwerk ist. Auf Seite 82 erfahren wir folgendes über die damaligen 3701 Tonnen bzw. knapp 300 000 Barren à 12,5 Kilogramm: »Unter den führenden Zentralbanken mit Goldbesitz ist die Bundesbank die einzige, die nur einen kleinen Teil ihrer Goldbarren auf eigenem Gelände aufbewahrt. In den Tresorräumen in Frankfurt liegen nur etwa 80 Tonnen, d. h. knapp über zwei Prozent des Gesamtgoldes. Der Rest ist auf die Tresore anderer Zentralbanken, der *Federal Reserve Bank* in New York, der *Bank of England* und zu einem kleineren Teil auch der *Banque de France* verteilt.«

Marsh findet es bemerkenswert, daß die Bundesbank als »einzige« der führenden Zentralbanken so verfährt. Das ist es in der Tat. Weder die USA noch Frankreich noch England kämen auf die Idee, ihr Gold in Deutschland zu bunkern. Schon die Idee ist widersinnig, denn der einzigartige Vorzug des Goldes besteht ja darin, daß es keine Forderung an Dritte darstellt. Diesen Vorteil kann es aber nur voll ausspielen, wenn man es zuhause hat. Devisenreserven hingegen, einer der anderen großen Aktivposten in der Bundesbankbilanz, können im Kriegs- oder Krisenfall jederzeit gesperrt und im übrigen nach Belieben abgewertet werden. Deswegen sind die Barren im eigenen Keller durch nichts zu ersetzen.

David Marsh mutmaßte denn auch, die Bundesbank könne nach der Wiedervereinigung »mit gutem Grund darauf pochen, zumindest einen Teil des Goldes nach Frankfurt zu holen«. Ihm schwante aber schon 1992, daß die Deutschen dies nicht wagen würden. »Im Interesse guter Beziehungen zur internationalen Finanzwelt werden die großen Mengen von Goldbarren wahrscheinlich bleiben, wo sie sind.« An dieser Stelle verschwimmt die Diktion des Autors Marsh. Denn tangiert wären natürlich nicht die Beziehungen zur »internationalen Finanzwelt« (was ist das eigentlich?), sondern ganz konkret diejenigen zu den USA. Marsh wollte wohl sagen, daß die USA gegen die Überführung des Goldes nach Deutschland etwas einzuwenden hätten und daß sich die Bundesbank den amerikanischen Wünschen fügen würde.

Da kommt natürlich ein Verdacht auf. Warum legen die USA so großen Wert darauf, die deutschen Goldreserven bei sich zu haben? Ein Insider und früherer Abteilungsleiter im Bundeswirtschaftsministerium äußerte mir gegenüber: »Die Amerikaner betrachten das deutsche Gold als eine Art Pfand.« Er hätte auch sagen können: als eine Art Geisel für deutsches Wohlverhalten. Ein heikles Thema, dem der Bundesbankkenner Marsh elegant auswich. Zum Verständnis des Ganzen müssen wir zurückblenden auf das Wirtschaftswunder der 1950er und 1960er Jahre, auf die Exportüberschüsse, die sich damals in Gold verwandelten, auf die Besatzungskosten – und vor allem auf den berühmt-berüchtigten »Blessing-Brief«, der nie veröffentlicht wurde, mit dem aber jeder intime Kenner der Frankfurter Szene vertraut ist.

Wie bereits erwähnt, hatten sich die einmarschierenden Amerikaner 1945 des Reichsbankgoldes bemächtigt. Die D-Mark-Eröffnungsbilanz zum 21. Juni 1948 wies denn auch kein einziges Gramm Gold auf. Aber schon Ende 1958 konnte die erst ein Jahr zuvor gegründete Bundesbank eine Goldreserve im Wert von 11,1 Milliarden Mark melden! Dieses Gold war dank der hohen Exportüberschüsse im Rahmen der Europäischen Zahlungsunion (EZU) nach Deutschland geflossen.

Hierzu muß man wissen, daß Außenhandelsüberschüsse in der 1949 gegründeten EZU zu über 50 Prozent in Gold und Devisen beglichen wurden. Der Rest wurde als Kredit stehengelassen und kam den Ländern zugute, die Defizite hatten (anfangs war das Deutschland, später Frankreich). Die EZU war nichts anderes als ein Verrechnungs- und Beistandskreditsystem. Im Jahre 1958, als 14 westeuropäische Länder die Konvertibilität ihrer Währungen einführten, wurde sie überflüssig. Ein beachtlicher Teil der deutschen Goldreserven wurde demnach vor Gründung der Bundesbank im Jahre 1957 angehäuft. Ihr Vorläufer war die Bank deutscher Länder, deren Grundkapital vollständig im Besitz der elf Landeszentralbanken war.

Zurück zu Karl Blessing, der von 1958 bis Ende 1969 der Bundesbank vorstand. Zwischen ihm und der Bundesregierung existierte ein geheimes Verwaltungsabkommen, wonach die Bundesbank bei gewissen Kabinettssitzungen hinzugezogen wurde. Besonders gefragt war die Kooperation zwischen Frankfurt und Bonn, als Gold wieder einmal in den Mittelpunkt der Währungspolitik rückte und als die US-Regierung Ende der 1960er Jahre noch mehr Geld für die Stationierung ihrer Truppen in Deutschland verlangte.

Bonn war zahlungsunwillig, Resultat des amerikanischen Drucks war der bereits erwähnte »Blessing-Brief«. Darin sicherte der Bundesbankpräsident seinem Gegenüber bei der *Federal Reserve* die »Immobilisierung« der deutschen Goldreserven zu. Er versprach, daß die Bundesbank die Reserven nicht aus den USA abziehen werde, solange die USA Stützpunkte in Deutschland unterhalten. Dies war eine Konzession, auf die die Amerikaner allergrößten Wert legten.

Zum Hintergrund des »Blessing-Briefes« gehört auch, daß Frankreich unter de Gaulle die Dollar-Hegemonie offen herausforderte und tonnenweise Gold von New York nach Paris überführen ließ. Washington befürchtete zeitweise, die Deutschen könnten ebenso verfahren. In diesem Zusammenhang kam auch ein dezenter Hinweis aus Washington, daß Bonn doch am Verbleib amerikanischer Truppen in Westberlin interessiert sein müßte.

Was seit den 1990er Jahren mit dem deutschen Gold passiert ist, konnte unser Finanzdienst *G&M* trotz intensiver Recherchen nicht definitiv herausfinden. Auch im Goldhandel kursierten verschiedene Nachrichten und Gerüchte: In Frankfurt erfuhr *G&M*, daß die Bundesbank einen neuen Tresorraum gebaut hat. Dort könnte sie bei Bedarf mehr Gold als bisher einlagern. Möglich ist auch, daß die Bundesbank erheblich mehr als die oft zitierten zehn Prozent ihrer Reserven ausgeliehen hat. Der amerikanische Goldexperte James Turk sprach gegenüber *G&M* sogar von 1700 Tonnen, die Frankfurt auf amerikanischen Wunsch hin in den Leihmarkt geschleust habe, um den Goldpreis zu drücken – aber dafür hat er nur relativ schwache Indizien, keinen Beweis.

Nach anderen Informationen ist die Bundesbank nicht frei in ihrer Entscheidung, wann sie wieviel Gold ausleiht. Gesteuert werden die Leihgeschäfte angeblich von der Bank für Internationalen Zahlungsausgleich in Basel. Dort hat der amerikanische Einfluß stark zugenommen, seitdem zwei US-Vertreter im Aufsichtsrat sitzen. Und ein früheres Mitglied des Zentralbankrates meinte gegenüber *G&M*, die Bundesbank könne ihr Gold allenfalls unter einem Vorwand und nur in kleinen Mengen aus New York abziehen – alles andere werde als Mißtrauensbekundung aufgefaßt. (Er selbst hatte einmal

Gelegenheit, die bei der *Federal Reserve* in Manhattan liegenden deutschen Goldbarren zu besichtigen.)

Wie auch immer, in New York liegen die Goldbarren bis heute. Sie lagen dort auch, als am 11. September 2001 der Terroranschlag gegen das World Trade Center die Welt erschütterte. Ein Jahr später zitierte die *Neue Zürcher Zeitung* den legendären amerikanischen Investor und Milliardär Warren Buffett mit der Prognose, daß es binnen zehn Jahren zum ersten Terroranschlag mit Atomwaffen auf amerikanischem Boden kommen werde.

Würde die Bombe – Gott bewahre! – in New York gezündet, dann wären die dort lagernden Goldreserven verstrahlt und wertlos. Mehr noch: Weltweit würden die Banken schließen, der Dollar würde kollabieren – und mit ihm leider auch die Devisenreserven der Bundesbank, die zu 99 Prozent (!) in Dollar angelegt sind. Die in Deutschland zirkulierende Währung wäre dann teilweise ihrer »Deckung« beraubt. Genau dies wäre der Tag, an dem die Bundesbank ihr Gold bräuchte. Nur liegt es dann leider am falschen Platz.

Man kann nur hoffen, daß sich ein solcher Terroranschlag nie ereignet. Aber entbindet dies die Bundesbank von der Pflicht, das ihr anvertraute Volksvermögen mit der größtmöglichen Vorsicht zu verwalten und vorstellbare Risiken nach Möglichkeit auszuschließen? Anders gefragt: Würde ein sicherheitsbewußter Privatinvestor sein Gold in New York lagern, wo es doch genug Alternativen dazu gibt? Mit Sicherheit nicht. Warum tut es dann die Bundesbank? Mit diesem brisanten Thema, das unmittelbar den Kern der deutschen Souveränität berührt, hatte sich erstmals *G&M* in einer Serie befaßt, die von Februar bis April 2003 lief, einiges Aufsehen erregte und oft zitiert wurde. Aufgegriffen wurde das Thema dann auch von dem Hamburger Magazin *Stern* in der Ausgabe vom 1. Juli 2004. Laut *Stern* befinden sich weniger als zwei Prozent der deutschen Goldreserven in Frankfurt und »ein wenig mehr« in der Hauptfiliale der Bundesbank in Mainz.

Die großen deutschen Tageszeitungen allerdings sind der heiklen Frage, wo das deutsche Gold liegt und warum es nicht in der Heimat verwahrt wird, meist ausgewichen. Dafür war das Presseecho immer dann gewaltig, wenn die Politiker versuchten, nach dem nationalen Schatz zu greifen. Diese Erfahrung mußte auch Finanzminister Theo Waigel machen, als er am 15. Mai 1997 einen Hubschrauber der Flugbereitschaft bestieg, Kurs auf Frankfurt nahm und dort in der Zentrale der Bundesbank in der Wilhelm-Epstein-Straße 14 das verblüffte Direktorium aufforderte, die deutschen Goldreserven aufzuwerten und aus dem so entstandenen Buchgewinn 20 Milliarden an die Bundeskasse zu überweisen. Die Reaktion auf Waigels Vorstoß war vernichtend. Der *Spiegel* sprach von einer »Provokation ohne Beispiel«, die *Süddeutsche Zeitung* von einem »verheerenden Diktat« und der französische *Figaro* von einer »Vergewaltigung der Notenbank«. Schon einen Monat später mußte Waigel klein beigeben. Er verzichtete auf eine Änderung des Bundesbankgesetzes, die notwendig gewesen wäre, um die 20 Milliarden ausschütten zu können.

Dabei wollte Waigel gar kein Gold verkaufen. Er hatte lediglich einen Vorschlag aufgegriffen, den ich ihm sieben Jahre zuvor schriftlich gemacht hatte. Ein Vorschlag, der damals – begründet als Finanzhilfe für die Wiedervereinigung – eher durchgegangen wäre, der aber am Vorabend der Euro-Einführung den Eindruck erweckte, der Finanzminister wolle seinen Haushalt frisieren und bei den Maastrichter Schuldenkriterien mogeln. Hier einige Auszüge aus meinem Brief vom 22. Februar 1990 an den Bundesfinanzminister Waigel:

»Sehr geehrter Herr Minister, ... hier wird ein wichtiger Bilanzposten seit vielen Jahren übersehen. Er wurde beinahe schon vergessen. Ich meine die Goldreserven der Bundesbank, die rund 95 Millionen Unzen ausmachen. Gegen einen Verkauf des Goldes (oder eines Teiles davon) spricht, daß die deutschen Goldreserven ohnehin nicht sehr groß sind. Sie sind – gemessen an der Wirtschaftskraft und dem Außenhandel – sogar erheblich kleiner als die Goldreserven Frankreichs, Italiens oder der Schweiz. Außerdem wäre es nicht gut, wenn der Dollar-Anteil an den Devisenreserven der Bundesbank, der ohnehin zu hoch ist, durch Goldabgaben zusätzlich aufgebläht würde. Nicht ohne Grund betrachten viele Länder ihr nationales Gold als strategische Reserve.«

Weiter: »Es ist jedoch unverständlich und nicht begründbar, daß die Goldreserven der Bundesbank immer noch weit unter dem Marktpreis bewertet werden – nach Angaben der Bundesbank mit nur 144 Mark je Unze. Gestern Vormittag belief sich der Marktpreis hingegen auf rund 700 Mark je Unze. Es ist nicht einzusehen, warum die europäischen Goldreserven (in die auch 20 Prozent des deutschen Goldes eingegangen sind) sowie die Goldreserven Frankreichs oder Italiens zum Marktpreis bewertet werden, das Gold der Bundesbank jedoch nicht. Die völlig veraltete Basis von 144 Mark führt dazu, daß die Goldreserven der Bundesbank in der Bilanz mit lediglich 13,688 Milliarden Mark ausgewiesen werden. Würde das Gold zum Marktpreis bewertet, dann stünden gut 66 Milliarden Mark in der Bilanz. Mit anderen Worten: Die Goldreserven der Bundesbank bieten die Möglichkeit, im Höchstfall mehr als 50 Milliarden Mark (das wäre der maximale Aufwertungsgewinn) für Investitionen in Mitteldeutschland bereitzustellen. Keinesfalls dürften damit inflationsträchtige Konsumausgaben finanziert werden.«

Die Antwort aus Waigels Ministerium blieb, kaum überraschend, unverbindlich.

Ein weiteres Mal gerieten die Goldreserven in die Diskussion, nachdem Ernst Welteke (er amtierte von 1999 bis 2004) von Hans Tietmeyer (1993 bis 1999) das Amt des Bundesbankpräsidenten übernommen hatte. Welteke, SPD-Mitglied und früherer Minister in Hessen, war die schwächste Figur in der illustren Galerie der Bundesbankpräsidenten seit 1957. Er mußte schließlich zurücktreten, weil er sich im Berliner Hotel *Adlon* großzügig bewirten ließ. In Sachen Gold steuerte er einen inkompetenten Schlingerkurs. Noch im April 1999 versicherte Welteke: »Unsere Goldbestände bleiben eine wertvolle stille Reserve.« Wenige Wochen später sagte er, mit Goldverkäufen ließen sich die fiskalischen Probleme des Staates nicht lösen. Am 19. Februar 2002 orakelte er dann über mögliche Goldverkäufe und setzte damit den Preis unter Druck. Die Bundesbank könne doch, so ließ sich Welteke nun öfters vernehmen, einen Teil ihrer Reserven in »homöopathischen Dosen« abgeben, anschließend in Wertpapiere einschließlich Aktien tauschen und die laufenden Erträge an den Finanzminister überweisen.

Das hörten die Politiker gerne, sie schielten mit wachsender Begierde auf das Rheingold. CDU- und FDP-Politiker der dritten Garnitur schafften es, in den Medien zitiert zu werden, indem sie vorschlugen, mit den Goldreserven die Schäden der großen Flut zu beheben. Und die Herzog-Kommission kam im September 2003 auf die abstruse Idee, einen Teil des Bundesbankgoldes ausgerechnet für die Pflegeversicherung auszugeben. Dabei wären damals selbst mit einer Verschleuderung der gesamten Goldreserven nicht mehr als 28 Milliarden Euro zu erlösen gewesen – ein Bruchteil der aufgelaufenen Staatsverschuldung. (Die 28 Milliarden errechnen sich aus der Differenz zwischen Bilanz- und Marktwert.)

Ganz abgesehen davon, daß der Verkaufserlös nur ein Tropfen auf den heißen Stein gewesen wäre, war die Bundesbank damals vertraglich gebunden, bis zum Herbst 2004 kein Gold abzugeben. Sie hatte im September 1999 das Goldabkommen der europäischen Zentralbanken, das sogenannte Washington Agreement, mitunterzeichnet. Und das sah vor, die offiziellen Goldverkäufe insgesamt auf 400 Tonnen im Jahr zu begrenzen. Die Bundesbank hatte sich damals keine Quote reservieren lassen. Sie mußte ohnehin bis 2004 stillhalten. Dann stand die Verlängerung des Abkommens an, das tatsächlich für den Zeitraum vom 27. September 2004 bis zum 26. September 2009 (mit einer jährlichen Obergrenze von 500 Tonnen Goldverkäufen) neu aufgelegt wurde. Diesmal ließ sich Frankfurt die Option einräumen, jährlich 120 Tonnen in den Markt zu geben, machte aber davon bisher keinen Gebrauch.

Daß die nationale Reserve verteidigt werden konnte, ist vor allem das Verdienst von Professor Axel Weber. Er rückte am 30. April 2004 als erster Wissenschaftler an die Spitze der deutschen Notenbank. Er kam von der Universität Köln, wo er Internationale Ökonomie lehrte. In Weber haben sich alle getäuscht, auch Finanzminister Eichel, auch dessen Nachfolger Steinbrück.

Noch im Herbst 2004 galt es als ausgemachte Sache, daß nach den Niederländern und Belgiern, nach den Briten und zuletzt nach den Franzosen auch die Deutschen ihre Goldreserven dezimieren würden. Noch im November 2004 wurde fest damit gerechnet, daß Frankfurt innerhalb von fünf Jahren dieselbe Menge wie Paris verkaufen würde, nämlich 600 Tonnen. Schließlich hatte dies der Berliner Finanzminister verlangt. Er machte die Rechnung ohne den Wirt. Am 20. Dezember 2004 beschloß der Vorstand der Bundesbank, im ersten Jahr des Goldabkommens (also bis September 2005) überhaupt kein Gold am Markt zu veräußern und lediglich acht Tonnen für die Prägung von Goldmünzen abzugeben. Und am 17. Februar 2006 berichtete die *Financial Times Deutschland*, eine Vereinbarung zwischen Steinbrück und Weber sei in letzter Minute geplatzt. Goldverkäufe seien jetzt »unwahrscheinlicher denn je«. Das Blatt fügte hinzu: »Damit sind neue Konflikte zwischen Notenbank, Regierung und Bundestag programmiert.«

Die Überraschung in Berlin wäre mäßiger ausgefallen, hätten die Politiker ernst genommen, was Axel Weber am 19. November 2004 in einem Interview mit der *Börsen-Zeitung* verlautbart hatte. »Ich hatte bei Amtsantritt schon gesagt, daß ich die Bedeutung von Währungsreserven und der Verkaufsoption etwas anders einschätze als mein Vorgänger.«

Mit »Verkaufsoption« meinte Weber das Goldabkommen

der Notenbanken, in dem der Bundesbank die Möglichkeit eingeräumt worden war, Gold abzugeben. Eichel hatte sich verkalkuliert, er hat mit Professor Weber als Nachfolger von Welteke keinen Befehlsempfänger nach Frankfurt geholt.

Wie üblich, vermied es die Bundesbank auch diesmal, die Karten ihrer Goldpolitik ganz aufzudecken. Gegenüber der *Welt* vom 21. Dezember 2004 begründete Weber den ablehnenden Beschluß seines Vorstandes mit drei dürren Sätzen: »Der Vorstand sieht zum gegenwärtigen Zeitpunkt keine Notwendigkeit, die Verkaufsoption auszuüben. Die Goldbestände der Bundesbank sind Teil des Volksvermögens, sie haben für die Bevölkerung einen hohen Symbolwert. Goldverkäufe können im übrigen kein Ersatz für eine nachhaltige Konsolidierungsstrategie der Finanzpolitik sein.«

Was wirklich dahintersteckte, ließ sich aus einem Artikel von Thorsten Polleit, dem deutschen Chefökonomen von *Barclays Capital*, herauslesen, der am 30. Dezember ebenfalls in der *Welt* erschien und kurz darauf von der Bundesbank verbreitet wurde. Polleit schrieb: »Die Auffassung, Gold werde seine Geldfunktion nicht wiedererlangen, entstammt dem Glauben, der Papiergeldstandard, dem heute alle großen Währungen unterliegen, sei ein ›sicheres‹ Regime. Doch es handelt sich um ein großes Experiment, dessen Ergebnis im Ungewissen liegt. Papiergeld ist ein ›Schönwetter-Regime‹. Daß es eine dauerhaft verläßliche Einrichtung ist, kann daher nicht als gesichert gelten. Die Notwendigkeit, künftig einmal zu einer Edelmetall- bzw. Goldbindung des Geldes zurückkehren zu müssen, kann nicht ausgeschlossen werden.«

Interessant in diesem Zusammenhang: Als ich einige Jahre zuvor anläßlich eines Abendessens in Hamburg mit Polleit über Gold sprach, stellte sich heraus, daß unsere Ansichten sehr kontrovers waren. Polleit war überhaupt nicht pro Gold, er hätte diese Äußerung damals nicht getan. Daß er inzwischen umgedacht hat, muß auch mit der Denkrichtung der Bundesbank zu tun haben. Ich erinnere mich auch daran, daß innerhalb der Bundesbank in der Zeit vor der Euro-Einführung die Auffassung vertreten wurde, die Goldreserven könnten später für den Fall benötigt werden, daß der Euro wider Erwarten doch noch scheitert und daß eine Rückkehr zur D-Mark erforderlich wird.

Ob die Deutsche Bundesbank auch in den nächsten Jahren dem Druck aus Berlin widersteht oder vielleicht doch Konzessionen macht, sei dahingestellt. Offen ist auch, ob und wann sich die Berliner Politiker dazu durchringen, den deutschen Goldschatz dorthin zu holen, wo er hingehört: nach Deutschland. Die Amerikaner würden einen solchen Wunsch, wenn er in angemessener Form vorgebracht wird, sicherlich verstehen. Sie würden in derselben Situation nicht anders handeln. Auffällig ist überdies, daß die Goldpolitik der *Federal Reserve* und der Bundesbank, der beiden größten Goldbesitzer der Welt, seit längerem dieselbe ist. Beide verweigern sich der Mode, ihre Goldreserven abzubauen.

Die Anleger sollten sich darüber im klaren sein, daß Gold eben kein rein privates Investment darstellt, sondern zugleich als internationale Währungsreserve fungiert, daß sie in mancher Hinsicht im selben Boot sitzen wie die Notenbanken und vor ähnlichen Entscheidungen stehen: Verkaufen, wie es die Briten getan haben; oder Halten nach dem Vorbild der amerikanischen *Federal Reserve*; oder Zukaufen, wenn man unterinvestiert ist, wie es Rußland macht und wie es vermutlich auch in China erwogen wird.

Daß sich in Deutschland Währungsreformen wie die von 1923 oder die von 1948 wiederholen, ist aus jetziger Sicht unwahrscheinlich. Beide waren kriegsbedingt, und die Epoche der europäischen Bruderkriege ist längst abgeschlossen. Das ändert nichts daran, daß ungedecktes Papiergeld ohne jede Goldbindung erst seit den 1970er Jahren kursiert, daß das Experiment noch nicht übermäßig lange läuft, daß es doch noch scheitern könnte. Die Finanzgeschichte ist immer gut für Überraschungen.

Versetzen wir uns einmal in die Lage eines Mannes, der sich zu Zeiten der Monarchie ein Vermögen von einer halben Million Mark aufbauen und vor dem Ausbruch des großen Krieges zwischen Banknoten und Goldmünzen wählen konnte. Bis Juli 1914 waren Scheine und Münzen gleich viel wert, sie waren austauschbar.

Wenn sich unser Mann für die Banknoten entschied, hatte er bereits 1923 alles verloren. Wenn er aber die halbe Million in 20-Mark-Münzen besaß, konnte er von einer am Tag immer recht gut leben – und dies weitere 68 Jahre lang. Die 20-Mark-Goldmünzen (Preußen, Wilhelm II.) kosteten am 13. März 2007 beim Münzkabinett Frankfurt 126 Euro.

Eine Papierwährung, die über ein Jahrhundert hinweg Krieg und Frieden, Inflation und Deflation, Regimewechsel und Währungsreformen so unbeschadet zu überstehen vermag, muß erst noch erfunden werden.

Kapitel VII

Zyklen und Goldene Konstante

Die Falle des linearen Denkens. Zyklische Wendejahre von Gold, Silber und Kupfer. Gold zwischen Inflation und Deflation. Kaufkraftparität und realer Goldpreis. Gold als ideales Wertaufbewahrungsmittel

Anfang Oktober 1929, als der amerikanische Aktienmarkt unmittelbar vor dem schlimmsten Crash aller Zeiten stand, verkündete Professor Irving Fisher, einer der führenden Wirtschaftswissenschaftler des Landes: »Stock prices have reached what looks like a permanently high plateau.« Das hohe Plateau hatten sie in der Tat erreicht, aber es erwies sich nicht als permanent. Die Aktienkurse brachen erst einmal ein – um fast 90 Prozent.

Im Januar 1980, exakt einen Tag bevor Gold die historische Preisspitze von 850 Dollar erreichte, verriet eine deutsche Sonntagszeitung ihren Lesern, der Preis werde in »Sprüngen von mehreren Hundert Dollar« immer weiter klettern. Er tat es nicht, er fiel erst einmal um mehr als 500 Dollar.

Als die Preise dann Mitte März 1982 bis auf 312 Dollar abgesunken waren, ahnte – nein, wußte – dieselbe Zeitung, daß die Baisse nun erst richtig beginnen würde: »Denn dies wird der Kern der amerikanischen Politik: den Goldpreis wieder dorthin zu schicken, wo er hergekommen ist – auf unter 100 Dollar, am besten gleich auf den letzten offiziellen Preis, zu dem das US-Schatzamt Gold ankaufte. Um die 42,22 Dollar zu erreichen, muß man nur den Markt spielen lassen –

es geht von selbst.« Es ging nicht wie von selbst, denn Gold war so unfreundlich, erst einmal um 75 Prozent zu steigen – und Südafrikas Gold-Aktien machten sogar Sprünge von 200 bis 300 Prozent.

Und dann, als Gold sehr viel später mit Preisen um 280 Dollar tatsächlich sehr billig war und bereits in Reichweite eines langfristigen Tiefs notierte, leistete sich Europas führende Finanzzeitung, die englische *Financial Times*, am 13. Dezember 1997 einen Aufmacher mit dem Titel: »Death of Gold«. In *G&M* habe ich damals mit großem Vergnügen diesen Aufmacher als »dümmste Schlagzeile« präsentiert und gleich noch eine frühere »dümmste Schlagzeile« aus dem Archiv geholt, nämlich eine Titelgeschichte der amerikanischen *Business Week* vom Sommer 1982. Sie werden erraten, wie sie lautete: »The Death of Equities«. Wie ironisch, daß erst die Aktien und später das Gold ausgerechnet dann ex cathedra für tot erklärt wurden, als sie die Investmentchance einer Generation boten.

Die Liste solcher Fehlurteile – und sie beziehen sich nicht auf unmaßgebliche Marktschwankungen, sondern ausschließlich auf die großen Wendepunkte – ließe sich endlos fortsetzen. Daß die Menschen immer wieder versuchen, in die Zukunft zu blicken, ist verständlich. Daß sie sich dabei so oft so gründlich irren (und dies vorzugsweise in Gemeinschaft), ist ebenso erstaunlich wie unnötig. Denn jede der oben zitierten Fehlprognosen und unzählige andere wären vermeidbar gewesen, wenn sich die Prognostiker vorher über den zyklischen Charakter der betreffenden Märkte informiert hätten.

Die stets wiederkehrenden Ausbrüche menschlicher Dummheit beschränken sich keineswegs auf die Finanzmärkte und keineswegs auf Leute, die einfach nur schlecht informiert sind. Selbst prominente Wissenschaftler tappen in die Falle des nicht-zyklischen Denkens. Ein herausragendes Beispiel ist ein Buch, das Anfang der 1990er Jahre, kurz nach dem Fall der Berliner Mauer, mit folgendem denkwürdigen Titel erschien: *The End of History*. Der Autor war kein geringerer als Francis Fukuyama, stellvertretender Direktor des Planungsstabes im US-Außenministerium.

Fukuyama behauptete, nach dem Zusammenbruch der kommunistischen Herrschaft in Osteuropa habe die liberale Demokratie (womit er natürlich Amerika meinte) endgültig gesiegt, damit habe der geschichtliche Prozeß sein Endziel erreicht, und dies sei zugleich das Ende von Kriegen und Revolutionen! Das Werk wurde in Fachkreisen lebhaft diskutiert und durchaus ernst genommen. Fukuyama spielte sozusagen den Marxisten mit umgekehrten Vorzeichen. Schade nur, daß sich die Realität auch an diesen neuen ideologischen Aufguß nicht halten wollte. Inzwischen haben sich Geschichte und Geopolitik mit Macht zurückgemeldet – und Gold ebenso, das im Falle eines Endes der Geschichte wohl überflüssig geworden wäre.

Oder nehmen Sie die seit Anfang 2007 auf Hochtouren laufende klimapolitische Kampagne, die längst Züge einer Ersatzreligion angenommen hat. Für die herrschenden Kreise erfüllen Ersatzreligionen und Ideologien – am besten solche, die sich mit der Erzeugung von Angst Nachdruck verschaffen – schon immer den Zweck, die Untertanen unter Kontrolle zu halten und ihnen neue Steuern und Abgaben plausibel zu machen. In Wahrheit ist es so, daß nicht der Mensch das Klima macht (allenfalls beeinflußt er es marginal), sondern daß auch hier Zyklen am Werk sind, daß sich der ständige Wechsel zwischen Glazialen (Eiszeiten) und Interglazialen (Zwischeneiszeiten) am besten durch astronomische Zyklen erklären läßt und daß die gegenwärtige Erderwärmung keineswegs von der erdgeschichtlichen Zyklik abweicht.

Erstens ändert sich der Abstand der Erde von der Sonne periodisch – eine Variation, die als Exzentrizität bezeichnet wird. Der Zeitraum dieser zyklischen Schwankung beträgt rund 100 000 Jahre. Damit ist erklärt, daß alle 100 000 Jahre eine langfristige Vereisungsphase der Erde auftritt.

Zweitens schwankt der Neigungswinkel der Rotationsachse der Erde mit einer Periode von etwa 41 000 Jahren, wodurch sich ebenfalls die von der Sonne abgegebene Wärmemenge verändert. Dieser Zyklus erklärt kurzfristige Vereisungen (und selbstverständlich Wärmeperioden) im Abstand von rund 40 000 Jahren.

Und drittens pendelt die Rotationsachse der Erde auf der Erdbahnebene wie ein trudelnder Kreisel minimal um die Senkrechte. Diese sogenannte Präzession bewirkt Vereisungen, die etwa alle 20 000 Jahre auftreten. Solche zyklischen Klimaschwankungen lassen sich über Hunderttausende von Jahren zurückverfolgen. Noch vor 18 000 Jahren war selbst die Südspitze Afrikas von Eis bedeckt. Wenn die Geologen recht haben, vollzog sich der Übergang von der damaligen Kälteperiode zur derzeitigen Zwischeneiszeit überraschend abrupt – wahrscheinlich innerhalb von zehn Jahren. Daß die erdbahnbedingten Schwankungen der Sonneneinstrahlung zeitlich mit den Warm- und Kaltzeiten übereinstimmten, wurde bereits in der Zwischenkriegszeit von einem jugoslawischen Geophysiker nachgewiesen, wird aber neuerdings von den Klimapolitikern nicht mehr zur Kenntnis genommen.

Der Grund für die weit verbreitete Ignoranz ist nicht zuletzt in der westlichen Geistesgeschichte zu suchen. Das aus dem griechischen stammende Wort Zyklus bedeutet »Kreis«. Damit ist eine Abfolge von Ereignissen gemeint, bei der auf das erste das letzte folgt – und umgekehrt. Wer zyklisch denkt, weiß, daß es im Prinzip nichts Neues unter der Sonne gibt, daß alles schon einmal dagewesen ist, daß sich fast alles wiederholen wird und daß – um es ganz primitiv auszudrükken – an den Finanzmärkten fallen wird, was gestiegen ist, und steigen wird, was gefallen ist. Denn Finanzmärkte werden von Menschen gemacht, und diese werden von Emotionen angetrieben. An der Skala menschlicher Emotionen hat sich seit ein paar tausend Jahren absolut nichts geändert.

Der westliche Mensch aber denkt seit der Aufklärung linear, nicht zyklisch. Er denkt im Sinne eines kontinuierlichen

Fortschrittes, also progressiv. Und er hält fast alles für machbar, oft sogar die Konjunktur, obwohl es gerade für diese Annahme nicht den geringsten Beweis gibt. Denn wenn es stimmte, daß der Staat die Wirtschaft nicht nur beeinflussen, sondern auf Dauer steuern kann, dann würde daraus folgen, daß Rezessionen und Depressionen bewußt von den Regierungen herbeigeführt werden. Die Vorstellung ist unglaubhaft, denn welche Regierung beschneidet schon gerne mit dem Bruttosozialprodukt auch das Steueraufkommen?

Welch skurrile Auswüchse das progressive Denken besonders in den USA annehmen kann, läßt sich am Beispiel des vielleicht prominentesten amerikanischen Zyklen-Forschers Edward R. Dewey demonstrieren. Er leistete bahnbrechende Arbeit, aber er fühlte zugleich, daß seine Thesen im Lande des bedingungslosen Glaubens an den Fortschritt ans Ketzerische grenzten. Um sich zu rechtfertigen, vollführte er einen intellektuellen Salto mortale, indem er behauptete, nur die genaue Kenntnis der Zyklen von Krieg, Depressionen und Wetter werde es ermöglichen, dieselben abzuschaffen. Nachzulesen in Deweys Buch *Cycles – The Mysterious Forces That Trigger Events.*

Unsere Absicht ist weniger ehrgeizig. Es genügt uns, den Ablauf der Märkte zu analysieren, Periodizitäten aufzuspüren und auf ihre Verläßlichkeit hin zu untersuchen und die permanente Wanderung aller Finanzmärkte zwischen den Extremen von Euphorie und Panik unvoreingenommen zu studieren. Daß eine solche realistische Sicht der Dinge und die Kenntnis zyklischer Vorgänge dabei helfen, kostspielige Investment-Fehler zu vermeiden, werden Sie mit der Zeit selbst herausfinden.

Anders als Finanzzyklen sind die der Natur und des Kosmos regelmäßig. Auf den nächsten Vollmond, die exakte Stunde von Ebbe und Flut, auf den Wechsel zwischen Tag und Nacht und selbst darauf, daß die Bäume im Frühjahr grün werden und im Herbst ihr Laub verlieren, können wir uns verlassen.

Selbst wenn es zu Schwankungen kommt wie bei den Jahreszeiten, wird der Zyklus doch nie schwinden.

Finanzzyklen hingegen dürfen wir nur eine ungefähre Dauer unterstellen. Sie können verfrüht beginnen und verspätet enden. Sie können einmal stärker und einmal schwächer ausfallen und ein andermal kaum feststellbar sein. Sie können sogar unvermittelt aussetzen – und tauchen später dann doch wieder auf.

Auch für den Goldanleger sind solche Zyklen ein bewährtes Hilfsmittel beim Timing, aber kein Patentrezept. Wenn Sie daran interessiert sind, müssen Sie sich selbst einarbeiten, Spaß am Experimentieren haben und ein Gefühl für das Spiel der Zyklen entwickeln. Zunächst einige Anmerkungen, die zum Grundwissen gehören:

Zyklen werden grundsätzlich von Tief zu Tief gemessen. Zwar können auch die Höhepunkte gelegentlich in regelmäßigen Abständen aufeinander folgen, aber darauf ist weniger Verlaß. Wenn das Tief und damit der ideale Zeitpunkt für den Kauf erst einmal identifiziert ist, kann das Hoch (und damit der ideale Zeitpunkt zum Verkaufen) im Prinzip zu einem beliebigen Zeitpunkt folgen – ein Problem, das mit den Methoden der klassischen Charttechnik angegangen werden muß. Symmetrisch ist ein Zyklus, wenn das Hoch in seine Mitte fällt und z. B. bei einem Sechs-Jahre-Zyklus nach drei Jahren eintritt. Asymmetrisch ist der Zyklus, wenn er linkslastig (mit einem frühen Hoch) oder rechtslastig (mit einem späten Hoch) abläuft. Beispiele dafür sind einerseits die sehr kurze Goldhausse von 1982/83, andererseits die ungewöhnlich lange Hausse, die mit dem doppelten Preisboden vom Herbst 1999 und dem Frühjahr 2001 begann. In beiden Fällen wäre es falsch gewesen, einen symmetrischen Zyklus zu unterstellen. Dann hätte man das eine Mal zu spät und das andere Mal zu früh verkauft.

Zweitens machen viele Investoren immer wieder den Fehler, nicht sauber zwischen kürzer- und längerfristigen Trends zu unterscheiden. Unterstützt wird das von vielen Medien, die auf kurzfristiges Denken abonniert sind. Daß Gold oder Silber oder der DAX heute fällt oder steigt, sagt für sich genommen nichts aus. Entscheidend ist immer der Trend, innerhalb dessen sich die täglichen Bewegungen abspielen. Wir unterscheiden zwischen kurzfristigen Zyklen, die einige Wochen oder maximal drei bis vier Monate dauern, mittelfristigen Zyklen, die bis zu ein Jahr anhalten, und langfristigen Zyklen, deren Dauer mit mehreren Jahren veranschlagt wird. So kommt es, daß der kurzfristige Trend gerade steigen kann, während der mittelfristige fällt und der langfristige immer noch nach oben zeigt.

Worauf sich der Anleger dabei konzentriert, aus welcher Perspektive er die Märkte beurteilt, hängt natürlich davon ab, ob er eher strategisch oder eher taktisch handelt. Vernünftig ist es in der Regel, neben einer strategischen Position (Kaufen und Halten) eine taktische (Kaufen und Verkaufen) aufzubauen und zu pflegen. Das hat sich seit langem besonders bei den volatilen Gold-Aktien bewährt, die auch ihre seit Ende 2000 laufende Hausse immer wieder durch lange Korrekturen und Seitwärtsbewegungen unterbrochen haben.

Drittens müssen wir uns stets die Frage nach der Zuverlässigkeit eines Zyklus stellen. Generell gilt, daß er umso verläßlicher ist, je öfter er sich wiederholt hat. Im Gegensatz zu Kupfer und Silber hat Gold in dieser Hinsicht ein Problem. Es wird erst seit Beginn der 1970er Jahre auf einem freien Markt gehandelt. Die Geschichte nominaler Goldpreise ist noch kurz. Als modernes Investment hat Gold erst einen vollständigen Haussetrend (bis 1980) und eine volle Baisse (bis 2001) durchlaufen. In dem 1986 erschienenen *G&M*-Dossier *Geheimnis der Zyklen* habe ich deswegen ein Edelmetall mit einer längeren Preisgeschichte, nämlich Platin, untersucht und dabei einen Sechs-Jahre-Zyklus identifiziert, dessen Tiefs auf 1958, 1964, 1970, 1976 und 1982 fielen. Hat dieser Zyklus auch danach funktioniert? Durchaus, denn auch

Anfang 1988 lohnte sich ein Kauf (wenn auch nur für ein Plus von 150 Dollar), dann wieder 1993/1994 und vor allem 1999.

Außerdem hat sich die fast narrensichere Methode bewährt, Platin bevorzugt dann zu kaufen, wenn es einmal in der Nähe der Goldpreise notiert. Das war 1985 der Fall. Danach wurden Platinpreise von weniger als 300 Dollar nie mehr erreicht, während Gold durch Mithilfe der Zentralbanken in der zweiten Hälfte der 1990er Jahre in Richtung 250 absackte. Schon Anfang 2006 hatte Platin den alten Höchststand aus dem Jahre 1980 hinter sich gelassen. Das weiße Metall, das hauptsächlich für Katalysatoren und Schmuck verwendet wird, ist volatiler und nicht annähernd so liquide wie Gold und übrigens auch rezessionsanfälliger. Das gilt auch für Palladium, das sich manchmal vollständig von der Familie der Edelmetalle abkoppelt und Anfang 2001 für kurze Zeit mehr als 1000 Dollar kostete, bevor es anschließend über 80 Prozent verlor.

Silber, das seine früheren monetären Eigenschaften in der Psychologie vor allem der amerikanischen Investoren nicht ganz verloren hat, steht dem Gold noch am nächsten. Auch hier sollte man auf die relative Stärke achten. Die Regel lautet, daß Silber immer dann extrem billig und dem Gold vorzuziehen ist, wenn für eine Unze Gold 100 Unzen Silber hingelegt werden müssen. Ein derartiges Preisverhältnis wurde zu Beginn des Zweiten Weltkrieges erreicht und dann wieder 1990.

Umgekehrt war Silber bei einem Preisverhältnis von 15 bis 20 im Vergleich zu Gold überbewertet. Das war 1920 und 1980 der Fall. Normalerweise zeichnet sich eine Edelmetallhausse dadurch aus, daß Silber schneller steigt als Gold – und eine Edelmetallbaisse dadurch, daß es schneller fällt. Zumindest in den letzten 100 Jahren war zu beobachten, daß das Preisverhältnis zweimal für längere Zeit (grob gerechnet) in einer Spanne zwischen 30 und 40 verharrte, bevor es dann sehr teuer oder sehr billig wurde. Generell präferiert das große Geld Gold, weil dessen Markt ungleich größer und auch transparenter ist und weil man im Notfall leichter zum Ausgang gelangt. Silber in der Nähe einer historischen Preisspitze zu verkaufen, ist ein Kunststück, an dem schon die Gebrüder Hunt gescheitert sind.

Da Silber bereits Ende des 19. Jahrhunderts demonetisiert wurde und dann dem freien Markt ausgesetzt war, lassen sich die langfristigen Silberzyklen bis zum Beginn des 20. Jahrhunderts zurückverfolgen. Ihre Länge betrug 5,5 bis 7,6 Jahre. Solche zyklischen Tiefs stellten sich 1976/77, 1982, (schwach) 1988, dann 1993, 1998 und 2003/2004 ein. Bereits ab 1991 bewies Silber, ähnlich wie Platin, eine bemerkenswerte Stabilität, während Gold im Zeitraum 1996 bis 1999 noch einmal stark unter Druck geriet. Dafür waren die Goldverkäufe und Goldleihen der Zentralbanken verantwortlich. Gerade der Sonderweg, den Gold damals einschlug, war ein untrügliches Indiz dafür, daß von außen in den Markt eingegriffen wurde und daß der Goldbaisse in ihrem letzten Stadium etwas Künstliches anhaftete.

Im Grunde war die Goldbaisse, wie bereits in einem vorherigen Kapitel geschildert, im September 1999 ausgestanden. Das neuerliche Abbröckeln der Preise im Verlaufe des Jahres 2000 konnte daran nichts ändern. Es diente nur der Täuschung des Publikums. Bei der strategischen Kaufempfehlung, die *G&M* damals gab, konnten wir uns auf einen Zyklus stützen, der in der Regel acht Jahre mißt. Das vorherige Tief war auf Anfang 1993 gefallen, das vorletzte auf Anfang 1985. Spätestens im ersten Quartal 2001 war wieder ein solches fällig. In der Mai-Ausgabe 2000 schrieb *G&M*: »Wenn sich der Acht-Jahre-Zyklus nicht verkürzt, dann ist erst ab dem kommenden Winter, am ehesten ab Januar 2001, mit einer nachhaltigen, jahrelangen Hausse zu rechnen.« Und: »Nicht nur aus fundamentaler Sicht (großes Golddefizit!), sondern auch aus zyklischen Gründen sind die Chancen ausgezeichnet, daß der Goldmarkt seinen Charakter grundlegend ändert. Das mag mancher für eine gewagte Prognose halten, aber es wäre völlig normal. Jeder Finanzmarkt, der zwei Jahrzehnte lang – wenn auch mit großen Unterbrechungen – in dieselbe Richtung läuft, ist reif für eine Umkehr.«

Der Acht-Jahre-Zyklus sorgte dafür, daß es tatsächlich so kam. Anfang April 2001 war der zermürbende Bärenmarkt, der im Januar 1980 bei 850 Dollar eingesetzt hatte, mit einem Londoner Nachmittagsfixing von 256 endgültig ausgereizt. Von jetzt an zeigte der Haupttrend nach oben. Übrigens wurde in der erwähnten Mai-Ausgabe 2000 auch eine Prognose des amerikanischen Zyklenforschers Martin Armstrong zitiert, wonach die nächste primäre Goldhausse bis 2007 dauern müßte.

Ob sich das nächste Acht-Jahre-Tief bei Gold wieder regulär einstellt, werden wir bald herausfinden. 2009, wenn es fällig wäre, muß analysiert werden, ob die technischen Parameter und die dann vorherrschenden monetären und geopolitischen Verhältnisse dazu passen. Es wurde bereits darauf hingewiesen, daß Zyklen umso zuverlässiger sind, je öfter sie zu beobachten waren, und daß der freie Goldmarkt eine relativ kurze Vorgeschichte hat. Deswegen kann es 2009 hilfreich sein, auch den Kupfermarkt im Auge zu behalten. Kupfer hat die längste und am wenigsten unterbrochene Handelsgeschichte aller Metalle. 1970 hat sich der bereits zitierte Edward Dewey intensiv mit den Kupferzyklen beschäftigt und einen fünfjährigen, einen achtjährigen und einen neunjährigen Zyklus identifiziert.

Daraus lassen sich Rückschlüsse auf das Gold ableiten. Nach dem fünfjährigen Kupferzyklus (letzte Tiefs 1999 und 2004) könnte 2009 wieder ein interessantes Jahr für Kupfer sein. Das würde zum achtjährigen Goldzyklus passen. Die bisherigen Wendepunkte des Neun-Jahre-Zyklus bei Kupfer fielen auf die Jahre 1975, 1984, 1993 und 2002.

Nicht ausführlich behandeln möchte ich hier die mittel- und kurzfristigen Zyklen. Sie müssen im Kontext der jeweiligen Markttechnik laufend untersucht und flexibel interpretiert werden. Nur soviel: Die Tiefs der Gold-Aktien lagen jahrelang acht bis neun Monate auseinander, bis sich dann die Länge des Zyklus auf ungefähr ein Jahr ausgeweitet hat. Zurückliegende Tiefs des FTSE-Goldminenindex fielen auf Juli 2002, April 2003, Mai 2004, Mai 2005 und Juni 2006. Kurzfristige Zyklen dauern oft sechs oder acht Wochen, sind aber auch (multipliziert mit zwei) alle zwölf oder 16 Wochen auszumachen, wobei man eine Woche Spielraum zugestehen muß – dann liegen die Tiefs 13 bis 17 Wochen auseinander. 2005, 2006 und bis in das Jahr 2007 hinein konnte damit sehr gut gearbeitet werden – übrigens auch beim Timing von Silberkäufen. Wichtig war immer, daß die technischen Indikatoren (der RSI, der Stochastik und der nachlaufende MACD) zur Zyklik paßten.

Edelmetall- und Finanzzyklen sind eine Kunst, keine Wissenschaft. Sie erfordern Erfahrung und einen spielerischen Umgang. Sie machen unabhängig und immunisieren gegen den Druck der vorherrschenden Meinung. Selbstverständlich existieren Zyklen, denn die Märkte werden von lebenden Menschen mit ihren Emotionen beeinflußt und gemacht. Daß sich diese Rhythmen so oft und oft so präzise einstellen, läßt sich schon schwerer erklären. Wir wollen es erst gar nicht versuchen. Nicht alle Phänomene auf dieser Welt lassen sich begründen. Man muß nicht immer nach der Kausalität forschen. Oft ist eine empirische Betrachtung die vernünftige. Mehr als einmal habe ich beobachtet, daß Zyklen ausgerechnet dann verschwinden (um später wieder aufzutauchen), wenn zuviel darüber geredet und geschrieben wird. So war es auch in den 1980er Jahren, als man Silber für längere Zeit mit einer sehr einfachen Methode sehr profitabel handeln konnte. Man mußte nur bei Vollmond kaufen und bei Neumond verkaufen. Als die Experten in den USA dies bemerkten, die Medien darüber schrieben und die Händler sich darauf einstellten, dauerte es nicht lange, bis sich der Effekt verflüchtigte und Silber den Mond und seine Zyklen mit Mißachtung strafte.

Vermutlich wird sich der Preisverlauf irgendwann wieder am Mondzyklus orientieren, aber nur eine Zeitlang.

Wenn Sie mir bis hierher gefolgt sind, sollten Sie eine Vorstellung davon gewonnen haben, welche Vorteile zyklisches Denken gegenüber der Masse der Anleger verschafft. Es schützt davor, einen Allgemeingut gewordenen Trend für alle Zukunft fortzuschreiben und den beständigen Wandel unserer Welt und eben auch der Finanzmärkte zu verdrängen. Oft genügt eine einfache Berechnung, um vorherrschenden Irrtümern auf die Spur zu kommen. So hatte ich im Mai 2000, als am Goldmarkt tiefer Pessimismus herrschte und eine Renaissance des Metalls nahezu undenkbar war, darauf hingewiesen, daß selbst langfristige Baissetrends immer zeitlich begrenzt waren. Der von Anfang 1974 bis Mitte 1976 hatte eineinhalb Jahre gedauert, der von Anfang 1980 bis Mitte 1982 zweieinhalb Jahre, der von Anfang 1983 bis Anfang 1985 zwei Jahre und der von 1988 bis 1993 fünf Jahre. Gerechnet ab dem Hoch von Anfang 1996 wären, so meine damalige Überlegung, bis Anfang 2001 wiederum fünf Jahre vergangen. Wie sich herausstellte, war bis dahin die Baisse tatsächlich ausgereizt. Ebenso richtig ist, daß sich die drastische Beschleunigung eines Preisanstiegs nur für eine begrenzte Zeit durchhalten läßt. Das war im vierten Quartal 1979 nicht anders als im Winter 2006/2007.

Nur historisch interessierte Zeitgenossen werden den Gang der Weltgeschichte und ihre wiederkehrenden Muster von Machtgewinn und Machtverlust, von Aufstieg und Niedergang zu interpretieren wissen. Nur diejenigen Investoren, die mit der Geschichte des Goldmarktes vertraut sind, werden das Metall und seine Preisfluktuationen realistisch einordnen können und das Gesetz der Goldenen Konstante verstehen.

Die wissenschaftliche Fundierung der Goldenen Konstante verdanken wir dem kalifornischen Ökonomen Roy W. Jastram. Sein Buch *The Golden Constant* erschien bereits 1977. Jastram hatte als erster die Gold- und Großhandelspreise über mehrere hundert Jahre zurück zusammengestellt und indiziert, um korrekte Vergleiche zu ermöglichen. Seine Arbeit konzentriert sich auf England, weil dies das einzige Land ist, in dem Preisstatistiken fast lückenlos seit über 400 Jahren vorliegen. Außerdem bietet sich England als repräsentatives Beispiel an, weil dort die industrielle Revolution ihren Anfang nahm und weil es bis zum Ende des 19. Jahrhunderts über die fortschrittlichste Volkswirtschaft der Welt verfügte. In den USA konnten Gold- und Großhandelspreise nur bis 1800 zurückverfolgt werden, aber Jastram kam auch hier zu denselben Ergebnissen.

Den Begriff »Goldene Konstante« verwendet Jastram nicht im Sinne einer mathematischen Formel. Er meint damit – und das kann er nachweisen –, daß die Kaufkraft einer bestimmten Menge Goldes über die Jahrhunderte zwar während längerer Perioden abnahm oder zunahm, aber immer wieder zu einem konstanten Wert zurückkehrte. Dank der Goldenen Konstante ist Gold seit mehr als 400 Jahren – im Gegensatz zu Silber – das perfekte Wertaufbewahrungsmittel. Da sich unter dem Regime des Goldstandards deflationäre mit inflationären Perioden abwechselten, während der Goldpreis – mit Ausnahme von Kriegen – fixiert blieb, könnte man auch sagen, daß die allgemeinen Preise nach längeren Abweichungen stets wieder zum Gold zurückkehrten. Nicht Gold bewegte sich, sondern die Preise der Rohstoffe und Waren. Anders unter dem Papiergeldsystem: Hier steigen Geldmengen und Preise fast ständig, und der – jetzt freie – Goldpreis folgt diesen nach. Unter beiden Szenarien ist die Kaufkraftparität des Goldes ein brauchbarer Begriff.

Er läßt sich mit der Kaufkraftparität zweier Währungen nur partiell vergleichen. Wenn z. B. zwischen Dollar und Euro Kaufkraftparität herrscht, kann man mit beiden Währungen in beiden Ländern dieselbe Menge an Gütern erwerben. In der Realität wird allerdings meistens die eine Währung überbewertet und die andere unterbewertet sein. Und von einer

»Konstante« des Euros oder des Dollars kann schon gar keine Rede sein. Der Dollar hat seit den 1930er Jahren über 90 Prozent seiner Kaufkraft eingebüßt, der Euro wird dem schlechten Beispiel folgen. Kaufkraftparität von Papierwährungen meint lediglich, daß die eine im Vergleich zur anderen neutral bewertet ist.

In der historischen Betrachtung ist der Begriff der Kaufkraft des Goldes deswegen wichtig, weil der nominale Goldpreis oft wenig aussagt. Er stieg zwar in allen zurückliegenden Inflationen, sofern der Goldstandard ausgesetzt und der Goldpreis freigegeben wurde. Aber da er weniger stieg als die allgemeinen Preise, verlor Gold an Kaufkraft. Erst in der Inflation der 70er Jahre des vergangenen Jahrhunderts blieb der Goldpreis nicht mehr hinter der Geldentwertung zurück. Umgekehrt nimmt die Kaufkraft des Goldes in einer Deflation, in der die Mehrheit der Preise sinkt, bereits dann zu, wenn der nominale Goldpreis lediglich stabil bleibt. Dennoch lieferte Jastrams Untersuchung folgende Ergebnisse:

Erstens blieb die Kaufkraft des Goldes über die Jahrhunderte hinweg konstant. 1658 konnte man in England mit derselben Menge Gold dieselbe Menge Ware kaufen wie 1930, in den USA dieselbe Menge in den Jahren 1802, 1930 und 1972 – um nur einige Jahre herauszugreifen, in denen die von Jastram indizierte Kaufkraft des Goldes bei 100 lag (1930 = 100).

Zweitens fluktuierte die Kaufkraft des Goldes auf Sicht von etwa zwei Jahrzehnten manchmal erheblich. Wer zum falschen Zeitpunkt Gold erwarb, mußte unter Umständen recht lange warten, bis er seinen realen Einstiegspreis wieder erreicht hatte. In England sank die Kaufkraft des Goldes von 1900 bis 1920, also während einer inflationären Phase; sie stieg von 1920 bis 1940 – bis 1933 herrschte Deflation; und sie ging wieder zurück bis 1970, d. h. in einer Periode zunehmender Geldentwertung. Vergleicht man aber die Kaufkraft des Goldes auf der Basis von Jastrams Studie alle 50 Jahre, dann hat sich seit 1600 fast nichts geändert. Zum Vererben war Gold immer das beste Wertaufbewahrungsmittel.

Und drittens stieg der nominale (nicht aber der reale!) Goldpreis in den Inflationen, die vor der weltweiten Einführung des Papiergeldes mit Kriegen einhergingen – den Napoleonischen Kriegen Anfang des 19. Jahrhunderts, dem Amerikanischen Bürgerkrieg von 1861 bis 1864 oder dem Inflationsschub, der noch vor 1900 einsetzte und dann durch den Ersten Weltkrieg beschleunigt wurde.

Gold bot demnach bis Anfang der 70er Jahre des 20. Jahrhunderts keinen perfekten Inflationsschutz. In Deflationen hingegen, als Geldmengen und Preise sanken, konnte man mit Gold mehr kaufen als zuvor. Jastram kann belegen, daß sich Gold in seiner langen Geschichte meist besser in der Deflation bewährte als in der Inflation.

Gilt das noch heute? Wahrscheinlich nicht, jedenfalls nur partiell. Als Roosevelt inmitten der Deflation der 1930er Jahre, als in den USA vieles billiger wurde, den Goldpreis heraufsetzte, stieg damit selbstverständlich die Kaufkraft des Metalls. Gold wurde nicht nur nominal, sondern – stärker noch – auch real aufgewertet. Dementsprechend haussierten amerikanische Gold-Aktien wie *Homestake*. Sie entwickelten sich zu einer brillanten Anlage, als an der Wall Street die Lichter ausgingen.

Allerdings lassen sich solche Erfahrungen aus Zeiten, als viele Währungen noch an das Gold gebunden waren, nicht einfach auf das heutige Papiergeldsystem übertragen. (England suspendierte den Goldstandard lediglich während der Kriege gegen Napoleon und dann – endgültig – 1931.) Da der Goldpreis längst nicht mehr offiziell fixiert ist, kann er auch nicht mehr automatisch von schrumpfenden Geldmengen und fallenden Preisen profitieren – gemeint ist: real, also bezogen auf die Kaufkraft. Durchaus vorstellbar ist freilich, daß die Zentralbanken im Falle einer künftigen Deflation höhere Goldpreise favorisieren würden – so, wie sie umgekehrt den Goldpreis als Barometer fürchten, wenn sich die Geldentwertung beschleunigt wie in den 1970er Jahren.

Richtig ist auch, daß Gold in einer Deflation allein wegen seiner absoluten Bonität gefragt sein könnte. Wenn Banken zusammenbrechen und Bankguthaben bedroht sind, wenn Aktiengesellschaften in Konkurs gehen und Anleihen nicht mehr bedient werden können, gewinnt ein Investment an Attraktion, das nie pleite gehen kann. Abgesehen davon würde eine Deflation oder Depression zumindest mit zeitlicher Verzögerung dem Gold zugute kommen – nämlich dann, wenn die Zentralbanken Geld drucken, um die Deflation zu bekämpfen. Wir können davon ausgehen, daß sie dies bald und massiv tun würden.

Jedenfalls ist es im Licht der historischen Erfahrung falsch, in Goldanlagen ausschließlich einen Inflationsschutz zu sehen. Gold ist ein Metall für viele Krisen. Anfang der 1930er Jahre, als der Dow Jones mehr als 85 Prozent verlor, entwikkelten sich die amerikanischen Goldminen-Aktien schon zur exzellenten Anlage, bevor Roosevelt von August 1933 bis Januar 1934 den Goldpreis stufenweise von 20,67 auf 35 Dollar heraufsetzte. In der damaligen Deflation war eben nicht nur Cash König, also Bargeld, das man von der Bank abheben mußte, bevor sie die Tore schloß. Gold war ebenso gefragt. Allein in den vier Wochen vor Roosevelts Amtsantritt am 4. März 1933 wurde Gold im Wert von 624 Millionen Dollar vom US-Schatzamt und von den Banken des *Federal Reserve System* abgezogen, und zwar nicht nur von Amerikanern, sondern auch von ausländischen Gläubigern.

Selbst die Goldhausse der 1970er Jahre war nicht nur inflationär bedingt. Entscheidend war zunächst der Nachholbedarf: Gold war, gemessen an seiner Kaufkraftparität, extrem unterbewertet, als der Preis 1968 bzw. 1971 freigegeben wurde. Und die Verdoppelung der Goldpreise von November 1979 bis Januar 1980 wurde nicht etwa durch neue Inflationszahlen ausgelöst, sondern durch das Blockieren der iranischen Dollar-Konten und durch den Einmarsch der Russen in Afghanistan. 2001 und 2002, als die Anleger aus den internationalen Aktienmärkten flohen, war Gold gefragt wie seit Jahren nicht mehr, ohne daß das Thema Inflation im Vordergrund stand. Und während der relativ langen Phase, in der sich der Goldpreis bis zum Mai 2006 fast verdreifachte, war die Inflation weder in Europa noch in Amerika das dominierende Thema. Im Vordergrund standen vielmehr der schwache Dollar, der Kampf gegen den Terrorismus, Amerikas Kriege, der Nahe Osten, die Situation am Ölmarkt und die Rohstoffhausse. Es war oft schwer auszumachen, ob Gold eher auf geopolitische Gefahren oder eher auf die laxe Geldpolitik der amerikanischen *Federal Reserve* und der japanischen Notenbank reagierte.

Grundsätzlich hat Uwe Bergold recht, wenn er in seinem Buch *Investmentstrategien mit Rohstoffen* anmerkt, daß der frühere negative Zusammenhang zwischen realen Goldpreisen und Inflation dadurch erklärt wird, daß der Goldpreis lange Zeit fixiert war und daß erst seit 1968 ein enger Zusammenhang zwischen Goldpreis und Geldentwertung besteht: »Sobald sich im freien Markt ein Goldpreis etablieren konnte, paßte sich dieser dem Preisniveau an.« Über- und unterschießende Preise seien dabei auf einem offenen Markt nicht verwunderlich.

Bleibt die Frage, wann der Goldpreis wieder – wie 1980 – zu hoch und damit Gold als Investment auch langfristig zu teuer wäre. Antwort: Sobald der Goldpreis weit über der Kaufkraftparität liegt. Beispielsweise wäre eine Überbewertung wie 1980 gegenwärtig erst bei Goldpreisen erreicht, die näher bei 2000 als bei 1000 Dollar liegen. Bei Preisen zwischen 600 und 700 Dollar ist Gold mehr oder weniger fair bewertet.

Als nützlicher Anhaltspunkt mag auch eine Berechnung dienen, die die Analytiker von GFMS in ihrem *Gold Survey 2006* angestellt haben. Sie rechneten den durchschnittlichen

Goldpreis von 2005, nämlich 444,45 Dollar je Unze, inflationsbereinigt zurück und kamen so für 1980 auf einen entsprechenden Durchschnittspreis von 1456,40 Dollar. Anders betrachtet: Würde der Goldpreis jetzt auf rund 1500 Dollar steigen, dann wäre er real nicht höher als im Durchschnitt des Jahres 1980.

Exakt läßt sich die Kaufkraftparität des Goldes nicht berechnen – weil diese vom jeweils benutzten Inflationsindex abhängt –; weil der Index der US-Verbraucherpreise stark manipuliert wird; weil der Kalkulation der Kaufkraftparität immer ein mehr oder weniger willkürliches Ausgangsjahr zugrunde liegt; weil auch andere Faktoren wie die Goldproduktion eine Rolle spielen; und weil man die künftige Inflationen kennen müßte, um die Entwicklung der Kaufkraftparität einschätzen zu können. Selbstverständlich wird das Goldpreispotential vom künftigen Ausmaß der Geldentwertung abhängig sein. Unter den Bedingungen des Papiergeldsystems wird der Goldpreis der Inflation folgen oder sie sogar vorwegnehmen, wenn auch nicht Jahr für Jahr.

Mit Gold auf künftige Inflation oder im Gegenteil auf Deflation zu spekulieren ist letzten Endes müßig. Niemand weiß, ob und wann die systemimmanente Geldentwertung durch einen deflationären Schock unterbrochen werden könnte, in welchem Ausmaß sie sich in den kommenden Jahrzehnten beschleunigen wird und wie stabil das Bankensystem in einer großen Krise wirklich wäre.

Der Goldanleger ist in der bequemen Position, daß er das gar nicht wissen muß. Gold empfiehlt sich gerade für diejenigen Anleger, die nicht vorgeben, die Zukunft zu kennen; die Gold nicht mit phantastischen Erwartungen überfrachten; die einen ruhenden Pol schätzen, wenn das Chaos hereinbricht; die der Goldenen Konstante vertrauen; und die wissen, daß sich die Kaufkraft des Metalls immer wieder einpendeln wird, auch wenn der Preis kleineren und größeren, kurz- und langfristigen Schwankungen unterworfen ist. Es gibt sogar Investoren, die ihr Gold nicht in Euro oder Dollar messen, sondern in Unzen rechnen – und daran ist im Prinzip nichts auszusetzen. Ab einer bestimmten Größenordnung garantiert ein Goldschatz, daß sein Besitzer nie mehr fürchten muß, arm zu werden.

William Rees-Mogg, der frühere Chefredakteur der Londoner *Times*, schrieb einmal: »Es gibt heute keine Behörde, die für die Zahlungsversprechen Alexanders, Julius Caesars, Ludwig XIV., Peter des Großen, Napoleons oder Hitlers aufkommt. Sie waren zu ihrer Zeit mächtige Männer, aber keine Bank wird heute ihre Schecks einlösen. Wenn man jedoch einen Goldbarren nimmt, der einst in ihren Schatztruhen lag, erhält man den Gegenwert dafür überall in der Welt. Die Dauerhaftigkeit und Universalität des Goldes verleiht ihm eine geldgleiche Autorität, die kein anderes Geld besitzt.«

Kapitel VIII

Aus dem Innenleben des Goldmarktes

Angebot und Nachfrage, das Rätsel der Weltgoldmenge, die Rolle Indiens, die COMEX als Spitze des Eisberges – und worauf Sie beim Goldkauf achten sollten

Auf den ersten Blick ist der Goldmarkt übersichtlich und leicht zu analysieren. Es sind nur wenige Segmente, die mit ihren Käufen und Verkäufen den Preis bestimmen: auf der Seite des Angebotes nur drei, auf der Seite der Nachfrage hauptsächlich zwei. Wer sich also ein realistisches Bild vom Markt machen und den künftigen Preistrend einschätzen will, muß untersuchen, wie die Sektoren von Angebot und Nachfrage ineinander greifen, welche von ihnen eher konstant und bei welchen größere Verschiebungen möglich oder wahrscheinlich sind.

An der Höhe des Angebotes, das der Markt aufnehmen muß, hat sich in den letzten zehn Jahren per saldo wenig geändert. Es lag meist in der Nähe von 4000 Tonnen, einmal (nämlich 2004) unter 3500 Tonnen und zweimal (2002 und 2006) knapp über 3500 Tonnen.

Zunächst eine Übersicht über das Angebot, die auf den Statistiken der führenden Londoner Research-Firma GFMS basiert. Die Zahlen für 2007 stammen von der kanadischen *National Bank Financial* und sind geschätzt. Alle Angaben in Tonnen:

	1997	2006	2007
Minenproduktion	2493	2471	2520
Hedging netto	504	(373)	(225)
Altgold	631	1108	1050
Zentralbanken	326	328	400
Gesamtangebot	3954	3534	3745
Jahresdurchschnittspreis	331	604	650

Wie Sie sehen, ist die Minenproduktion gegenwärtig fast genauso groß wie 1997. Sie hat irgendwo in der Nähe von 2500 Tonnen ein Plateau erreicht. Das bedeutet, daß die weltweite Nachfrage nach Gold bei weitem nicht durch die Unzen gedeckt werden kann, die in den Bergwerken Amerikas, Asiens, Afrikas und Australiens aus der Erde gebaggert und gesprengt werden. In manchen Jahren konnten die Minen nur wenig mehr als die Hälfte der weltweiten Nachfrage befriedigen.

Nur die Hälfte der Nachfrage! Um das zu verstehen, muß man berücksichtigen, daß die Goldminen zweimal in der Angebotsbilanz auftauchen: mit der laufenden Produktion und dem Hedging. Während die Produktion seit zehn Jahren ziemlich konstant bleibt, hat sich der Effekt des Hedging seit der Preiswende 2000/20001 ins Gegenteil verkehrt.

Dem Hedging (auf deutsch: Absicherungsgeschäfte) liegen Verträge zugrunde, die die Minengesellschaften mit den Goldhandelsbanken abgeschlossen haben. Mit Hilfe einer Vielzahl von Instrumenten, die hier nicht im einzelnen erläutert werden müssen, haben die Minen in den 1990er Jahren weitaus mehr Gold verkauft als produziert. Sie haben per Termin, d. h. zur Lieferung in späteren Jahren, verkauft – und dies zu Preisen, die sich inzwischen als viel zu niedrig erwiesen haben.

Wenn solche Hedging-Verträge vorzeitig aufgelöst werden, muß die Minengesellschaft das auf dem Papier bereits verkaufte Gold am Markt zurückkaufen. Damit schafft sie logischerweise Nachfrage. So kommt es, daß das gesamte Goldangebot der Minen normalerweise nicht identisch ist mit deren Produktion. In der zweiten Hälfte der 1990er Jahre war es höher als diese, in den Jahren seit 2000 niedriger.

Im Jahre 1997 brachten die Minen 2493 Tonnen aus der Produktion und 504 Tonnen aus dem Hedging auf den Markt. Damit trugen sie zum Preisverfall bei. (Woher stammten diese 504 Tonnen? Ganz einfach: Sie wurden von den Zentralbanken ausgeliehen.) Ein anderes Beispiel: 2002, als die Goldpreise zu steigen begannen, produzierten die Minengesellschaften 2588 Tonnen, kauften aber gleichzeitig 412 Tonnen zurück, woraus ein Gesamtangebot von nur 2176 Tonnen resultierte. Und 2006 trugen sie mit nur 2098 Tonnen netto zum Angebot am Goldmarkt bei.

Die schlimmsten Hedging-Sünder in den 1990er Jahren waren die Konzerne *Barrick* und *Placer Dome* in Nordamerika, *Anglogold* in Südafrika und *Newcrest* in Australien. Sie drückten die Preise, sägten aber damit auch den Ast ab, auf dem sie saßen. Wer in den 1990er Jahren eine beliebige Goldkonferenz in London oder Zürich besuchte, konnte damit rechnen, daß in der Diskussion unweigerlich ein massiv gebauter Gentleman in nach englischer Manier knapp sitzendem Maßanzug aufstand und die Minendirektoren wegen ihrer Terminverkäufe zu attackieren begann. Es war Julian Baring, der erfolgreichste und gefürchtetste Goldfonds-Manager überhaupt. Wenn Baring das Hedging geißelte, grinsten die jungen Goldhändler im Saal verlegen. Schließlich verdienten sie sehr gut an der Unsitte, und sie konnten sich sowieso nicht vorstellen, daß der Goldpreis jemals wieder auf Dauer anziehen würde.

Anders als die Minenproduktion ist der zweitgrößte Angebotsposten, nämlich Altgold, sehr variabel. In Jahren mit niedrigen Goldpreisen wie 1999 oder 2000 kamen weniger als 600 Tonnen aus dieser Quelle auf den Markt. 2006 hingegen wurde mit 1108 Tonnen ein Rekord erreicht. Kein Wunder, denn der durchschnittliche Goldpreis hatte sich 2006 auf 604 Dollar und damit um 36 Prozent gegenüber dem Vorjahr erhöht. Die Lehre daraus: Bei schnell steigenden Preisen wirkt das zunehmende Angebot an Altgold als Preisbremse. Zumindest muß dann dieses zusätzliche Material irgendwie kompensiert werden, sonst sucht sich der Markt den Ausgleich durch tiefere Preise.

2006 lief dieser Mechanismus noch glimpflich ab, weil die Zentralbanken ihre Verkäufe von 674 auf 328 Tonnen verringerten und weil die Goldminen im Zuge des De-Hedging mehr Gold zurückkauften als 2005.

Was ist mit Blick auf die nächsten Jahre die entscheidende Variable auf der Seite des Angebotes? Wahrscheinlich das Verhalten der Notenbanken und der monetären Institutionen, vor allem des Internationalen Währungsfonds. Anfang März 2007 lagen in den Kellern der Währungsbehörden einschließlich des IWF 30 347 Tonnen Gold. Das war das Zwölffache der Jahresproduktion.

Nur ein geringer Teil davon wird künftig zum Verkauf stehen. Daß die USA als größter staatlicher Goldbesitzer von ihren 8133 Tonnen etwas abgeben, ist schwer vorstellbar. Deutschland, mit 3422 Tonnen an zweiter Stelle, hat bisher seine Reserven zusammengehalten, weil Bundesbankpräsident Weber den Begehrlichkeiten der Politiker widerstand. Falls er doch noch nachgibt, wäre allenfalls mit bescheidenen Verkäufen zu rechnen – nicht mit einer Halbierung der Reserven nach dem Vorbild der Schweiz.

Ein Kandidat, der schwach werden könnte, ist Italien, der nach den USA, Deutschland, dem IWF und Frankreich fünftgrößte Goldbesitzer mit 2451 Tonnen. Aber auch dann bliebe es dabei, daß die europäischen Zentralbanken vertraglich daran gebunden sind, nicht mehr als 500 Tonnen im Jahr zu veräußern – eine Obergrenze, die 2006 bei weitem nicht erreicht wurde.

Einerseits sitzt eine Reihe von Notenbanken, die ihr Pulver bereits verschossen haben, nur noch auf Restbeständen, andererseits gibt es auch Länder wie Rußland, die dabei sind, ihre Reserven auszubauen. Und dann ist da noch der große Hoffnungsträger der Goldhaussiers, nämlich die Volksrepublik China. Daß China kaufen werde, beflügelt ihre Phantasie seit geraumer Zeit. Mehr als einmal wurden chinesische Goldkäufe schon als Tatsache gehandelt. Die Bestätigung blieb aus. Es stimmt durchaus, daß Peking schon mit einem sehr kleinen Teil seiner Devisenreserven den Goldmarkt aus den Angeln heben könnte. Aber das ist im Grunde ein Gegenargument: Das Volumen des Goldmarktes macht es den Chinesen unmöglich, einen größeren Teil ihrer Devisenreserven zu vergolden, ohne eine Preisexplosion auszulösen. Außerdem würden sie damit den Großen Bruder USA über Gebühr reizen – und das gilt noch mehr für die ebenfalls unterinvestierten Japaner. Im übrigen sind nach meinen Informationen die mageren 600 Tonnen (eine geringere Menge als die der Niederlande!), die von Peking offiziell an den IWF gemeldet werden, nicht korrekt. Schon in den 1990er Jahren lagen die tatsächlichen chinesischen Goldreserven näher bei 1000 Tonnen. Daß China aufstocken wird, ist gut vorstellbar. Es wird aber nicht den Elefanten im Porzellanladen spielen. Somit bleibt das Fazit, daß die Notenbanken zwar den Goldmarkt für eine gewisse Zeit massiv beeinflussen können, daß sie aber kaum noch in der Lage sind, den Preis auf Dauer zu drücken wie in den 1990er Jahren.

Woher könnte dann der Impuls für drastisch höhere Goldpreise (oder für temporär tiefere) kommen? Am ehesten von der Nachfrageseite. Auch dazu ein Überblick, der sich ebenfalls auf den physischen Markt bezieht. Alle Angaben in Tonnen:

	1997	2006	2007
Schmuck	3287	2280	2250
Industrie	561	639	650
Investment netto	106	615	845
Gesamtnachfrage	3954	3534	3745

Auch auf der Nachfrageseite finden wir – vergleichbar mit der Minenproduktion – einen Posten, der sich im Laufe der Zeit wenig verändert und damit keinen großen Einfluß auf den Preistrend hat: die Industrieproduktion. Darunter fallen die (stagnierende) Dentalnachfrage, die (steigende) Nachfrage der Elektronikindustrie und der ebenfalls seit 1997 per saldo stagnierende Goldverbrauch zur Herstellung von Münzen und Medaillen.

Gerade in Deutschland ist der Absatz von neu geprägten Goldmünzen arg zusammengeschrumpft. In der Türkei, ohnehin einer der großen Goldmärkte, werden weitaus mehr Münzen abgesetzt als in Deutschland. Von einem substantiellen Kaufinteresse des breiten Publikums kann hierzulande keine Rede sein. Es ist nur eine winzige Minderheit, die sich bei den wenigen unabhängigen Händlern und bei den Banken eindeckt. Was an Münzen über den Schalter geht, stammt ohnehin hauptsächlich aus dem Sekundärmarkt – aus der Produktion früherer Jahre. Beim Münchner Händler pro aurum ist der südafrikanische Krügerrand aus den Jahrgängen 1970 bis 1984 immer noch der Renner. Stücke aus dem ersten Prägejahr 1967 sind kaum zu bekommen.

Die Deutschen, sofern sie überhaupt an Gold interessiert sind, handeln bevorzugt mit Papiergold – mit Zertifikaten, Optionen und Mini-Futures, die nicht einmal einen Anspruch auf eine bestimmte Menge Goldes darstellen. Die Zeiten, in denen jede bessere Bankfiliale eine große Auswahl an Münzen und Barren in der Vitrine bereithielt, sind vorbei. Selbst in der Schweiz haben manche Geldinstitute den physischen Goldkauf erschwert und entmutigt. Den Grund dafür konnte man schon 1995 in einem internen Papier von Merrill Lynch, London, nachlesen: »In den siebziger und achtziger Jahren waren die Schweizer Banken regelmäßige und oft sehr aggressive Käufer von physischem Gold. In jenen Tagen glaubten die Schweizer generell, daß ihre Privatkunden und sogar einige ihrer institutionellen Kunden wenigstens zehn Prozent ihres Anlagevermögens in physischem Gold halten sollten. Dieses physische Gold kam in der Form von Barren oder Münzen und wurde buchstäblich in den Tresorräumen weggeschlossen. Heutzutage sind die Schweizer Bankiers unserem Eindruck nach viel stärker daran interessiert, ihren Kunden Call-Optionen oder amerikanische Warrants zu verkaufen als physisches Gold. Der Grund dafür ist nicht schwer auszumachen. Die Profitmarge auf eine Goldoption oder einen Warrant ist viel größer als die beim Kauf und der Verwahrung von einem Kilobarren Gold.«

Hinzuzufügen wäre: Nicht nur mit der Kommission auf Papiergold und dem ständigen Hin- und Herschieben der Positionen läßt sich mehr Geld verdienen, auch der Einsatz, den der Kunde beim Kauf leistet, verbleibt sehr oft bei der Bank. Nur sehr versierte Anleger schaffen es, über einen längeren Zeitraum hinweg mit Optionen und ähnlichen Derivaten wirklich Geld zu verdienen. In der Regel wird besser abschneiden, wer echtes Gold günstig einkauft und wegschließt.

Es wird oft übersehen, daß Gold – physisches Gold – mehr denn je ein asiatischer Markt ist. Nicht die reichen Europäer, sondern die Inder, die Araber, die Chinesen und die Türken absorbieren die laufende Goldproduktion. Sie sind es, die Gold vor allem als Schmuck, zunehmend auch als Barren und Münzen erwerben. Im Schnitt der letzten Jahre wurde in Deutschland nicht mehr Goldschmuck abgesetzt als im armen Vietnam – und nicht einmal fünf Prozent soviel wie in Indien. In der westlichen Welt fallen eigentlich nur die Amerikaner ins Gewicht. Sie rangieren am Schmuckmarkt nach den Indern und noch vor den Chinesen und den Saudis.

Ohne Indien müßte sich der Goldmarkt auf magere Jahre gefaßt machen. Nach Angaben des *World Gold Council* kaufte der Subkontinent 2006 Gold im Gewicht von 691 Tonnen, davon 505 Tonnen in Form von Schmuck. Die USA brachten es auf insgesamt 336 Tonnen, China auf 259 und die Türkei auf 225.

Wieviel Gold sich die Inder Jahr für Jahr wirklich zulegen, läßt sich nicht genau ermitteln. Die erwähnten Zahlen des *World Gold Council* dürften eher zu niedrig sein. Denn die Inder kaufen nicht nur, was offiziell importiert wird. Sie kaufen auch im berühmten Goldbasar von Dubai, wo sich viele Geschäfte in indischem Besitz befinden, im *Dubai International Airport*, wo jährlich mehr als eine Million Inder zwischenlanden, aber auch anderswo am Persischen Golf, wo über fünf Millionen Inder arbeiten.

Sie kaufen Goldschmuck für die jährliche Heiratssaison und selbst für Eheschließungen, die in vier oder fünf Jahren erwartet werden. Sie wollen den erwarteten Preissteigerungen zuvorkommen. Die Reichen legen sich Kilobarren in das Schließfach oder halten sogar Gold und Goldfonds im Ausland. Selbst an den drei indischen Warenterminbörsen geht es anders zu als im Westen. Wenn ein Kontrakt ausläuft und gerade im Minus ist, lassen sich die Kunden das Gold nicht selten ausliefern, um den temporären Verlust nicht realisieren zu müssen. Hinter dem indischen Phänomen steckt ein tiefsitzendes Mißtrauen gegenüber der eigenen Regierung und gegenüber der heimischen Währung, die langfristig gegen Gold immer nur abgewertet hat.

Auch der Goldschmuck hat dort eine andere Funktion als in Europa oder den USA. Er wird in Asien generell mit einem nur geringen Aufschlag auf den Goldwert angeboten. Er fungiert als Investment, als Sparbuch, als Reserve für den Notfall. Inderinnen, die gerade Geld für eine Anschaffung benötigen oder sich ein anderes Design wünschen, lassen ihren alten Goldschmuck einschmelzen. Der taucht dann in den Statistiken als Altgold (*scrap*) auf – und zwar in Mengen, die regelmäßig über den Zentralbankverkäufen liegen. Eingeschmolzen wird vorzugsweise dann, wenn die Goldpreise gerade einmal sehr schnell gestiegen sind, und immer mit der Absicht, später billiger zurückzukaufen.

Wie die Asiaten generell, verhalten sich auch die Inder antizyklisch am Goldmarkt. Wenn im Westen die Preise an den Terminmärkten nach oben getrieben werden, halten sie sich mit Käufen zurück oder machen lieber Kasse. Und wenn in Europa und den USA à la Baisse spekuliert wird, greifen sie wieder zu. Weil die Asiaten eine natürliche Affinität zum Gold haben, sind sie die besseren Anleger.

Sie stabilisieren den Markt, weil sie bei Preisexzessen nach oben oder nach unten das Gegenteil der Spekulanten in New York tun. In den Jahren 1997 bis 2001, als Gold sehr preiswert war, überstieg die Schmucknachfrage immer die Marke von 3000 Tonnen. Sie absorbierte damals mehr, als alle Goldminen zusammen fördern konnten. Im Jahre 2006, als in der Preisspitze 725 Dollar erreicht wurden, sank der Schmuckabsatz zum ersten Mal unter die Minenproduktion – ein wichtiger Grund dafür, daß sich die hohen Goldpreise vom Mai 2006 nicht halten ließen. Die Schlußfolgerung daraus: Wer sich darüber informiert, wie das Geschäft in Dubai, in Bombay oder Hongkong läuft, kann oft recht gut abschätzen, ob der Goldpreis gerade überzogen ist oder ob er nach einer Korrektur bald einen Boden bilden wird.

Schließlich finden wir auf der Nachfrageseite – nach dem Schmuck und der Industrienachfrage – den Sektor Investment. Er hat auf mittlere und wohl auch auf lange Sicht den größten Einfluß auf den Preistrend. Und er ist am volatilsten und am wenigsten berechenbar. Einmal in den letzten zehn

Jahren, nämlich 2000, war die Investmentnachfrage sogar negativ. Damals wurden, wenn die Zahlen von GFMS stimmen, 82 Tonnen mehr verkauft als gekauft. 2006 waren es – immer netto – mit 615 Tonnen deutlich weniger als 2005, aber immer noch weitaus mehr als in der zweiten Hälfte der 1990er Jahre. Jedenfalls stieg nach der Jahrtausendwende mit dem Preis auch die Investmentnachfrage, während umgekehrt seit 2001 der Schmuckabsatz zunächst abbröckelte und schließlich 2006 empfindlich zurückging.

Über die Investmentnachfrage werden Sie in den Medien verschiedene Angaben finden – ganz einfach deswegen, weil eine einheitliche Definition fehlt und weil Gold einer der geheimsten Märkte ist. Barren und börsengehandelte Fonds werden immer berücksichtigt, manchmal auch die Kaufpositionen an der *New Yorker Commodity Exchange* (COMEX). Letztere werden regelmäßig veröffentlicht. Was hingegen im Freiverkehr der Banken (OTC) gehandelt wird oder wieviel Gold auf den Konten und in den Kellern der Zürcher Bahnhofstraße liegt, läßt sich nicht ermitteln. Die Experten von GFMS behelfen sich damit, daß sie in der Rubrik Investment einfach eine Menge einsetzen, die groß genug ist, damit Nachfrage und Angebot in der Bilanz ausgeglichen sind.

Damit sind wir beim Hauptproblem des Goldmarktes angelangt: seiner fehlenden Transparenz, die nicht zuletzt daraus resultiert, daß der Umsatz am Papiermarkt für Gold ungleich größer ist als der Umsatz mit Barren. Gäbe es die Derivate nicht und würde nur das gehandelt, was an physischer Ware auf den Markt kommt und in den Importstatistiken auftaucht, wäre alles einfacher.

Immerhin veröffentlicht das *World Gold Council* auch Angaben darüber, wieviel Geld jedes Jahr neu an den Goldmarkt fließt. 2006 wurde demnach Schmuck für 44 Milliarden Dollar abgesetzt, und zusätzlich wurde für 12,36 Milliarden investiert. Zusammen mit der Industrienachfrage (hier vor allem Elektronik) wurde Gold für 65,25 Milliarden Dollar verkauft. Wegen der gestiegenen Preise war das natürlich mehr als 2005, als 53,29 Milliarden ausgewiesen wurden.

Auch wenn die Zahlen nicht akkurat sein können, veranschaulichen sie doch, wie klein der Goldmarkt im Vergleich zu den Finanzmärkten ist. Für 65 Milliarden Dollar kann man nicht einmal eine einzige Bank von der Größenordnung der niederländischen *ABN Amro* kaufen. Und die 12,3 Milliarden, die in Anlagegold im engeren Sinne investiert wurden, sind ein Taschengeld im Vergleich zu den Anleihemärkten oder auch nur zu den Hedge-Fonds, deren Eigenkapital im Frühjahr 2007 auf 1600 Milliarden Dollar geschätzt wurde. Daß ein so kleiner Markt so viel Aufmerksamkeit findet, ist schon erstaunlich. Gold ist eben einzigartig.

Und es ist einer der wenigen Märkte, an denen die Geldschwemme der letzten Jahre zwar nicht spurlos, aber doch weitgehend vorübergegangen ist. Ansatzweise strömte das internationale Kapital bisher eigentlich nur im zweiten Halbjahr 2005 und im ersten Quartal 2006 in den Markt. Die Goldfreunde verweisen denn auch immer wieder auf die gewaltigen Mittel, die theoretisch zur Verfügung stehen. Sie könnten, wenn das Interesse ernsthaft erwacht, tatsächlich den Markt aus den Angeln heben. Dann würden Zentralbankinterventionen mangels Masse wenig ausrichten. Laut *Gold Survey 2006* der Londoner Firma GFMS kontrollieren allein die Pensionsfonds von elf Ländern ein Vermögen von 16,4 Billionen Dollar. Außerdem wurden neun Millionen Bankkunden gezählt, deren liquides Vermögen mehr als eine Million Dollar beträgt, unter ihnen 600 Dollar-Milliardäre. Bereits ein winziger Teil dieser Gelder hätte einen »beträchtlichen Einfluß« auf den Goldmarkt, meinte GFMS – ein krasses Understatement.

Es ist erst ein paar Jahre her, daß die Stimmung am Goldmarkt durchweg negativ war. 2000 war dann das letzte Jahr, in dem von den Investoren mehr Gold veräußert als erworben wurde. In den Jahren bis 2000 wurden die Konten und Tresore ausgeräumt, auch in der Schweiz. In den Jahren 2003 oder 2004, als der Preis schon solide auf dem Weg nach oben war, besuchte ich eine als sehr goldfreundlich bekannte Schweizer Privatbank und erkundigte mich bei den Direktoren nach dem Goldanteil in den Portfolios der Kunden. Der Anteil war minimal, oder er lag bei Null. Nur ein Kunde hatte ernsthaft zugegriffen und sich ein paar Tonnen hingelegt. Eine Tonne entspricht 1000 Kilogramm oder 32 150,72 Troy-Unzen oder einem Würfel mit einer Kantenlänge von 37,27 cm.

Noch am 16. Mai 2001 schrieb Robert Hartmann, damals Goldexperte der Deutschen Verkehrsbank, in einer Kurzanalyse: »Seit mehr als zwei Jahren beobachten wir eine regelrechte Enthortungswelle der Kleinanleger. Die vor vielen Jahren erworbenen Goldmünzen und Barren werden an den Bankschaltern zum Verkauf angeboten. Die vom permanent fallenden Goldpreis frustrierten Anleger wollen die erlittenen Verluste durch den Einstieg an den Aktienmärkten wieder wettmachen. Diese physischen Verkäufe bewirken ein höheres Angebot. Zudem ist davon auszugehen, daß die davon betroffenen Kunden dem Goldmarkt langfristig den Rücken gekehrt haben.« Das war wenige Wochen nach dem endgültigen Goldpreis-Tief und zu Beginn einer verheerenden Aktienbaisse, die den DAX weit unter 2500 drückte!

Immerhin gehörte Hartmann damals nicht zu denen, die immer noch zum Verkauf rieten. Er empfahl, an kursschwachen Tagen einzukaufen, aber höchstens bis zu fünf Prozent eines liquiden Vermögens. Auf zehn bis 15 Prozent sollte die Quote erst bei Goldpreisen um oder unter 200 Dollar erhöht werden. Schön wär's gewesen. Wer darauf wartete, wartete vergebens. Preise von 200 Dollar werden sich auch in Zukunft nicht mehr einstellen.

2005, als Gold bereits komfortabel über 400 Dollar notierte, begann der Markt seinen Charakter grundlegend zu ändern. Nach vier Jahren einer geordneten und maßvollen Aufwärtsbewegung braute sich etwas zusammen. Den Sommer über hatten Langeweile und Desinteresse den Markt beherrscht – immer ein günstiges Umfeld, um Positionen aufzubauen. Bis dann Ende August der Hurrikan *Kathrina* den amerikanischen Bundesstaat Louisiana verwüstete, die Energiepreise in die Höhe trieb, Inflationsbefürchtungen weckte – und damit das Interesse an Gold. Schubweise schaukelte sich die Spekulation auf, bis der Preis dann im Frühjahr 2006 in die Vertikale einschwenkte und am 12. Mai eine Spitze von 725 Dollar erreichte. Es war das erste Mal, daß ein Hurrikan das Kaufsignal für Gold geliefert hatte.

Ein Preissprung um 300 Dollar innerhalb weniger Monate wie der nach *Kathrina* wäre ohne den Goldpapiermarkt kaum möglich gewesen. Wer nur auf die 3500 bis 4000 Tonnen physischen Goldes schaut, die jährlich auf den Markt kommen, unterschätzt seine Tiefe und Liquidität. Auch am Goldmarkt – nicht anders als an den Finanzmärkten – besteht die Beschäftigung der professionellen Spieler hauptsächlich darin, dieselbe Ware bzw. dasselbe Papier möglichst oft hin- und herzuschieben. Dazu ist es erforderlich, daß nicht nur mit real existierenden Aktien oder mit real existierenden Metallen gehandelt werden kann, sondern mit einem Vielfachen davon. Zu diesem Zweck wurden die Derivate erfunden. Seit es sie gibt, kann gekauft und verkauft werden, was nicht vorhanden ist.

Verläßliche Zahlen zu diesem Marktsegment werden leider nur von der *London Bullion Market Association* (LBMA), der New Yorker Terminbörse COMEX, der japanischen TOCOM und anderen kleinen Börsen veröffentlicht. Was sich am erheblich größeren OTC-Markt, einer Domäne der Banken, abspielt, bleibt Geheimsache. Aber es ist ja gerade die dort garantierte Vertraulichkeit und Intransparenz, die von den großen Operateuren geschätzt wird. Niemand läßt sich gerne in die Karten schauen. Und manchmal darf auch nicht in die Karten geschaut werden, wie nach dem Terroranschlag vom 11. September 2001, von dem gewisse Leute durch vorherigen

Positionsaufbau profitiert haben. (Die offizielle US-Kommission zur Untersuchung des 11. September verzichtete auf die Aufklärung der verdächtigen Finanztransaktionen, wozu auch eine atypisch große Nachfrage nach Dollar-Bargeld im Sommer 2001 zählte – eine Nachfrage, die sonst nur bei drohendem Kriegsausbruch zu beobachten ist.)

Wenn Sie sich an den obigen Hinweis auf Investmentkäufe im Gegenwert von 12,36 Milliarden Dollar in einem ganzen Jahr erinnern, werden Sie erstaunt sein, daß im April 2007 am Londoner Goldmarkt täglich (!) Gold im Wert von 13,5 Milliarden Dollar transferiert wurde. Bei Silber war es täglich für 1,48 Milliarden. In diesen offiziellen Zahlen der Londoner Clearing-Statistik, die das Geschäft am größten Goldmarkt der Welt widerspiegelt, sind weder Übernacht-Kredite noch Transporte von physischem Gold enthalten, die an Adressen außerhalb Londons gingen. In Gewicht gerechnet, waren es im April 2007 durchschnittlich 20,6 Millionen Unzen Gold und 112 Millionen Unzen Silber am Tag. Bei diesen Transfers der sechs Londoner Clearing-Banken (darunter Deutsche Bank und UBS) handelt es sich hauptsächlich um Umbuchungen von einem Konto auf ein anderes. Welchen Anteil der Kauf und Verkauf von physischem Gold ausmacht, wird nicht bekanntgegeben.

Auch beim Handel an der New Yorker COMEX geht es in den wenigsten Fällen darum, reales Gold zu erwerben. Verdient oder verloren wird an der Preisdifferenz. Wie an jeder Terminbörse ist auch in New York die Zahl der Kauf- und Verkaufspositionen immer identisch. Die COMEX hat heutzutage weniger Einfluß auf den Goldpreis als in der zweiten Hälfte der 1970er oder in den 1980er Jahren. Der größere Teil der Spekulation läuft durch die Bücher der Banken und bleibt damit vertraulich. Weil die New Yorker Börse dank ihrer Transparenz die sichtbare Spitze des Eisberges bildet, lohnt es sich auch für den langfristigen Investor, sich ab und zu über das Geschehen an der COMEX zu informieren.

Von besonderem Interesse ist dabei das Wachstum der spekulativen Kaufpositionen bei steigenden Preisen und deren Rückgang, wenn der Goldpreis korrigiert. Veröffentlicht werden diese Zahlen regelmäßig im *Commitment of Traders Report*, der auch über das Internet abrufbar ist. Achten Sie dort auf die Position »large speculators«. Dahinter verbergen sich hauptsächlich die Fonds. Aussagekräftig ist immer die Netto-Position, d. h. die Kaufpositionen abzüglich der Verkaufspositionen. Mit anderen Worten: lang minus kurz.

2001, am Preisboden, waren die großen Spekulanten meist netto kurz, im ersten Quartal zeitweise mit mehr als 50 000 Kontrakten. Da jeder Kontrakt 100 Unzen Gold schwer ist, waren das fünf Millionen Unzen bzw. 155 Tonnen. Umgekehrt wurden in der Spitze Ende 2005 netto über 150 000 Kaufkontrakte erreicht, die über 466 Tonnen entsprachen.

Auch wenn sich keine feste Obergrenze definieren läßt, war es bisher doch so, daß am Goldmarkt Vorsicht ratsam ist, sobald die Marke von 150 000 Kaufkontrakten überschritten wird. Dann liegt zumindest der Verdacht nahe, daß die Mehrheit derer, die kaufen wollen oder können, bereits gekauft hat. Der ideale Zeitpunkt zum Einsteigen bot sich in den Jahren seit 2001 meist erst dann, wenn die Kaufkontrakte (netto) der großen Spekulanten etwa auf 50 000 oder gelegentlich sogar noch tiefer zurückgegangen waren.

Das klingt einfacher, als es in der Praxis ist. Es kann auch einmal vorkommen, wie ab September 2005, daß das spekulative Interesse an der japanischen TOCOM ungewöhnlich stark anschwillt. Dann kann sie eine Zeitlang die Preisführung übernehmen. Aber das ist die Ausnahme. Normalerweise genügt es, das Auf und Ab in New York zu beobachten. Dabei darf nicht vergessen werden, daß die Spekulanten an der COMEX in einer langfristigen Hausse fast immer lang sind, d. h. mehr Kauf- als Verkaufspositionen halten. Sie führen eine Kernposition in ihren Büchern, die sie nicht aufgeben, solange sie an den Bestand der Hausse glauben. Sie verringern diese Kernposition nur ab und zu (etwa von 150 000 Anfang 2006 auf 50 000 Ende 2006), um sie später bei tieferen Preisen wieder zu erhöhen. Würden sie das nicht tun und würden auch die Spieler in Tokio oder London nicht ebenso handeln, gäbe es keine mittelfristigen Zyklen am Goldmarkt. Ein linearer Preisverlauf existiert nur in der Phantasie naiver Anleger.

Insgesamt geht der Trend seit den 1990er Jahren weg vom echten Gold und hin zum Papiergold. In Europa sind die Deutschen Spitzenreiter beim Kauf von teils nützlichen, oft aber überflüssigen und überteuerten Derivaten, die von der Propagandamaschine der Banken in den Markt gedrückt werden. Es handelt sich dabei um nichts anderes als Schuldverschreibungen, deren Kurs und Rückzahlung irgendwie an den Goldpreis gekoppelt sind.

Andererseits aber hat der physische Markt durch die Auflegung von börsengehandelten Goldfonds Verstärkung bekommen, denn das Geld der Anleger wird von diesen Fonds in echte Barren investiert. Dafür wird eine jährliche Verwaltungsgebühr von normalerweise 0,3 Prozent erhoben. Achten Sie darauf, wo der Fonds aufgelegt und wo das Gold verwahrt wird. Vermutlich ist der Goldfonds der Zürcher Kantonalbank sicherer als ein amerikanischer. Die 0,3 Prozent kann sich sparen, wer einen Banksafe besitzt – und den braucht man ohnehin für wichtige Dokumente.

Zusammengefaßt läßt sich sagen, daß das Goldinvestment in den USA und besonders in Europa nach den Enttäuschungen der 1990er Jahre noch in den Kinderschuhen steckt. Die große Mehrheit kennt den Goldmarkt nicht und versteht nicht, daß Gold eine Medaille mit zwei Seiten ist. Nur eine davon ist spekulativer Natur. Bisher haben eher reiche und superreiche Investoren – und auch von ihnen nur eine kleine Minderheit – zugegriffen. Auch der im Vergleich zu den 1970er und 1980er Jahren schwache Absatz von Goldmünzen in Deutschland und noch mehr in Frankreich spricht dafür, daß der sogenannte kleine Mann immer noch abseits steht. Nüchtern betrachtet waren es lange Zeit nur der Informationsdienst *G&M* und die seit 1980 jährlich veranstalteten *G&M*-Seminare, die den Gedanken an Gold in Deutschland und der Schweiz wachgehalten haben.

Der weitverbreitete Mangel an Information kann teuer zu stehen kommen. Auf einem *G&M*-Seminar im Frühjahr 2006 in Bad Kissingen erzählte Dr. Pavol Jurecko, Inhaber des Münzkabinetts in Frankfurt und einer der führenden Händler Deutschlands, wie sich manche Kunden von den Banken übers Ohr hauen lassen. Kaum haben sie eine Sammlung alter Münzen geerbt, machen sie sich zur nächsten Bank auf, wo ihnen die guten Stücke zum Metallwert abgekauft werden. Eine schlimme und unseriöse Praxis, sagte Jurecko. Die Leute haben keine Ahnung, wie teuer seltene Goldprägungen aus der Kaiserzeit gehandelt werden, z. B. die 5-, 10- oder 20-Mark-Stücke aus Anhalt, Bremen, Mecklenburg oder Oldenburg.

Eine andere Unsitte vieler Banken besteht darin, daß sie Gold ungern gegen Bargeld verkaufen – und wenn, dann nur bis zu einer Höhe von 2500 Euro. Oder daß sie keinen festen Preis nennen; der Kunde muß dann den Preis am Tag der Auslieferung zahlen. Oder daß es Schwierigkeiten bereitet, Anlagegold auch einmal zurückzugeben. Daß es auf Echtheit geprüft werden muß, ist selbstverständlich. Nicht in Ordnung hingegen ist, wenn für die Gutschrift erst der Preis am Tag der Prüfung zugrunde gelegt wird.

(Eine Bemerkung am Rande: Während der Dollar seit 20 Jahren massenhaft und fast perfekt nachgemacht wird – möglicherweise von Nordkorea, möglicherweise vom CIA –, tauchen erstaunlicherweise fast nie gefälschte Goldbarren oder -münzen auf. Vorsichtshalber schicken die Goldhandelsbanken auch Barren, die sie von einer Zentralbank ankaufen, ausnahmslos durch ihre Prüfgeräte.)

Ein weiterer Hinweis von Pavol Jurecko: »Es gibt in Deutschland nicht sehr viele Adressen, bei denen man fachmännische Beratung erfährt, hingehen kann und ohne viel

Wartezeit und Aufwand Anlagegold erwerben oder auch verkaufen kann. Die Infrastruktur ist in dieser Hinsicht in Deutschland wegen der Geschäftspolitik der Geldinstitute, aber auch wegen der oft negativen Äußerungen zum Thema Gold in der Presse sehr vernachlässigt worden. Bei einer Bank oder Sparkasse kann man dies auch nicht erwarten, da es dort für diese Fachrichtung nur selten geschultes Personal gibt – und weil die Banken in den Filialen keine oder nur kleine Bestände an Edelmetallen führen. Außerdem ist das Personal verpflichtet, das ›richtige Investment‹ anzubieten, und zwar meistens in Papierform. Umso mehr bin ich überrascht, daß immer häufiger Angestellte der Großbanken, auch junge Leute, am Platz Frankfurt bei uns Edelmetalle kaufen. Man sollte beim Kauf von Edelmetallen besonders auf eines achten: Empfehlenswert ist das sogenannte Tafelgeschäft, bei dem man die Möglichkeit hat, das Edelmetall gegen Bargeld zu erwerben. Die Gründe dafür liegen auf der Hand: Erstens hat der Käufer die Möglichkeit, die Barren oder Münzen selbst anzuschauen und zumindest optisch die Qualität zu beurteilen. Zweitens ist noch wichtiger, daß das Geschäft unter Einhaltung aller gesetzlicher Bestimmungen anonym bleibt.«

Auch Manfred Gburek spricht in seinem Goldbuch von »Abgründen von Unwissenheit«, die sich bei manchen Bankangestellten und Münzhändlern auftun, und warnt eindringlich und zu Recht vor überteuerten Medaillen und Gedenkmünzen ohne Sammlerwert.

Also: Nehmen Sie sich Zeit, sehen Sie sich um, suchen Sie sich einen seriösen Händler aus, bauen Sie ein Vertrauensverhältnis zu ihm auf, und ziehen Sie auch die ebenso schönen wie lukrativen Münzen aus der Ära des Goldstandards in Betracht. (Zu den erfahrenen Händlern zählt auch Rainer Meier, Inhaber der Goldhandlung ZPMO in Zürich.)

Schließlich eine Frage, die oft gestellt wird, sich aber nicht definitiv beantworten läßt: Kann Gold jemals wirklich knapp werden?

Dafür würde sprechen, daß die Förderung in den drei wichtigsten Ländern (Südafrika, den USA und Australien) seit Jahren rückläufig ist; in Südafrika sogar seit 1970, als eine Rekordproduktion von 1000 Tonnen erreicht wurde. 2006 förderten Südafrika noch rund 270 Tonnen, die USA 260 und Australien rund 250 Tonnen. Allerdings konnten kleine Produzenten in den vergangenen zehn Jahren stark zulegen, z. B. Peru, Argentinien, Indonesien, Tansania und Mali. China liegt mit 240 Tonnen inzwischen an vierter Stelle.

Das ändert freilich nichts daran, daß sich die weltweite Produktion auf absehbare Zeit nicht fühlbar steigern läßt. Die führenden Goldminengesellschaften – *Barrick*, *Newmont*, *Anglogold* und *Gold Fields* – sind schon froh, wenn sie den laufenden Ausstoß kontinuierlich durch frische Reserven ersetzen können. Ohne die modernen Techniken hätte der Goldbergbau nicht einmal den jetzigen Stand erreichen können. Das gilt für die mühsame Exploration, d. h. die Suche nach Goldvorkommen, ebenso wie für die optimale Ausbeutung einer Lagerstätte, wobei dreidimensionale Computermodelle eine große Hilfe sind. Das gilt auch für die Methode der Haufenlaugung (*heap leaching*), die es rentabel macht, aus früher wertlosem Erz noch etwas herauszuholen. In der Tarkwa-Mine von *Gold Fields* in Ghana, die mit gutem Gewinn arbeitet, sind es nur ein Gramm pro Tonne Erz.

Richtig ist jedenfalls, daß nach den enormen Kostensteigerungen der letzten Jahre ein Verfall der Goldpreise (sagen wir: in Richtung auf 400 Dollar) die Minenindustrie in eine Katastrophe stürzen würde. Würde der Goldpreis für längere Zeit auf einem so tiefen Niveau verharren, müßte damit gerechnet werden, daß die weltweite Goldförderung nach und nach bis auf 1500 Tonnen absinkt. Das wäre für eine wachsende und wohlhabender werdende Weltbevölkerung mit Sicherheit zu wenig.

Schätzungsweise zwei Drittel der bekannten Goldreserven sind bereits abgebaut. Und diese Reserven sind knapper als beispielsweise beim Platin, gar nicht zu reden vom Eisenerz. Die größten nachgewiesenen Reserven liegen immer noch in Südafrika, die zweitgrößten in Rußland. Allerdings würde ein Comeback Südafrikas, wo Gold einmal die Hälfte der Exporte ausmachte, sehr hohe Goldpreise voraussetzen. Eine südafrikanische Renaissance ist pure Zukunftsmusik. Selbst die besten Minen am Kap geben immer weniger her. Die zum Konzern *Gold Fields* gehörende *Driefontein* (früher als *East Driefontein* und als *West Driefontein* separat an der Börse notiert) produziert seit dem Jahre 1952. Damals betrug der Goldgehalt je Tonne Erz 16,2 Gramm. Jetzt sind es nur noch 5,2 Gramm. Allein seit 2001 reduzierte sich die jährliche Förderung von *Driefontein* – bei steigenden Goldpreisen – von 42 auf 35,75 Tonnen. Dabei ist *Driefontein* immer noch eines der größten Goldbergwerke der Welt. *Gold Fields* setzt jetzt verstärkt auf Vorkommen außerhalb Afrikas, aber auch auf die neue südafrikanische Mine *South Deep*, eine der größten der Welt.

Das Bild, das wir uns vom Goldmarkt machen, ist nicht komplett, wenn wir nur das jährliche Angebot betrachten. Da Gold nicht oxidiert, nicht durch Wasser angegriffen wird, praktisch unzerstörbar ist und da sich das Recycling im Gegensatz zu anderen Metallen (auch im Gegensatz zu Silber) immer lohnt, ist der größte Teil dessen, was in den vergangenen Jahrtausenden aus der Erde geholt wurde, noch vorhanden. Wieviel genau, weiß niemand. Ein Teil liegt auf dem Meeresgrund, ein anderer wurde vergraben und vergessen.

Die Finanzpresse stützt sich meist auf die Veröffentlichungen von GFMS. In deren *Gold Survey 2006* ist die Rede von 155 500 Tonnen, die über der Erde liegen, den sogenannten *Above-ground Stocks*. Nur werden hier eine Genauigkeit und ein Wissen vorgetäuscht, die nicht vorhanden sind.

Wirklich falsch ist die genannte Menge aber auch nicht, denn sie beruht auf einer Schätzung der Weltgoldproduktion. Diese stammt zu fast zwei Dritteln aus der Zeit nach 1950.

Schwieriger ist zu ermitteln, wieviel in früheren Jahrhunderten gefördert wurde. Schließlich ist der Goldbergbau älter als 3000 Jahre – er begann im Alten Ägypten.

Selbst die aktuelle Produktion ist nicht genau bekannt. In der Goldstadt Johannesburg ist es ein offenes Geheimnis, daß in den Bergwerken Gold und goldhaltiges Material gestohlen wird. Verständlich, daß die Minengesellschaften nicht gerne darüber reden. In Johannesburg habe ich von Schätzungen gehört, die bis zu zehn Prozent der Produktion gehen.

Fünf Prozent dürften realistischer sein. Aber auch das ist viel und kann für marginale Minen, die zu hohen Kosten produzieren, das Jahresergebnis sehr wohl in die Verlustzone drücken. Nach Informationen aus dem Jahr 2006 zu urteilen, sind die Bergwerke von *Anglogold* stärker betroffen als die von *Gold Fields*. Die Goldräuber verschaffen sich mit gültigen Ausweisen Zutritt zu den Minen, oder sie steigen durch stillgelegte Schächte ein. Sie sind bewaffnet, benutzen Handgranaten zum Sprengen des Golderzes, legen Sprengstoffallen und bleiben manchmal wochenlang untertage. Und sie arbeiten mit Verbrechersyndikaten zusammen, deren Verbindungen bis nach England reichen. Selbstverständlich setzt diese Art von Organisierter Kriminalität, unter der auch die Platinminen leiden, einen Schwarzmarkt für Gold voraus. Und der existiert bekanntlich nicht nur in Südafrika.

Zurück zur Weltgoldmenge von 155 500 Tonnen. Der Anteil, der auf die offiziellen Reserven entfällt, läßt sich noch am genauesten ermitteln. Es sind nach dem Stand von Anfang März 2007 30 374 Tonnen, die bei den Zentralbanken und dem Internationalen Währungsfonds liegen. Völlig exakt ist auch diese Zahl nicht. Erstens melden nicht alle Staaten ihre Reserven vollständig, und zweitens ist ein unbekannter Teil davon ausgeliehen, ist zwar immer noch Bestandteil der Weltgoldmenge, aber – jedenfalls zum Teil – bereits zu Schmuck verarbeitet.

Die Bestände an Goldschmuck gibt GFMS mit 80 300 Tonnen an und den weltweiten privaten Goldhort in Form von Barren und Münzen mit 24 800 Tonnen.

Das mag so sein, aber es bleibt offen, wieviel davon selbst bei sehr hohen Goldpreisen mobilisiert werden und damit in den Kreislauf gelangen könnte. Ganz zu schweigen von den Restposten, die GFMS aufführt, um auf die erwähnte Gesamtmenge von 155 500 Tonnen zu kommen. Mit Sicherheit steht das sakrale Gold in katholischen und orthodoxen Kirchen und in buddhistischen Tempeln nicht zur Verfügung – auch nicht der neuerbaute zwei Meter hohe Turm aus purem Gold in Singapur, der einen Zahn Buddhas beherbergt.

Wahrscheinlich liege ich nicht ganz falsch, wenn ich die im extremsten, kaum vorstellbaren Fall mobilisierbare Weltgoldmenge auf etwa 100 000 Tonnen schätze. Bei einem Goldpreis von 600 Dollar je Unze hätte diese einen Gegenwert von 1929 Milliarden Dollar. Ein Viertel davon, nämlich das von Privaten investierte Gold, wäre für 482 Milliarden Dollar zu haben. Ist das viel? Keineswegs, es ist wenig im Vergleich zu den Staatsschulden nur eines einzigen größeren Industrielandes.

Ein anderer Blickwinkel: Bezogen auf die angenommene Menge von 100 000 Tonnen ergibt sich dank der Minenproduktion ein jährlicher Zuwachs von 2,5 Prozent. Auch das ist bescheiden. Die Euro-Zone, im internationalen Vergleich nicht gerade ein Schwachwährungsgebiet, meldete Ende 2006 ein jährliches Wachstum des Bargeldumlaufes von 11,1 Prozent. Und die breiter gefaßte Geldmenge M3 expandierte zuletzt um zehn Prozent. Kein Zweifel: Im Vergleich zum Papiergeld ist Gold knapp und wird knapp bleiben. Wäre Gold hingegen nur eine Ware, die nicht als Wertaufbewahrungsmittel gefragt ist, könnte von Knappheit kaum die Rede sein.

Der oft zu hörende Hinweis, daß der Goldvorrat über Tag ein Vielfaches der Minenproduktion ausmacht, ist ebenso banal wie nichtssagend. Dasselbe Scheinargument könnte man auf die Devisen- und Bondmärkte anwenden. Was zählt, ist der Zuwachs, nicht so sehr der bereits vorhandene Bestand. Auch bei den Staatsanleihen oder den Papierwährungen unterstellt niemand, daß sie über Nacht komplett auf den Markt geworfen werden könnten.

Somit ist die jährliche Goldbilanz mit ihren Posten von Angebot und Nachfrage, die in diesem Kapitel untersucht wurde, weniger aussagekräftig als bei anderen Rohstoffen. Kupfer, Nickel oder auch Zucker und Weizen werden immer in knappen Jahren stärker im Preis steigen und bei Überschuß stärker fallen als Gold, weil die Lagerhaltung im Verhältnis zur Produktion nie so groß sein kann wie bei Gold. Es sind ja gerade die Tiefe und die Liquidität des Goldmarktes, die die Preisschwankungen abmildern und Gold als Finanzanlage geeignet machen. Daß Gold in der Erde sehr selten und über der Erde – noch – ausreichend vorhanden ist, zählt ebenso zu den Besonderheiten des Metalls wie sein Doppelcharakter als Rohstoff und Geld.

Kapitel IX

Die Schuldenfalle

Kann Deutschland pleite gehen?

In kleinen Zirkeln und unter Ausschluß der veröffentlichten Meinung wird immer wieder einmal darüber diskutiert, ob und wann sie kommen könnte: eine Währungsreform.

Noch 2005, als die staatliche Neuverschuldung Deutschlands zum vierten Mal hintereinander das Maastrichter Kriterium von drei Prozent Bruttoinlandsprodukt (BIP) überschritten hatte, herrschte tiefer Pessimismus. Dann belebte sich die Wirtschaft, der Schuldenberg wuchs langsamer, und am 1. Februar 2007 sah sich der Bund der Steuerzahler genötigt, seine Schuldenuhr in Berlin umzustellen. Seitdem tickt sie nur noch mit einer Neuverschuldung von 1056 Euro pro Sekunde statt mit 2113 Euro wie im vorherigen Jahr. Gleichzeitig mahnte der Bund der Steuerzahler, daß keine Entwarnung gegeben werden könne. Die öffentlichen Zinslasten hätten mit 66 Milliarden Euro fast die Höhe der Ausgaben für Schulen und Universitäten erreicht. Tatsächlich muß das Problem unabhängig von Konjunkturzyklen, die vorübergehend Erleichterung verschaffen, und vor allem im Zusammenhang mit der demographischen Entwicklung gesehen werden. Kurzfristige Betrachtungen sind ohne großen Erkenntniswert.

Was eigentlich ist eine Währungsreform? Eine knappe Definition liefert das renommierte *Gabler Wirtschaftslexikon*: »Gesetzliche Neuordnung des Geldwesens zur Überwindung offener und verdeckter Inflation«. Unverkennbar orientiert sich das Lexikon hierbei an den zwei deutschen Währungsreformen des vergangenen Jahrhunderts: der von 1923, die eine offene Inflation beendete, und der von 1948, die vor dem Hintergrund einer durch Preisstop verdeckten Kriegsinflation von den Besatzungsmächten angeordnet wurde.

Wie wir sehen werden, ist mit dem Hinweis auf die Inflation keineswegs alles erklärt. Denn zum einen gibt es genug Beispiele dafür, daß ein Land mit hoher Inflation eine Währungsreform vermeiden konnte. Und zum anderen stellt sich die Frage, ob eine ausufernde Staatsverschuldung als solche den Währungsschnitt erzwingen könnte – auch wenn es vorher nicht zur Hyperinflation gekommen ist. Es ist keineswegs so, daß künftige Währungsreformen dem alten Muster folgen müssen.

Ohnehin muß festgestellt werden, daß Staaten ungleich schwerer pleite gehen als Unternehmen oder Privatleute. Die Erklärung dafür ist einfach: Der Staat als Anbieter bestimmter Dienstleistungen und als Steuereintreiber ist Monopolist. Er kann die Höhe seiner Einnahmen selbst festlegen. Er kann außerdem inflationieren und damit die Schulden abwerten, d.h. die Gläubiger betrügen, teilenteignen und seine eigene Schuldenlast willkürlich verringern. Er kann notfalls sogar Geld drucken, sofern die Notenbank mitspielt. Und er kommt nur dann sehr schnell in Schwierigkeiten, wenn er den Fehler macht, sich nicht in der eigenen Währung, sondern in Fremdwährungen zu verschulden, die er selbst nicht herstellen kann.

Eben darin lag der Grund für den Staatsbankrott Argentiniens. Buenos Aires hatte den Peso fest an den Dollar gebunden und sich auch noch massiv in Dollar verschuldet. Deutschland und anderen europäischen Kandidaten kann zumindest das nicht passieren. Sie haben ja den Euro.

Den Deutschen wurde der Euro in der Diskussion der 1990er Jahre als ein besonders stabiles Geld verkauft. Im Maastrichter Vertrag wurden Obergrenzen sowohl für die jährliche staatliche Neuverschuldung (nämlich drei Prozent des Bruttoinlandsproduktes, BIP) als auch für die gesamten aufgelaufenen Staatsschulden (nämlich 60 Prozent BIP) festgelegt. Als der öffentlichen Meinung in Deutschland auch das nicht reichte, wurde ihr zusätzlich von Finanzminister Theo Waigel der sogenannte Stabilitäts- und Wachstumspakt präsentiert.

Dann gab es auch noch den Parlamentsvorbehalt vom 2. Dezember 1992, auf den sich das Bundesverfassungsgericht in seinem bekannten Maastricht-Urteil ausdrücklich bezog. Der Vorbehalt bestand in einer Entschließung des Deutschen Bundestages, mit der die Regierung eindeutig und zeitlich unbegrenzt an die Stabilitätskriterien gebunden wurde: »Der Deutsche Bundestag wird sich jedem Versuch widersetzen, die Stabilitätskriterien aufzuweichen, die im Maastrichter Vertrag vereinbart worden sind. Er wird streng darüber wachen, daß der Übergang zur dritten Stufe sich streng an diesen Kriterien orientiert.« (Mit der dritten Stufe war die Einführung des Euros als Buchgeld zum 1. Januar 1999 gemeint.)

Eine klare Position, die vom Parlament beschlossen und vom Bundesverfassungsgericht sanktioniert wurde! Eine Position, über die sich die Bundesregierung bedenkenlos hinweggesetzt hat. Daß der durch die Brüsseler Gesetzgebungsmaschine längst entmachtete Bundestag sich mit der Kassierung seines eigenen Beschlusses von 1992 sang- und klanglos abgefunden hat, spricht Bände. Nicht nur die Defizitquote von drei Prozent wurde jahrelang verletzt, auch die Schuldenquote lag 2006 mit 68 Prozent des Bruttoinlandsproduktes klar über der Maastrichter Obergrenze von 60 Prozent.

Das Ende des Stabilitätspaktes läßt sich genau datieren: auf den 20. März 2005. An diesem Tag einigte sich der Ecofin-Rat, in dem die Wirtschafts- und Finanzminister sitzen, auf eine Vorlage zur – wie es fast zynisch hieß – »Verbesserung der Umsetzung des Stabilitäts- und Wachstumspaktes«. Die Vorlage wurde vom Europäischen Rat, d. h. den Regierungschefs der EU, auf der Frühjahrssitzung vom 22. und 23. März gebilligt.

Wie die Bundesbank in ihrem Monatsbericht vom April 2005 mitteilte, kann künftig eine Überschreitung des 3-Prozent-Referenzwertes u. a. durch folgende Ereignisse und Begründungen gerechtfertigt werden:

- »Naturkatastrophen« (dagegen ist nichts einzuwenden).
- »Negative Wachstumsraten« (gemeint ist: ein Schrumpfen der Wirtschaft).
- »Herrschende Konjunkturlage« (ein Gummibegriff).
- »Ausgaben für Forschung, Entwicklung und Innovation« (als ob das nicht zu den normalen und besonders wichtigen Staatsausgaben gehörte).
- »Öffentliche Investitionen« (dito).
- »Belastungen aus Finanzbeiträgen zugunsten der internationalen Solidarität« (gemeint ist: Deutschland darf weiterhin mit gepumptem Geld den Zahlmeister spielen).
- »Belastungen aus Verwirklichung der Ziele der europäischen Politik, insbesondere dem europäischen Einigungsprozeß« (gemeint sind hier wohl die künftigen Kosten nicht nur der Osterweiterung, sondern auch eines Türkei-Beitritts – man beachte die euphemistische Wortwahl).
- »Rentenreformen« (das wird mit Abstand der größte Brocken, denn nichts bedroht die Zahlungsfähigkeit der Staaten mehr und erzeugt eine größere Verschuldung als die sich anbahnende Rentenkatastrophe).

Wahrscheinlich ist der *Point of no return* bereits überschritten, der Zeitpunkt also, an dem eine Sanierung noch möglich gewesen wäre. 2006 halfen Sondereffekte. Zum einen stiegen die notorisch schwankungsanfälligen, weil gewinnabhängigen Einnahmen aus der veranlagten Einkommensteuer und aus der Körperschaftsteuer sprunghaft an – in der nächsten Rezession werden sie wieder einbrechen. Zum anderen war die Lohnentwicklung sehr moderat, und an diese sind viele Sozialleistungen gekoppelt. Und bei der Rentenversicherung behalf sich der Finanzminister mit einem Trick: Die monatliche Erhebung der Beiträge wurde vorgezogen, so daß im Januar 2006 gleich zweimal kassiert werden konnte. Dann folgte im Januar 2007 mit dem neuen Mehrwertsteuersatz die größte Steuererhöhung aller Zeiten. Schließlich wären auch die jahrelangen Nullrunden bei den Renten zu erwähnen, die ebenfalls keine Dauerlösung darstellen. Nullrunde ist ein Euphemismus wie Nullwachstum. Wo nichts wächst und keine Runde ausgegeben wird, sollten sich die Politiker andere, ehrlichere Begriffe einfallen lassen. Wenn die Renten gleichbleiben oder auch einmal um 0,5 Prozent steigen, schrumpfen sie in Wirklichkeit real, d. h. nach Berücksichtigung der Inflation.

Und jetzt hören wir, daß der Bundeshaushalt 2007 endlich einmal verfassungskonform ist, weil die geplante Nettokreditaufnahme von 19,5 Milliarden Euro (so, wie es Artikel 115 GG verlangt) unter den investiven Ausgaben von 24 Milliarden liegt. Aber auch hier wird nachgeholfen, z. B. durch finanztechnische Manipulationen mit der Postpensionskasse, die zu Lasten späterer Haushalte gehen. Keinen verfassungsgemäßen Haushalt konnten selbst 2007 die Bundesländer Bremen, Berlin, Saarland und Schleswig-Holstein vorlegen, trotz höherer Steuereinnahmen. Im Februar 2007 kritisierte die Bundesbank darüber hinaus, daß andere Bundesländer ihre Kreditgrenze »nur durch Vermögensverwertungen oder Dehnung der Definition der eigenfinanzierten Investitionen« einhalten konnten.

Im Dehnen und Schrumpfenlassen sind die Politiker wahre Meister. Es läßt sich nicht einmal annähernd genau definieren, wie groß die öffentlichen Schulden wirklich sind. Am 13. Februar 2007 ließ die Bertelsmann-Stiftung eine Bombe platzen. Sie veröffentlichte eine neue Untersuchung, nach der im Durchschnitt nur 57 Prozent der Schulden der deutschen Kommunen in den Kernhaushalten auftauchen. Die übrigen 43 Prozent wurden in ausgegliederten Unternehmen und Einrichtungen versteckt. Besonders undurchsichtig ist das Finanzgebaren in Brandenburg. Dort sind weniger als 30 Prozent der Kommunalschulden in den Haushalten sichtbar. Der Rest wurde anderswohin verschoben.

Nach Angaben der Bertelsmann-Stiftung lasten auf jedem Einwohner der Bundesrepublik (im Durchschnitt!) Kommunalschulden in Höhe von 3351 Euro und nicht von 1910 Euro, wie die ordentlichen Haushalte suggerieren. Die Grenzen zwischen Realität und Fiktion verschwimmen. In einer Traumwelt ganz eigener Art lebt Berlin mit einer Pro-Kopf-Verschuldung von 17380 Euro, die nur noch von Bremen mit 20190 Euro überboten wird.

In der Titelgeschichte seiner Ausgabe vom 19. März 2007 feierte der *Spiegel* eben dieses Berlin und das »Comeback einer Weltstadt«. Die Laudatio muß man sich auf der Zunge zergehen lassen. Wir erfahren, daß die alte West-Berliner Tristesse wie weggeblasen ist, daß Karnevalsumzug und Love Parade über eine Million Besucher anlocken, daß das neue Berlin für Deutschland und Europa (geht's nicht eine Nummer kleiner?) ein »Labor der Zukunft« sei und daß nach den traumatischen Erfahrungen der Kriege und zweier Diktaturen niemand mehr auf die Idee kommen könne, »hier würde neues Unheil ausgebrütet«. Wunderbar! Da können wir ja beruhigt sein. Daß der Regierende Partymeister und Oberhedonist Wowereit irgend etwas ausbrütet, war auch gar nicht anzunehmen.

In Berlin ein »Labor der Zukunft« zu sehen ist nicht einmal ganz falsch. Die Stadt ist so gut wie bankrott, seit der Wende gingen 200000 Arbeitsplätze in der Industrie verloren, nur noch 130000 Menschen sind im verarbeitenden Gewerbe tätig. Der *Spiegel* zitiert einen Hauptstadt-Galeristen: »Niemand arbeitet in Berlin, jeder ist entweder ein Künstler oder ein Politiker.« – »Wer hat es schon eilig in einer Stadt«, schwärmt das Magazin, »in der jeder zweite Einwohner von Arbeitslosengeld, Rente oder Hartz IV lebt?«

Nur ist es leider so, daß es für jeden, der die betont langsame Lebensart pflegt, ein Pendant geben muß, das sich ein bißchen mehr beeilt, um den Fiskus zu bedienen. Aber auch das ist nicht ganz richtig. Denn die nicht erarbeiteten Einkommen lassen sich partiell auch per Staatsverschuldung beschaffen. Dann sind die Schulden, so sagt man, die Steuern von morgen. Aber selbst das trifft nicht immer zu – die Schulden können irgendwann auch gestrichen werden. So etwas nennt sich Staatsbankrott, Währungsreform oder Umschuldung.

Betrachten wir den deutschen Schuldenberg in seiner furchterregenden Größe doch einmal von verschiedenen Seiten. Zunächst unter dem Aspekt der Geschwindigkeit, mit der er wuchs: von 29 Milliarden Euro 1960 auf 63 Milliarden 1970, dann bis 1980 auf 237 Milliarden, bis 1990 auf 536 Milliarden, bis 2000 auf 1198 Milliarden und auf 1500 Milliarden im Frühjahr 2007. Pro Kopf sind das, bezogen auf alle publizierten öffentlichen Schulden, mehr als 18 000 Euro. Für eine normale Familie ist das viermal soviel, und die richtige Vorstellung von der Größenordnung bekommen Sie am besten, wenn Sie alle Schuldenzahlen mit 1,95583 multiplizieren.

Schließlich sehen wir uns – das ist am aufschlußreichsten – die länderspezifische Pro-Kopf-Verschuldung an: In Berlin waren es Ende 2006 laut Statistischem Bundesamt 17 380 Euro, in Bayern hingegen nur 1850. NRW lag mit 6250 Euro ungefähr in der Mitte, die Hessen brachten es auf 4820 pro Kopf, die Baden-Württemberger auf 3820 und die Sachsen auf 2710 Euro. (Dazu kommen dann jeweils noch die Bundesschuld pro Kopf in Höhe von 11 120 Euro und die kommunale Verschuldung.)

Sie ahnen vielleicht, worauf ich hinaus will: Für die Bayern (und die Baden-Württemberger und die Sachsen und auch noch für die Hessen) wäre der Staatsbankrott kein Thema, wenn sie selbständig wären. Die oft zitierte Gesamtverschuldung von 1,5 Billionen kaschiert Unterschiede, wie sie größer nicht sein könnten. Der Tag wird kommen, an dem die Südstaatler des Finanzausgleichs überdrüssig sind und mit dem Austritt aus der Bundesrepublik Deutschland liebäugeln. Im Februar 2007 veröffentlichte die Regierung in Stuttgart schon einmal ein Gutachten mit dem sensationellen Befund, daß das Wirtschaftswachstum in Deutschland ohne den Länderfinanzausgleich um ein Prozent im Jahr höher und die Arbeitslosigkeit um einen halben Prozentpunkt tiefer wäre. Glaubhaft ist das schon deswegen, weil wir auch aus Untersuchungen über die Wirksamkeit der Entwicklungshilfe wissen, daß sie eher schadet als nutzt.

Ein wichtiger, bisher nicht erwähnter Anhaltspunkt für die Tragfähigkeit von Staatsschulden und für das Risiko der Zahlungsunfähigkeit ist das Verhältnis von Staatsvermögen zu Staatsverbindlichkeiten, d. h. Schulden. Positiv ist es selbstverständlich zu werten, wenn das Sachvermögen des Staates die Verbindlichkeiten übersteigt und wenn Jahr für Jahr mehr investiert wird, als Schulden gemacht werden. Man spricht in diesem Zusammenhang von einer »goldenen Regel«. Die wird freilich seit Jahren in Deutschland in steigendem Maße verletzt und mißachtet. Mit anderen Worten: Der Kapitalstock schrumpft.

Das große Bild sieht folgendermaßen aus: Obwohl die staatliche Netto-Verschuldung in den 1970er Jahren drastisch und in den 1980er Jahren erheblich langsamer stieg, lag sie doch immer komfortabel *unter* dem Sachvermögen des Staates. Erst in den 1990er Jahren verschlechterte sich das Verhältnis rapide. Inzwischen liegt die Verschuldung weit über dem Sachvermögen. Die Bundesbank sprach zu recht von einem »Verzehr des Staatsvermögens«. Anders ausgedrückt: Nach Jahrzehnten des Wirtschaftswunders, des Aufbaus und eines wachsenden Reichtums lebt Deutschland jetzt von der Substanz. Der sich verschlechternde Zustand der Autobahnen ist nur ein kleines, aber augenfälliges Indiz dafür.

Ein Paradebeispiel für Substanzverzehr war die DDR. Als

alles heruntergewirtschaftet war und schließlich die Kredite aus dem Westen nicht mehr ausreichend flossen, war das System konkursreif. Der Betrieb mußte eingestellt bzw. von einer damals noch kapitalkräftigen Firma übernommen werden. Diese Firma war die BRD. Helmut Kohl hätte die DDR auch ohne die Konzessionen bekommen, die er an die USA, die EU und Rußland machte. Wer sonst hätte das Pleiteunternehmen auffangen wollen?

Die schweren handwerklichen Fehler im Zuge der deutschen Wirtschafts- und Währungsunion, die Überbewertung der Ostmark bei der Umstellung und der dadurch bedingte Zusammenbruch der DDR-Wirtschaft haben ganz wesentlich zur Zerrüttung der deutschen Staatsfinanzen beigetragen. Die »Kosten« der Wiedervereinigung haben selbst die enormen Netto-Zahlungen an die EU bei weitem überstiegen. Im März 2007 bezifferte Professor Hans-Werner Sinn, Präsident des ifo-Instituts, den Netto-Transfer von West nach Ost seit der Wiedervereinigung auf 1100 Milliarden Euro – eine in der Finanzgeschichte beispiellose Summe.

Daß der Aufbau Ost weitgehend gescheitert ist, wird von der politischen Klasse verdrängt. Es kommt selten vor, daß jemand schonungslos Bilanz zieht. Auf einer Tagung in Tutzing (*Frankfurter Allgemeine Zeitung* vom 20. März 2007) konstatierte Professor Hans-Werner Sinn: »Es sind keine blühenden Landschaften und kein sich selbst tragender Aufschwung in Sicht. Es ist nicht übertrieben, von Ostdeutschland als einem zweiten Mezzogiorno zu sprechen.« Damit spielte er auf die wirtschaftliche Stagnation Süditaliens an, die seit einem halben Jahrhundert andauert.

Die Daten, die in Tutzing präsentiert wurden, sind ernüchternd: Auf dem Gebiet der DDR fehlen 1,5 Millionen Arbeitsplätze; seit 1980 ist die Bevölkerung von 16,7 auf 14,7 Millionen eingebrochen; für 2050 wird mit nur noch 9,8 Millionen gerechnet; der Verbrauch übersteigt mit 416 Milliarden Euro im Jahr bei weitem das mitteldeutsche Bruttoinlandsprodukt von 287 Milliarden; das Defizit wird durch Kapitalimporte und durch Transfers aus den öffentlichen Kassen gedeckt; von jedem Euro, der im Osten ausgegeben wird, kommen 31 Cent aus dem Westen. »Noch nie ist eine Region in solchem Umfang von außen finanziert worden«, sagte Professor Sinn.

2019 läuft der Solidarpakt aus. Was geschieht dann? Bis dahin ist auch Westdeutschland mit einer fast unvermeidlichen demographischen Katastrophe konfrontiert. Sie wird gravierende Auswirkungen auf die Wirtschaft, auf den Staatshaushalt, auf den sozialen Zusammenhalt und auf die innenpolitische Stabilität haben.

Demographische Prognosen sind leider sehr zuverlässig, solange sich an der Lebenserwartung und an der Geburtenrate nichts Wesentliches ändert. Daß Deutschland dank der Generation der sogenannten Baby Boomer noch ein paar gute Jahre vor sich hat, ist ebenfalls seit längerem bekannt. Die Bundesbank sprach in einem Monatsbericht vom Februar 2007 denn auch lediglich von einer »Pause« bei den demographiebedingten Belastungen und fügte hinzu: »Die Gesamtlage wird sich mit Beginn des nächsten Jahrzehnts spürbar und anhaltend verschlechtern.« Und dies bezog sich auf nur einen Aspekt der mißlichen Folgen des Geburtendefizits: auf die finanzielle Situation der gesetzlichen Rentenversicherung.

In einem vor 17 Jahren (!) erschienenen Buch (*Die Rückseite des Wunders*) schrieb ich zu diesem Thema, das damals kaum jemanden interessierte: »Da die Demographie eine relativ exakte Wissenschaft ist, weiß die Bundesregierung seit Jahren, was hierzulande in den kommenden Jahrzehnten zu erwarten ist. Die Zahl der Deutschen wird dramatisch zurückgehen. Der Anteil der Alten und Greise wird explosiv steigen. Die Deutschen werden in 50 Jahren zwar nicht ausgestorben sein – so schnell geht das nicht –, sie werden aber den Status eines sterbenden Volkes erreicht haben. Die Konsequenzen für Wirtschaftswachstum, Finanzierbarkeit des

Sozialstaates, Verteidigungsfähigkeit und nationale Vitalität im weiteren Sinne werden katastrophal sein. Wenn es je ein zentrales Problem der deutschen Politik gab, dann ist es dieses.«

Ähnlich sah es die Deutsche Bundesbank im Dezember 2004 in einer Untersuchung mit dem Titel *Demographische Belastungen für Wachstum und Wohlstand in Deutschland.* Zitiert wurden damals Prognosen des Statistischen Bundesamtes, wonach die Bevölkerung in Deutschland bis 2050 auf 75 bis 67 Millionen Einwohner zurückgehen wird – je nachdem, wie groß die Einwanderung ausfällt. Ohne Einwanderung wäre der Rückgang noch größer. Der Altenquotient werde von 44 auf 78 Prozent steigen; damit würden auf 100 Personen im erwerbsfähigen Alter 78 Rentner kommen.

Selbst wenn sich dieser Quotient durch alle möglichen Maßnahmen etwas verbessern läßt, geraten die öffentlichen Finanzen in eine extrem schwierige Situation. Verantwortlich dafür ist die Geburtenrate pro Frau, die zur Bestandserhaltung bei 2,1 Kindern liegen müßte, inzwischen aber auf 1,3 abgesunken ist. Karl Feldmeyer, langjähriger *FAZ*-Redakteur, legte dazu auf einer Tagung in Fulda am 3. März 2007 erschrekkende Zahlen vor: Die 550 000 ethnisch deutschen Kinder, die 2005 geboren wurden, machen nur noch 40 Prozent der Geburten des Jahres 1964 aus. Wenn der Trend anhält, passiert laut Feldmeyer folgendes: 2045 sind es noch 220 000 deutsche Kinder, 2085 noch 32 000, und im Jahr 2125 werden es nur noch 12 800 deutsche Geburten sein.

Zurück zu den Konsequenzen für die Staatsverschuldung. Daß Deutschland eine Gnadenfrist bis mindestens 2010 hat und daß die große Wirtschafts- und Finanzkrise auf die Jahre 2015 bis 2030 fallen wird, habe ich zuletzt in unserem Finanzdienst *G&M* im November 2005 zu prognostizieren versucht. Dort findet sich auch eine langfristige Vorausberechnung des Mannheimer Zentrums für Europäische Wirtschaftsforschung. Danach werden die deutschen Staatsschulden (letzter Stand bei etwas mehr als 18 000 Euro pro Kopf) bis 2020 auf 46 364 und bis 2050 auf 89 550 ansteigen. Bis dahin hätte jeder Einwohner von Berlin (das ist kein Witz!) eine Schuldenlast von 176 000 Euro zu schultern. Da eine Verschuldung in diesem Ausmaß praktisch nicht tragbar ist, wird irgend etwas nachgeben müssen: entweder die Geldwertstabilität oder die Bonität und Solvenz des Staates – mit dem Staatsbankrott als schlimmstem Szenario.

Das Tröstliche an unseren Betrachtungen ist, daß die Schuldenfalle erst später zuschnappt, daß dem Anleger Zeit bleibt, seine Vorkehrungen zu treffen. Es ist zu früh, um in Panik zu verfallen. Bei einer Staatsschuld von 68 Prozent BIP steht keine Währungsreform bevor. Sie kommt nicht aus heiterem Himmel. Das Endspiel kündigt sich immer an, es wird rechtzeitig sichtbar für diejenigen, die die Zeitung zu lesen verstehen. Wer den Untergang immer gleich hinter der nächsten Ecke sieht, sollte besser einen Blick in die Finanzgeschichte werfen. Sie belehrt und beruhigt, sie zeigt uns, wie einfallsreich der Staat in seinen Zugriffen auf das Eigentum sein kann und welche Vielzahl von Instrumenten ihm zur Verfügung steht.

Wenig bekannt ist, daß sich die früher führende Weltmacht, nämlich Großbritannien, mehr als einmal eine Staatsverschuldung geleistet hat, die viermal so hoch war wie die derzeitige deutsche – ohne deswegen zum Ausweg der Währungsreform greifen zu müssen.

In diesem Zusammenhang ist die Feststellung wichtig, daß die absolute Höhe der Schulden wenig aussagt. Sie muß immer in Relation zur Wirtschaftsleistung bzw. zum Volkseinkommen gesetzt werden. Logischerweise kann sich eine große Volkswirtschaft – in absoluten Zahlen gemessen – mehr Schulden leisten als eine kleine. Man verwendet deswegen zu Vergleichszwecken die sogenannte Schuldenstandsquote. Sie gibt an, wieviel Prozent des Bruttoinlandsproduktes (BIP) der staatliche Schuldenberg ausmacht.

In Großbritannien lag diese Quote, bezogen auf das Volkseinkommen, 1821 bei 288 Prozent, 1921 bei 179 Prozent und 1945 bei 261 Prozent. Jedesmal konnte sie wieder zurückgeführt werden, bis 1990 sogar auf erstaunlich niedrige 35 Prozent. (Wir vernachlässigen hier die Differenz zwischen Volkseinkommen und Bruttoinlandsprodukt.)

Heißt das, daß sich Deutschland statt 66 Prozent Schuldenquote auch 180 Prozent oder 280 Prozent leisten könnte? Höchstwahrscheinlich nicht, denn der britische Fall lag anders:

Erstens verschuldete sich Großbritannien dreimal derart exorbitant, um große Kriege zu führen: gegen Napoleon, gegen das Deutsche Kaiserreich, gegen das Dritte Reich.

Zweitens ging Großbritannien aus allen drei Kriegen als Sieger hervor, und es war kein Zufall, daß die deutschen Währungsreformen 1923 und 1948 auf einen verlorenen Krieg folgten.

Und drittens konnte das Vereinigte Königreich den kriegsbedingten, immer nur vorübergehenden Schuldenberg in Friedenszeiten abbauen, weil die Kosten des Sozialstaates nicht ins Gewicht fielen oder sich (nach 1945) in Grenzen hielten. Außerdem fehlte das Problem einer einbrechenden Geburtenrate.

Finanziell gesehen ist der moderne Sozialstaat mit einem ewigen Krieg vergleichbar. Der Staat wird nicht temporär wie 1914/18 oder 1939/45 belastet, sondern fortdauernd.

Das moderne Papiergeld ist nichts anderes als eine Kriegserfindung. Im Sommer 1914, als der Erste Weltkrieg ausbrach, hoben alle Beteiligten die Goldbindung ihrer Währungen auf. Die Bürger hatten nicht mehr das Recht, ihre Banknoten bei der Zentralbank zu präsentieren und dafür Gold zu verlangen. Ohne die Aufhebung dieser Konvertibilität hätte der Weltkrieg bis Weihnachten 1914 enden müssen. Den Regierungen wäre das Geld – in Deutschland die Goldmark – ausgegangen.

Gold muß mühsam und zu hohen Kosten aus der Erde gegraben werden, Papiergeld hingegen läßt sich zu einem Bruchteil des aufgedruckten Nennwertes herstellen. Deswegen haben die Regierungen einen Horror vor der Goldwährung. Deswegen wird der heutige Sozial- und Umverteilungsstaat nicht anders finanziert als jeder Krieg: mit Papiergeld, das im Prinzip beliebig vermehrbar ist und dessen Menge seit langem schneller wächst als die Volkswirtschaft.

Um auf den Fall Deutschland zurückzukommen: Hier hängt das mögliche Ausmaß der künftigen Verschuldung, die gerade noch zu verkraften ist, von einer ganzen Reihe von Variablen ab:

(1) Vom Spielraum für Steuererhöhungen – dieser dürfte allerdings relativ gering sein, denn noch höhere Steuersätze hätten sehr schnell geringere Einnahmen zur Folge. Bei einer Steuerquote von 100 Prozent würden die Einnahmen auf Null sinken.

(2) Von der Entwicklung der Zinsen – tiefe Zinsen ermöglichen eine höhere Verschuldung und umgekehrt. Bei einem Zinssatz von Null könnte sich der Staat praktisch beliebig hoch verschulden.

(3) Vom Wirtschaftswachstum – und dieses wiederum hängt ab von der Zahl der Geburten, der Altersstruktur der Bevölkerung und der Produktivität der Arbeitnehmer. Ein höheres Wirtschaftswachstum bringt mehr Steuern und entlastet damit den Staatshaushalt – und umgekehrt.

(4) Vom Vertrauen der Gläubiger – dieses ist eine Frage der Psychologie und ziemlich unberechenbar. Sobald die Gläubiger an der Bonität des Staates zweifeln, leihen sie ihm kein Geld mehr oder verlangen höhere Zinsen.

(5) Von der künftigen Geldentwertung – mit Inflation läßt sich die Schuldenlast am bequemsten abbauen. Die Schulden werden real abgewertet, also kleiner in Rela-

tion zum inflationierten Sozialprodukt. Inflation hilft immer dem Schuldner, Deflation immer den Gläubiger (sofern die Deflation den Schuldner nicht in die Pleite treibt.)

An dieser Stelle muß vor der Vorstellung gewarnt werden, daß eine künftige Währungsreform ähnlich ablaufen würde wie die bisherigen oder daß der Zeitplan eines Staatsbankrotts irgendwie berechenbar sein könnte.

Man kann sogar darüber streiten, ob die Währungsreform von 1948 wirklich notwendig war. Immerhin gab es damals ernsthafte Überlegungen deutscher Experten, einen Teil des kriegsbedingten Geldüberhangs auf den Konten einzufrieren und ihn im Zuge des künftigen Wirtschaftswachstums nach und nach freizugeben. Daraus wurde nichts, weil sich die siegreichen Amerikaner schon frühzeitig auf eine Währungsreform festgelegt hatten.

Anders als das Kaiserreich hatte das Dritte Reich den Krieg nicht durch Anleihen finanziert, sondern sich bei den Banken verschuldet. Um das Volk bei Laune zu halten, sollte die Kriegsfinanzierung möglichst geräuschlos vonstatten gehen. Im Laufe des Krieges waren die Staatsschulden von 5,1 auf 240 Milliarden Reichsmark angewachsen. Daß die Preise dennoch stabil blieben, lag am Preisstop, der bei Kriegsausbruch auf der Basis des 1. Oktober 1936 verhängt wurde. Er galt bis zum 21. Juni 1948. Eine größere *zurückgestaute* Inflation hatte es zuvor in Europa nie gegeben.

Eine Freigabe der Preise ohne vorherige Währungsreform hätte einen gewaltigen Inflationsschub zur Folge gehabt, jedoch kaum zu einer Hyperinflation à la 1923 geführt. Unter Hyperinflation versteht man in der Wirtschaftswissenschaft Preissteigerungen, die pro Monat 50 Prozent oder mehr ausmachen.

Schließlich wurden mit der Währungsreform 1948 alle Schulden und Guthaben im Verhältnis 10:1 oder auch im

Verhältnis 10:6,5 umgestellt. Die Deutschen verloren einen Großteil ihrer Ersparnisse, es kam zu Demonstrationen, an denen Millionen teilnahmen. Durchsetzbar war die Währungsreform nur, weil sie von den Siegern angeordnet wurde und weil die Deutschen nach der Niederlage das Gefühl hatten, sie hätten nicht mehr viel zu verlieren. (1945 waren bereits die deutschen Auslandsguthaben und die im Ausland befindlichen Vermögen konfisziert worden.)

Eine Besonderheit der Reform von 1948 lag darin, daß die Reichsschulden gegenüber dem Ausland nicht gestrichen wurden. Damit wurde ein wichtiger Zweck eines jeden Staatsbankrotts verfehlt. Über die Schulden wurde später verhandelt, nämlich auf der Londoner Schuldenkonferenz 1952/53.

Auch die anderen europäischen Länder beendeten den Weltkrieg mit einem enormen Geldüberhang, entschieden sich aber im Fall Frankreichs und Italiens für einen anderen Weg: für die Anpassung der Wechselkurse an die Geldmenge – und später für eine galoppierende Inflation, die 1974 in Frankreich 13 Prozent und in Italien 24 Prozent erreichte.

Während des Zweiten Weltkrieges hatte man zwischen 48 und 75 französische Francs hinlegen müssen, um einen Dollar zu kaufen. Nach dem Krieg waren es schon 119 und in der Abwertung von 1958 wurden 500 Francs zum Dollar erreicht.

Dann wurde 100:1 umgestellt, und der Dollar kostete wieder fünf Francs, soviel wie 1913. Die Umstellung selbst war keine Enteignung wie die deutsche Währungsreform von 1948. Es wurden nur Nullen gestrichen, die Guthaben hatten nach der Umstellung dieselbe Kaufkraft wie vorher.

Den Franzosen blieb demnach eine Währungsreform nach deutschem Muster, d. h. mit einer schlagartigen Enteignung, erspart – wenn man einmal davon absieht, daß die Ausgabe neuer Geldscheine nach dem Krieg dazu benutzt wurde, die am Schwarzmarkt zirkulierenden Gelder wertlos zu machen.

Damit haben wir zwei schöne Beispiele für Währungsmanipulationen, die auch in Zukunft gut vorstellbar sind:

Erstens eine kalte Enteignung nicht deklarierter Guthaben und Gelder, und zweitens eine Abwertung über den Wechselkurs, wobei die Geldbesitzer durchaus ärmer werden, ohne daß eine klassische Währungsreform à la 1948 notwendig ist.

Eine dritte Variante, mit der sich die Deutschen ebenfalls rechtzeitig vertraut machen sollten, wurde nach Kriegsende in Belgien durchgespielt. Dort lag der Geldumlauf 1945 bezogen auf die Banknoten um 350 Prozent höher als vor dem Kriegsausbruch 1940 und bezogen auf die Girokonten um 125 Prozent höher. In Deutschland war der Bargeldumlauf von 8,5 Milliarden Reichsmark 1938 auf etwa 70 Milliarden bei Kriegsende gestiegen. Effektiv lag die Summe niedriger, etwa bei 50 Milliarden, weil ein Teil in den deutschen Ostgebieten verlorengegangen war und ein anderer Teil von den Siegern beschlagnahmt wurde.

Obwohl die Belgier eine weniger dramatische Geldmengeninflation erlebt hatten als die Deutschen und den Krieg sogar mit ausreichenden Gold- und Devisenreserven beenden konnten, entschied sich Brüssel, den Geldüberhang abzuschöpfen, und zwar durch folgende Maßnahmen:

(1) Generell wurden fünf Prozent über eine Sondersteuer eingezogen, wobei es Freibeträge für Erwachsene und Kinder gab.

(2) Gewinne, die während des Krieges durch Zusammenarbeit mit den deutschen Besatzungsbehörden entstanden waren, wurden mit Hilfe einer hundertprozentigen Steuer ganz kassiert.

(3) Die Steuer auf alle anderen Kriegsgewinne betrug bis zu 80 Prozent.

(4) Bankguthaben, die eine bestimmte Höhe überstiegen, wurden zu 40 bis 60 Prozent auf unbegrenzte Zeit blockiert, also eingefroren, konnten aber zu einem späteren Zeitpunkt vom Finanzministerium freigegeben werden.

Das belgische Vorgehen nach 1945 erlaubt uns möglicherweise einen Blick in Deutschlands Zukunft, falls die Staatsfinanzen ganz außer Kontrolle geraten: Bevor der Staat zur ultimo ratio eines Kapitalschnitts à la 1948 greift, wird er wahrscheinlich versuchen, sich durch spezielle Vermögensabgaben und Sondersteuern teilweise zu entschulden.

Es war kein Zufall, daß die SPD im Sommer 2005 inmitten der Haushaltskrise eine solche Sonderabgabe verlangte, genannt »Reichensteuer«. Die Sozialisten verstehen vom Geld nur soviel, sagte einmal Konrad Adenauer, daß sie es von anderen haben wollen. Wer hätte gedacht, daß ausgerechnet die bürgerliche CDU/CSU die Reichensteuer ermöglichen würde.

Aber könnte es nicht sein, daß die Lage doch harmloser ist, als es den Anschein hat? Nein, sagt Dr. Stefan Homburg, Ordentlicher Professor für Öffentliche Finanzen an der Universität Hannover. Homburg hatte im April 2005 im Auftrag des Bundes der Steuerzahler ein Gutachten vorgelegt, das die Finanzen eines einzigen Bundeslandes untersucht, nämlich die von Niedersachsen. Eine Situation also, die irgendwo in der Mitte zwischen dem Pleitekandidaten Berlin und dem nur mäßig verschuldeten Bayern liegt.

Professor Homburg trifft zunächst folgende grundlegende Feststellungen:

(1) Der »demographische Wandel« in den meisten EU-Ländern, womit das katastrophale Geburtendefizit gemeint ist, hat Kosten zur Folge, die zwischen drei und sieben Prozent des Bruttosozialproduktes liegen dürften, die die Haushalte also enorm belasten werden. »Im Fall Deutschlands kommt eine anhaltende Wachstumsschwäche hinzu, die in der Nachkriegszeit ohne Vorbild ist und deren Folgen in die meisten Prognosen noch gar nicht eingegangen sind.«

(2) »Dieser Prozeß wird schon ab dem Jahre 2010 einsetzen und bis 2030 seinen Zenit erreichen.« Daraus läßt sich schlußfolgern, daß ein Staatsbankrott in die Zeit

nach 2010 fallen würde. Denn derzeit stehen die geburtenstarken Jahrgänge noch im Arbeitsleben. Der Anpassungsbedarf wird »mit voller Wucht« erst im Laufe der nächsten Jahrzehnte spürbar werden.

(3) Notwendig seien ein grundlegender Wandel der Politik und ein Handeln, »das mindestens den Staatsbankrott abwendet«. Ein Staatsbankrott, so definiert es Homburg, ist ein Zustand, »in dem der Staat die aufgelaufenen Schulden objektiv nicht mehr bedienen kann und keine weiteren Kredite erhält«.

Professor Homburg betont auch, daß sich a priori nicht sagen läßt, ab welcher Schuldenstandsquote der Staat zahlungsunfähig wird.

Wie wir gesehen haben, hängt das von einer Reihe von Faktoren ab wie Zinsniveau, Wirtschaftswachstum, Vertrauen der Kreditgeber und auch von der Möglichkeit, die Steuern noch weiter zu erhöhen.

Professor Homburg erwähnt auch die Möglichkeit einer »Schuldenabgabe«, also einer Teilenteignung der Bürger zur Vermeidung einer klassischen Währungsreform. Man muß kein Prophet sein, um vorherzusehen, wen diese Schuldenabgabe hauptsächlich treffen würde: den Mittelstand. Denn bei denen, die ohnehin auf staatliche Zahlungen angewiesen sind, ist nichts zu holen. Und die ernsthaft Reichen haben den größeren Teil ihres Vermögens längst im Ausland in Sicherheit gebracht. Oder sie gehen einfach weg, wenn die Verhältnisse unerträglich werden.

Zurück zum Land Niedersachsen. Dort würde – bei vorsichtigen Annahmen über Wachstum und Zinsen – die Schuldenstandsquote von zuletzt 23,3 Prozent auf gut 60 Prozent im Jahre 2030 anwachsen. (Nicht eingerechnet die Schulden des Bundes und der Gemeinden!) Bereits 2030 würden, wenn keine radikalen Gegenmaßnahmen ergriffen werden, die niedersächsischen Ausgaben für Zinsen und Pensionen 54 Prozent der laufenden Einnahmen verschlingen. Mit anderen Worten: Spätestens 2030, aber voraussichtlich schon vorher, wäre Niedersachsen zahlungsunfähig und könnte an den Kapitalmärkten keine Kredite mehr aufnehmen. Es sei denn, der Staatshaushalt würde rechtzeitig zusammengestrichen. Mehr oder weniger derselbe Zeitrahmen gilt für die Bundesrepublik insgesamt.

Für die Tragfähigkeit der Staatsfinanzen ist keine schlimmere Situation vorstellbar als die Kombination von Geburtendefizit, Alterung der Gesellschaft und stagnierendem Wachstum. Würde der Staat seine Verpflichtungen aus der Rentenversicherung erfüllen und würde er korrekt bilanzieren wie eine Aktiengesellschaft, dann müßte die Schuldenlast schon jetzt nicht mit 68 Prozent BIP, sondern nach seriösen Schätzungen mit 270 Prozent angegeben werden. Da müßte man schon jetzt ernsthaft über den Staatsbankrott nachdenken.

Nur darf man in der Praxis nicht davon ausgehen, daß der Staat seine Rentenverpflichtungen voll honorieren wird. Er wird sich über die eigentumsähnlichen Ansprüche der Versicherten hinwegsetzen. Er wird das Rentenalter heraufsetzen und die Bezüge nach und nach reduzieren.

Zudem bleibt der Ausweg der Inflation. Wir können davon ausgehen, daß die Politiker die Staatsschulden lieber per Inflation entwerten anstatt sie zu streichen und den Bürgern eine radikale Währungsreform zuzumuten – solange dies irgend möglich ist.

An dieser Stelle müssen wir Klarheit darüber schaffen, mit welchen Methoden inflationiert werden kann, wie Geld entsteht und was unter Inflation überhaupt zu verstehen ist.

Die Zeitungen messen Inflation normalerweise am Verbraucherpreisindex. Dieser ist erstens manipulierbar und bezieht sich zweitens auf einen durchschnittlichen Warenkorb eines durchschnittlichen Verbrauchers. Wer öfters Bücher kauft oder gerne ins Restaurant geht oder unter den exorbitanten Mietnebenkosten leidet oder auf das Auto angewiesen ist, wird es für ein Märchen halten, daß die Preise seit der Euro-Einführung nicht nennenswert gestiegen seien.

Abgesehen davon, erklärt der Blick auf die Verbraucherpreise im Grunde gar nichts. Eine niedrige Inflationsrate läßt als solche keine Rückschlüsse darauf zu, ob das Finanzsystem gesund ist. Die Preise sind immer nur ein Symptom – die Ursache der Preisentwicklung hingegen und vor allem die Ursache finanzieller Krisen und Währungsturbulenzen liegen immer in der Entwicklung der Geldmenge.

Inflation kommt vom lateinischen *inflare*. Das heißt: aufblähen. Aufgebläht wird immer zuerst die Geldmenge, erst später folgen die Preise. Nach Meinung der Monetaristen, einer einflußreichen Denkschule, passiert das normalerweise in einem Abstand von etwa zwei Jahren. Aber das muß nicht so sein. Wenn viel Geld auf den Konten liegt und nicht ausgegeben wird, wenn also die Umlaufgeschwindigkeit des Geldes sinkt, wird weniger Inflationsdruck erzeugt.

Zum Verständnis dieser Zusammenhänge ist es wichtig, erstens die Preissteigerungen als Folge, nicht als Ursache zu begreifen und zweitens den Inflationsbegriff weit genug zu fassen.

Wenn mehr Geld in Umlauf kommt, als die Wirtschaft benötigt, dann wird dieses Geld immer irgendwohin fließen – wenn nicht in den Konsum oder in die Investitionen, dann eben in den Aktienmarkt, in Anleihen, in Immobilien oder Rohstoffe.

Wenn das Geld in solche Vermögenswerte geht, spricht man von einer *Asset Price Inflation.* Einmal boomt der Aktienmarkt zusammen mit dem Immobilienmarkt wie bis 1989 in Japan, ein andermal entsteht eine Aktienblase wie in Deutschland bis 2000, oder, wenn die Wirtschaft schlecht läuft, strömt das Geld in die Anleihen und bläht die Kurse auf wie seit Jahren in Japan.

Die Wirtschaftswissenschaftler verwenden dafür den nützlichen, aber nicht exakt definierbaren Begriff der Überschußliquidität. Gemeint ist eine Geldversorgung, die das Wirtschaftswachstum klar übersteigt – eine übermäßige Inflationierung der Geldmenge also.

Die relevanten Daten werden regelmäßig von der Europäischen Zentralbank (EZB) veröffentlicht. Im April 2007 stieg die Geldmenge M1 im Vergleich zum Vorjahr um 6,2 Prozent, die Geldmenge M3 um 10,4 Prozent, und die Bankkredite an den privaten Sektor hatten sich um 10,7 Prozent erhöht.

Die Zahlen beziehen sich auf das Euro-Währungsgebiet. M1 enthält den Bargeldumlauf und die täglich fälligen Einlagen. M3 (im April 2007 bei 8065 Milliarden Euro) enthält zusätzlich die sonstigen kurzfristigen Einlagen einschließlich Spareinlagen sowie Geldmarktfonds und andere marktfähige Finanzinstrumente.

Der Zuwachs von 10,4 Prozent bei M3 überstieg deutlich den Referenzwert von 4,5 Prozent, den sich die EZB selbst gesetzt hat. Deswegen auch die Rede von der Überschußliquidität. Übrigens versteht die EZB unter Preisstabilität eine Inflationsrate von knapp zwei Prozent, nimmt also eine schleichende Inflation (und damit eine Entwertung der Ersparnisse) von vornherein in Kauf. Daher der relativ großzügige, über dem Wirtschaftswachstum liegende Referenzwert von 4,5 Prozent.

Eine andere Frage, die oft gestellt wird, betrifft die Entstehung des Geldes.

Bis 1914, also zu Zeiten des Goldstandards, war der Vorgang recht einfach: Gold wurde bei einer privaten oder staatlichen Notenbank eingeliefert, dafür gab es eine Quittung, und diese Quittungen waren nichts anderes als Banknoten. Sie waren durch das Metall gedeckt, in der Regel aber nicht zu 100 Prozent, denn die Bank wollte mit einem Teil ihrer Goldbestände arbeiten, also Gewinne erzielen.

Banknoten wurden vor 1914 vor allem auch gegen gute

Handelswechsel ausgegeben – auch dies ist eine vorzügliche Deckung, denn Handelswechsel haben einen direkten Bezug zur realen Wirtschaft.

Das andere Extrem der Geldschöpfung läßt sich am Beispiel eines Entwicklungslandes demonstrieren, nämlich des afrikanischen Staates Zaire. Immer wenn der Diktator Mobutu frisches Geld brauchte, schickte er seinen Sekretär zur Zentralbank, um die gewünschte Menge in bar abholen zu lassen. Das Geld wurde schlicht und einfach bei Bedarf gedruckt.

Ein bißchen vergleichbar damit ist die sogenannte Monetarisierung der Staatsschulden, bekannt aus den Jahren nach 1918 in Deutschland. Auch dabei bezieht der Staat das benötigte Geld direkt von der Notenbank, er läßt es aber korrekt verbuchen. Der Staat ist der Schuldner, die Notenbank der Gläubiger. Eine Praxis also, die ebenfalls auf ein offenes Inflationieren der Geldmenge hinausläuft – und eine Praxis, die der Europäischen Zentralbank verboten ist.

Heutzutage liegt die Geldschöpfung genau genommen nicht bei der Zentralbank, sondern bei den Geschäftsbanken. Denn diese sind es, die an Verbraucher und Unternehmen und auch an den Staat Kredite vergeben. Modernes Papiergeld, das ist wichtig, entsteht immer durch Verschuldung und über das Bankensystem.

Das läßt sich an folgendem Beispiel illustrieren: Wenn die Firma A bei der Dresdner Bank 50 000 Euro Schulden aufnimmt und auf das Konto der Firma B bei der HVB überweist, dann erhöht sich der Haben-Saldo der Firma B um 50 000 Euro – es ist neues Geld entstanden, und zwar, indem sich die Firma A um 50 000 Euro verschuldet hat. (Umgekehrt muß die Geldmenge schrumpfen, und zwar um 50 000 Euro, sobald die Firma B 50 000 auf den erwähnten Sollsaldo der Firma A überweist.) Die Geldmenge wird über die Banken ausgeweitet, und die Banken wiederum, die ja flüssig bleiben müssen, beziehen die nötige Liquidität von der Notenbank.

Sie müssen dafür Eigentum verpfänden – nicht Gold wie früher, sondern Wertpapiere aus ihrem Portfolio. Das bedeutet, daß die Notenbank frisches Geld an die Geschäftsbanken nur gegen Sicherheiten ausgibt. Sie kann es nicht einfach drukken. Insofern ist auch unser heutiges Papiergeld »gedeckt«. Es fragt sich nur, welche Qualität die jeweilige Deckung hat.

Mehr Verschuldung bedeutet immer eine größere Geldmenge – und potentiell mehr Preisinflation. Werden hingegen Schulden zurückgezahlt oder gestrichen, dann schrumpft die Geldmenge – wir bekommen eine Deflation, die sich im schlimmsten Fall zu einer Depression wie nach 1929 auswachsen kann.

Selbstverständlich kann auch die EZB mittelbar die Inflation begünstigen und erleichtern. Nämlich, indem sie die Banken großzügig mit Geld versorgt, den Zins tief hält und damit auch die Bedienung und die Erhöhung der Staatsschulden erleichtert.

Sie wird das umso eher tun, je mehr sie politischem Druck ausgesetzt ist. Laut Maastrichter Vertrag ist die EZB unabhängig von den Regierungen. Wie lange sie diese Unabhängigkeit wirklich behaupten kann, muß sich erst noch herausstellen. Auf Dauer werden wohl die Politiker die Oberhand gewinnen. Mit der Staatsverschuldung wächst automatisch der Zwang zu einer billigen und reichlichen Geldversorgung und damit der Druck auf die Zentralbank. Sie operiert schließlich nicht im luftleeren Raum.

Exakt so sah es auch Professor Dr. Jürgen Stark, damals Vizepräsident der Bundesbank. Zitat laut Bundesbank vom 29. Juni 2005: »Wie die Beispiele einiger Länder gezeigt hatten, standen hinter Phasen mit hohen Inflationsraten in der Vergangenheit oftmals nicht mehr für tragfähig erachtete Schuldenstände und von Seiten der Regierungen ausgeübter Druck auf die Notenbank, über geldpolitische Lockerungen den realen Wert der Staatsschulden zu verringern.«

Professor Stark betonte auch, daß im Jahr 2004 sechs der

neuen EU-Mitglieder und drei der alten vertragswidrige Defizite auswiesen und daß infolge der demographischen Entwicklung »nur ein kleines Zeitfenster« bleibe, um die Nachhaltigkeit der öffentlichen Haushalte für die kommenden Generationen zu sichern.

Ein Hinweis dazu: Die Maastrichter Kriterien sind nicht willkürlich gewählt. Bei einem nominalen Wirtschaftswachstum von fünf Prozent und einer staatlichen Neuverschuldung von drei Prozent des BIP läßt sich die Schuldenstandsquote bei 60 Prozent BIP stabilisieren. Die Berechnung ist einfach: Sie dividieren drei durch fünf. Sinkt aber das nominale Wirtschaftswachstum auf zwei Prozent und bleibt die Neuverschuldung bei drei Prozent (vergleichbar mit der Lage in Deutschland vor 2006), dann ergibt sich mit der Zeit ein Schuldenstand von 150 Prozent BIP.

Unter den aktuellen Umständen ist nicht zu befürchten, daß die schleichende Inflation in der Euro-Zone in eine galoppierende ausartet. Das hat mit der Globalisierung zu tun, die dafür sorgt, daß wir mit billigen Waren überschwemmt werden, die in China und anderswo zu einem Bruchteil der deutschen Lohnkosten hergestellt werden.

Ein anderer Faktor ist die Überschuldung der amerikanischen Verbraucher, die sich potentiell deflationär auswirken könnte, weil sie nicht unbegrenzt wachsen kann und irgendwann abgebaut werden muß. Eine Pleitewelle und die Streichung oder Rückzahlung von Schulden könnte dann dafür sorgen, daß die Geldmenge zu schrumpfen beginnt.

Nur würde die US-Notenbank – wie jede andere Notenbank – eine beginnende deflationäre Krise sehr schnell im Keim zu ersticken versuchen, indem sie das System mit Geld überschwemmt. Das Geld würde, wie *Fed*-Chef Ben Bernanke einmal sagte, notfalls mit Hubschraubern über dem Land abgeworfen.

Daher meine Prognose, daß trotz temporärer deflationärer Risiken letzten Endes immer der Ausweg der Geldmengeninflation gesucht wird. Wenn die Notenbanken und die Politiker zwischen den beiden Übeln Inflation und Deflation zu wählen haben, werden sie sich immer für die Ausweitung der Geldmenge entscheiden. Die ständig wachsende Staatsverschuldung erzwingt diesen Weg. Er ist der am wenigsten schmerzvolle. Und seit dem Ende der Goldbindung ist nichts einfacher, weil die Geldmenge ja nicht mehr an ein knappes, nicht beliebig vermehrbares Metall gebunden ist.

Die Frage nach dem Euro ist in diesem Zusammenhang gar nicht entscheidend. Er ist ungedecktes Papiergeld wie der Dollar. Einerseits genießt er den Vorteil, daß die europäischen Verbraucher weniger verschuldet sind als die amerikanischen und daß die Euro-Zone – dank der deutschen Exporte – eine solide Außenbilanz vorzuweisen hat. Für den Euro spricht auch, daß die asiatischen Notenbanken im Dollar überinvestiert sind und der Euro-Anteil an den internationalen Devisenreserven nach und nach erhöht wird. Nicht zuletzt aus außenpolitischen Gründen sind Rußland und viele asiatische Staaten, die auf Distanz zu den USA gehen, daran interessiert, im Euro eine Alternative zu haben. Der Euro ist ein Profiteur der geopolitischen Trends seit 2001.

Andererseits leidet der Euro unter dem Manko, daß hinter ihm nicht die politische Führung einer Weltmacht steht. Der Euro ist ein staatenloses Geld, und er zirkuliert in Ländern mit sehr unterschiedlicher Geldkultur und wirtschaftlicher Kraft. Das mag gerade noch tragbar sein, solange Deutschland und Frankreich den Kern der EU bilden. Wenn auch noch die Türken dazukommen, wird der Euro zur typischen Weichwährung.

Im Zweifelsfall sollte der Anleger in der eigenen Währung bleiben. Die Beweislast bei einem Währungswechsel liegt immer bei der Fremdwährung. Solange die Euro-Zinsen wenigstens minimal über der Geldentwertung in Deutschland liegen, kann der Anleger nicht allzu viel falsch machen.

Langfristig sollten Sie allerdings folgendes im Auge behalten: Die demographische Entwicklung spricht eher für die USA als für Europa. Und wenn der Dollar in späteren Jahren billig und unterbewertet genug ist, kann das Pendel auch wieder in die andere Richtung ausschlagen.

Übrigens sind sich die Wirtschaftswissenschaftler bis heute nicht darüber einig, was die deutsche Hyperinflation von 1923 verursacht hat. Die einen sehen die Haupterklärung in der Zahlungsbilanz, die den ganzen Prozeß ausgelöst habe. Erst wurde die Außenbilanz wegen der Reparationen negativ, dann fiel der Wechselkurs, damit stiegen die Importpreise und die Inflation, wodurch sich die Notenbank nach Lage der Dinge gezwungen sah, den Geldumlauf zu erhöhen.

Die andere Schule sieht den entscheidenden Fehler bei der Notenbank, weil sie die Geldmenge ausgeweitet und die Staatsschulden monetarisiert habe. Tatsächlich wurde in den Jahren 1918 bis 1922 rund die Hälfte der Staatsschuld von der Reichsbank gehalten.

Ich erwähne das, weil es wichtig ist, auch künftig sorgfältig auf den Zusammenhang zwischen Außen- und Innenwert des Euros und auf die Vorgänge an den Devisenmärkten zu achten.

Jedenfalls bleibt das Problem, daß beim Euro zusammengewachsen ist, was nicht zusammenpaßt. Anfang Juni 2005 wurde erstmals seit der Einführung der Kunstwährung offen über ihr Scheitern diskutiert. In Italien befürwortete sogar ein Minister eine Volksbefragung über eine Rückkehr zur Lira. »Italien muß stolz darauf sein, die Defizitgrenze zu brechen«, sagte Arbeitsminister Roberto Maroni laut *Süddeutsche Zeitung* vom 6. Juni 2005.

Daß Italien von sich aus den Euro verläßt, ist aus verschiedenen Gründen allerdings schwerer vorstellbar als ein deutsches Ausscheiden. Dazu kann es nur kommen, wenn eines Tages die Nachteile der Währungsunion eindeutig die Vorteile überwiegen. Immerhin hat die Bundesbank, wie dargelegt, den Apparat und andere wichtige Voraussetzungen dafür behalten, um zur D-Mark zurückkehren zu können.

Ein solches Ausstiegsszenario setzt eine längere Währungskrise in der EU voraus. Dann würde der Außenwert des Euros unter Druck geraten, und die langfristigen Zinsen in der EU würden je nach Land und Bonität unterschiedlich stark ansteigen, bis schließlich ein Ende der Währungsunion einen neuen Anfang ermöglicht.

Was in diesem Kapitel entwickelt wurde, sind denkbare Szenarien, kein Fahrplan. Den kennt die Geschichte nicht. Sie überrascht immer wieder mit Zufällen, unvorhersehbaren Wendungen und qualitativen Sprüngen. Als der Euro erfunden und in einen völkerrechtlichen Rahmen eingepaßt wurde, war es Deutschland, das mit seiner starken Mark und seiner überlegenen Volkswirtschaft den Lehrmeister Europas geben konnte. Es spricht einiges dafür, daß sich die Gewichte in der EU innerhalb von zwei oder drei Jahrzehnten dramatisch verschieben könnten, daß der frühere Dirigent eines Tages die zweite Geige spielen wird und daß dann auch Deutschland und seine Schulden als Belastung für die Währungsunion gesehen werden.

Kapitel X

Das Ende aller Sicherheit

Ist der Goldpreis prognostizierbar? Markttechnik und Golden Cross. Militärischer Keynesianismus. Warum es für den Goldpreis keine objektive Obergrenze gibt

Im Verlaufe der drei Jahrzehnte, in denen ich mich mit dem Goldmarkt beschäftigt habe, hat mich immer wieder die Frage fasziniert, ob es möglich sei, den Goldpreis zu prognostizieren, und ob es dafür eine Formel gebe. Die Formel gibt es nicht, aber immerhin eine ganze Reihe von Anhaltspunkten, an denen Sie sich orientieren können.

Selbstverständlich bildet sich auch der Goldpreis wie alle Marktpreise im Schnittpunkt von Angebot und Nachfrage. Nicht etwa in dem Sinne, daß mehr gekauft wird als verkauft oder umgekehrt. Tatsächlich sind ja die Mengen auf beiden Seiten der Gleichung immer identisch. Angebot und Nachfrage sind Tag für Tag und Jahr für Jahr gleich groß. Nur sind einmal die Käufer, ein andermal die Verkäufer stärker. Und es gibt Marktteilnehmer, wie beispielsweise die Goldminen, die unabhängig vom Preis verkaufen müssen, und solche, wie z. B. die Schmuckindustrie, die auf neue Ware angewiesen sind. Die Investoren hingegen müssen nichts tun. Sie können sich den Luxus leisten, abseits zu stehen. Es sei denn, sie sind am Derivatemarkt die Verpflichtung eingegangen, das Metall zu einem bestimmten Preis zu liefern oder abzunehmen. Oder sie verschulden sich, geraten in eine Schieflage und müssen fürchten, daß die Bank den Kredit kündigt.

In den Zeitungen werden Preisschwankungen für gewöhnlich damit erklärt, daß irgendwo auf der Welt die Kriegsgefahr zunimmt oder die Zinsen herauf- oder herabgesetzt werden oder der Kurs des Dollars zum Euro sich geändert hat. Derartige Interpretationen sind nur oberflächlich richtig. Denn genau genommen verändert sich der Goldpreis nicht wegen irgendwelcher Ereignisse, sondern weil sich die Käufer oder die Verkäufer durchsetzen. Es kommt sogar vor, daß er auf dieselbe Meldung heute positiv und morgen negativ reagiert. Wie John Maynard Keynes einmal scharfsinnig bemerkte, genügt es beim Investieren nicht, dem eigenen Urteil zu folgen. Wichtiger noch sei es, richtig einzuschätzen, wie die anderen Marktteilnehmer denken und handeln – und darüber hinaus, wie der durchschnittliche Marktteilnehmer die Entscheidungen des Durchschnitts aller anderen antizipiert.

Und doch gibt es objektive Kriterien, an die wir uns halten können. Dazu gehört die Markttechnik. Sie funktioniert deswegen, weil sie von den großen und einflußreichen Operateuren beachtet und genutzt wird. Die Hartnäckigkeit eines fallenden oder steigenden Trends erklärt sich auch daraus, daß nach Ansicht der Spieler ein Trend so lange intakt ist, wie er nicht gebrochen wurde. Um das festzustellen, werden Indikatoren verwendet, die sich im Laufe der Zeit bewährt haben; als besonders zuverlässig gelten z. B. die Kauf- und Verkaufssignale des MACD, auch wenn sie den tatsächlichen Wendepunkten immer mit einer kleinen zeitlichen Verzögerung folgen.

Als nützlich hat sich auch die Regel erwiesen, daß in einer langfristigen Hausse Gewinnmitnahmen dann in Frage kommen, wenn der wöchentliche *Bullish Consensus* einmal oder in seltenen Fällen mehrmals hintereinander die Marke von 80 Prozent übersteigt, und daß Käufe dann ratsam sind, wenn der Konsens auf 50 Prozent zurückgefallen ist. In einer langfristigen Baisse verschiebt sich die Bandbreite, dann wird der *Bullish Consensus* normalerweise zwischen 20 und 50 Prozent oszillieren. Der Indikator wird von verschiedenen Firmen, in den USA z. B. von *Market Vane*, berechnet, indem ausgewählte Experten nach ihrer Meinung über den Markt gefragt werden. Sobald fast alle an weiterhin steigende Preise glauben, darf man annehmen, daß die Kaufkraft weitgehend erschöpft ist, weil ja bereits alle, die kaufen wollten, dies bereits getan haben. Dabei muß allerdings vorausgesetzt werden, daß die Experten auch für ihre Kunden sprechen und daß sie ihre Marktmeinung auch in konkretes Handeln umgesetzt haben.

Ein anderes, nicht zu unterschätzendes Hilfsmittel sind die gleitenden Durchschnitte. Ein technischer Analyst wird bis zum Beweis des Gegenteils davon ausgehen, daß ein Markt in eine Hausse eingetreten ist, wenn der 100-Tage-Durchschnitt über den 200-Tage-Durchschnitt kreuzt (man nennt das auch *Golden Cross*) und wenn anschließend beide zu steigen beginnen. Er wird allenfalls darauf warten, daß auch der 65-Wochen-Durchschnitt überschritten wird, weil bei diesem die Fehlerquote der Signale noch geringer ist. Und er wird vielleicht auch mit anderen Durchschnitten experimentieren, z. B. mit dem Durchschnitt der vorangegangenen zwölf oder 24 Monate. Die Idee ist immer dieselbe: Durchschnitte werden berechnet, indem die Preise der ausgewählten Periode addiert und durch die Anzahl der Tage oder Wochen dividiert werden. So erhält man eine ruhige, repräsentative Preiskurve, die alle Nebengeräusche und unwichtigen Schwankungen herausfiltert. Auch der private Investor sollte vor jeder Entscheidung auf die Durchschnitte schauen, um den Wald vor lauter Bäumen nicht zu übersehen und um sich gegen die tägliche Aufgeregtheit der Finanzindustrie zu immunisieren, die an nichts mehr als an hohen Umsätzen interessiert ist.

Die technische muß mit der Fundamentalanalyse kombiniert werden. Die zwei grundsätzlichen Fragen, die Sie sich immer stellen sollten, wurden in vorherigen Kapiteln bereits beantwortet: Ist der langfristige Trend steigend und seit wann?

Ist Gold billig oder teuer, vor allem gemessen an seiner Kaufkraftparität? Wie wir gesehen haben, ist Gold bei Preisen zwischen 600 und 700 Dollar mehr oder weniger angemessen bewertet. Von einer krassen Überbewertung wie im Jahre 1980 kann aus heutiger Sicht erst bei vierstelligen Preisen die Rede sein.

Dann folgt ein Blick auf die goldmarktspezifischen Faktoren, vor allem auf die Minenproduktion, das Angebot an Altgold, die Schmuck- und Investmentnachfrage. Von diesen ist die Minenförderung am wenigsten variabel. Wie in Kapitel VIII erläutert, stagniert sie seit Jahren um 2500 Tonnen. In absehbarer Zeit wird sich daran nichts Wesentliches ändern. Erfahrungsgemäß vergehen viele Jahre, bis ein neu entdecktes Goldvorkommen entwickelt und zur Produktion gebracht werden kann. Bei sehr großen Bergwerken kann dies durchaus zehn Jahre dauern. Da die Explorationserfolge der letzten Jahre – ähnlich wie bei den Ölkonzernen – kaum ausreichen, um die laufende Produktion zu ersetzen, droht von daher kein Überangebot wie in den 1980er Jahren.

Bei den damaligen Goldpreisen verdienten die Minen gut, die Dividenden waren üppig. Inzwischen sind die Förderkosten wegen der Inflation nach der Jahrhundertwende enorm gestiegen. Die Gewinnspannen kamen unter Druck. Lagerstätten, die in den 1980er Jahren bei Goldpreisen von 400 bis 500 Dollar hochrentabel waren, spielen jetzt kaum noch die Kapitalkosten ein. In Südafrika, dem größten Produzenten, kommt hinzu, daß der Goldgehalt der Erze abgenommen hat. Das alles ist im Prinzip schlecht für die Goldminengesellschaften und gut für den Goldpreis. Ein Effekt allerdings beginnt sich abzunutzen: Die Minen haben bereits einen erheblichen Teil ihrer Vorwärtsverkäufe eingedeckt. Damit reduziert sich künftig jener Teil der Goldnachfrage, der dadurch entstand, daß die Produzenten zuvor verkauftes Gold, das sie noch nicht aus der Erde gegraben hatten, am Markt zurückkauften.

Antizyklische Faktoren, die mittelfristig dämpfend auf den Goldpreis einwirken, sind Altgold und Schmucknachfrage. Bei stark steigenden Preisen kommt mehr Altgold auf den Markt, bei fallenden weniger. Und die Schmucknachfrage, die vor allem Investmentzwecken in Asien dient, verringert sich immer dann, wenn den Käufern der Preis zu hoch erscheint. Zumindest brauchen die Asiaten dann einige Zeit, bis sie sich an ein höheres Preisniveau gewöhnt haben. Umgekehrt stützen sie mit ihrer Nachfrage den Goldpreis, wenn er gerade einmal nach unten korrigiert. Auch das wurde im Detail bereits in Kapitel VIII erörtert.

Prozyklisch hingegen verhalten sich die Investoren in der westlichen Welt. Sie werden eher durch fallende als durch steigende Preise abgeschreckt – bisher nicht jedoch durch Preiskorrekturen, die nur ein paar Monate dauerten, wie es 2006 der Fall war. Abzulesen ist das Durchhaltevermögen der westlichen Investoren am besten am Goldbestand der börsengehandelten Fonds (ETFs). Sie haben 2006 selbst einen Preisrückgang um 150 Dollar weggesteckt, ohne daß die Kunden nervös wurden. Die Fonds haben den Goldmarkt revolutioniert. Sie haben in Ländern wie den USA, in denen der physische Goldkauf nicht so einfach ist wie in der Schweiz oder Deutschland, neue Käuferschichten erschlossen.

Ob diese jüngste Generation von Goldliebhabern dem Metall treu bleibt und auch einmal ein oder zwei magere Jahre durchsteht, muß sich erst noch erweisen. Das hängt nicht zuletzt von exogenen Faktoren ab, an denen sich das Publikum orientiert. Und zwar vom Dollar, von der Inflation, von der Höhe der Realzinsen, von der Geldpolitik der drei wichtigsten Notenbanken, von der Stabilität des Finanzsystems und von der Geopolitik.

Beim Dollar stellt sich das Problem, wogegen er gemessen werden soll. Aus europäischer Sicht ist der Wechselkurs zum Euro oder zum Franken maßgebend. Fällt der Dollar gegen den Euro, dann profitiert der Goldpreis – und zwar der Goldpreis in Dollar, nicht unbedingt der in Euro oder Franken, und auch nicht Woche für Woche. Die negative Korrelation zwischen Gold und dem Wechselkurs Dollar/Euro ist auch deswegen logisch, weil beide die zwei größten Devisenreserven der internationalen Notenbanken bilden. Zum Yen ist die Korrelation komplizierter. Solange er wegen seiner extrem tiefen Zinsen der Finanzierung der sogenannten Yen-Carry-Trades dient, kann ein steigender Yen den Goldpreis durchaus vorübergehend drücken. Warum? Weil mit geliehenen Yen auch Goldkäufe getätigt werden und weil dieses Gold möglicherweise auf den Markt kommt, wenn die Carry-Trades aufgelöst werden – was selbstverständlich den Yen fester werden läßt. In den USA wiederum schauen die Analysten gerne auf den Dollar-Index, in dem der Euro am stärksten gewichtet ist.

Dabei ist freilich Vorsicht angebracht. Der an der Börse gehandelte und ständig zitierte Dollar-Index ist veraltet und stimmt längst nicht mehr mit den von der *Federal Reserve* berechneten Dollar-Indizes überein. In ihm ist der Euro immer noch mit 57,6 Prozent gewichtet. In Wirklichkeit entfielen 2007 nur 17,6 Prozent des amerikanischen Außenhandels auf die Euro-Zone, jedoch 17,5 Prozent auf Kanada, 15,1 Prozent auf China, 9,5 Prozent auf Japan und 9,6 Prozent auf Mexiko. Legt man diese tatsächliche Handelsgewichtung zugrunde, dann hatte der Dollar im Sommer 2007 auch nicht annähernd den Tiefstand von 1980 wieder erreicht.

Der Zusammenhang mit den Realzinsen ist hinreichend gut belegt. Bereits in den 1970er Jahren spielten tiefe oder negative Realzinsen die Begleitmusik zur damaligen Goldhausse. Schließlich sind Geldanlagen, die nach Abzug der Teuerung nur Verluste einfahren, keine attraktive Alternative zum Gold. Nicht hohe Zinsen per se schrecken potentielle Goldkäufer ab, sondern Zinsen, die deutlich über der Inflationsrate liegen. Das gilt allerdings nicht für notorische Schwachwährungen und auch nicht im Fall großer Währungskrisen.

Ansonsten aber ist das Niveau der Realzinsen ein Indiz dafür, ob die Notenbank die Inflation zu bremsen versucht oder ob sie gerade reflationiert.

Nehmen wir einmal an, die USA rutschen bereits 2008 oder 2009 in eine Rezession, was früher oder später ohnehin unvermeidlich ist. Dann bestünde das Risiko (nicht aber die Gewißheit!), daß der Goldpreis zusammen mit dem Aktienmarkt nachgibt und daß sich der Dollar stabilisiert, weil in der Rezession weniger importiert wird und weil sich dadurch die US-Leistungsbilanz erholen kann – bis dann eine neue Inflationsrunde das Interesse an den Edelmetallen wieder weckt. Das klingt einfacher, als es ist, weil sich die Gewichte der Weltwirtschaft verschoben haben und weil sich erst noch herausstellen muß, in welchem Ausmaß die Leitfunktion der USA für die internationalen Kapitalmärkte bereits gelitten hat. Daß das Gewicht Amerikas abzunehmen beginnt, steht außer Zweifel.

Wie gesagt, die Einflüsse, die auf den Goldmarkt einwirken, lassen sich nicht auf einen einfachen Nenner bringen. Gold ist eben sowohl privates Investment als auch Währungsreserve. Verständlich also, daß die Notenbanken den Preis argwöhnisch beäugen und daß auch künftig Eingriffe in die Gold- und Devisenmärkte nicht ausgeschlossen werden können, obwohl die Zentralbanken ihre Goldreserven bereits dezimiert und den Großteil ihrer Munition bereits verschossen haben.

Gold ist nicht nur ein monetäres, sondern auch ein politisches Metall. Deswegen sind geopolitische Entwicklungen fast ebenso wichtig wie Geldmengen und Zinsen. Genau genommen steht auch die Geld- und Währungspolitik der USA unter dem Primat der Politik. Auch sie ist den Erfordernissen der amerikanischen Weltmachtpolitik untergeordnet. Das gilt für den Staatshaushalt mit seinen Rüstungsausgaben und seinen Defiziten; für die Politik des leichten Geldes, weil eine wirtschaftliche Depression den Hegemonialstatus untergraben würde; für die Kriege im Nahen Osten, weil die Machthaber in Washington den Zugriff auf die Ölreserven für lebenswichtig erachten; für die Rolle, die Japan und China als Gläubiger der USA spielen, weil ohne diese Kredite der Lebensstandard der amerikanischen Massen und der gigantische Militärapparat nicht finanzierbar wären. Finanzkapitalismus und Militarismus stützen einander. Die militärische Stärke untermauert den Dollar. Vielleicht ist sie seine letzte Basis. Die Operateure an den internationalen Kapitalmärkten lassen sich immer noch von Demonstrationen der Macht beeindrukken, weniger von der Respektierung des Völkerrechts. Letzteres ist ihnen ziemlich gleichgültig.

Für diese Zusammenhänge hat der amerikanische Politikwissenschaftler und frühere CIA-Berater Chalmers Johnson den Begriff des »militärischen Keynesianismus« geprägt. Weil sich damit ein für Gold positiver Doppeleffekt – ein geopolitischer und ein monetärer – verbindet, wollen wir näher untersuchen, was Johnson damit meint.

Der englische Nationalökonom John Maynard Keynes (1883–1946) hat das Denken und die Wirtschaftspolitik des 20. Jahrhunderts ähnlich stark beeinflußt wie Karl Marx. Unter dem Eindruck der Weltwirtschaftskrise kam Keynes zu der Überzeugung, daß die Gefahr einer andauernden Arbeitslosigkeit nicht nur durch die Geldpolitik, sondern auch durch Deficit Spending, d. h. durch schuldenfinanzierte staatliche Ausgaben, bekämpft werden müsse. Er sagte einmal, die Regierung könne allein dadurch neue Arbeitsplätze schaffen, daß sie Geld in alte Bergwerke versenkt und private Firmen damit beauftragt, es wieder auszugraben. In der Literatur wird Keynes immer mit dem Satz zitiert, Gold sei ein »barbarisches Relikt«. Das hat er nicht gesagt, er nannte vielmehr den Goldstandard ein »barbarisches Relikt«. Das war nachvollziehbar, denn der Goldstandard hätte das von ihm empfohlene Rezept von vornherein ausgeschlossen.

Roland Baader hält Keynes für eine der verhängnisvollsten

Figuren der Menschheitsgeschichte, und tatsächlich hat seine Doktrin bereits in den 1970er Jahren Arbeitslosigkeit und Inflation zur Folge gehabt. Man muß allerdings hinzufügen, daß Keynes die Schuldenaufnahme nur für die Phase der Rezession empfahl. Im Aufschwung sollten die Regierungen dann wieder Überschüsse erwirtschaften und damit den Schuldenberg abbauen. Das haben sie – von Ausnahmen abgesehen – nicht getan. Sie machten die Schuldenwirtschaft zur Dauereinrichtung.

In den USA war und ist der Keynesianismus, der ohnehin an Ansehen gelitten hat, ebenso wenig erfolgreich wie in Deutschland. Die wirkliche Arbeitslosigkeit liegt in Amerika eher bei zehn Prozent, denn die offiziellen Zahlen berücksichtigen nur die Empfänger von Arbeitslosenhilfe, auf die Dauerarbeitslose keinen Anspruch haben. Außerdem stagniert oder fällt die Kaufkraft der amerikanischen Arbeiter seit zwei Jahrzehnten. Und der Abstand zu den Einkommen im Finanzsektor hat sich enorm vergrößert.

Mit »militärischem Keynesianismus« meint Johnson ein System, das die Wirtschaft durch Rüstungsausgaben ankurbelt, das den militärischen Komplex zum dominanten Faktor der Volkswirtschaft macht und das schließlich zu einer Militarisierung der Außenpolitik führt. Er vergleicht das mit dem Deutschland der 1930er Jahre und mit dem damaligen »Wirtschaftswunder«, als Aufrüstung und Arbeitsbeschaffung fast auf dasselbe hinausliefen.

Präsident Eisenhower war der erste, der seine Landsleute vor den Gefahren des »militärisch-industriellen Komplexes«, wie er ihn nannte, eindringlich warnte. In seiner Abschiedsrede von 1961 sagte er, die USA seien durch den Zweiten Weltkrieg und den Korea-Krieg gezwungen worden, »eine permanente Rüstungsindustrie von gewaltigen Ausmaßen zu schaffen«. Die Verbindung eines immensen militärischen Establishments mit einer großen Rüstungsindustrie sei neu in der amerikanischen Geschichte. Selbst die Strukturen der Gesellschaft seien davon betroffen. »Der totale Einfluß – wirtschaftlich, politisch, selbst geistig – ist in jeder Stadt, jedem Regierungssitz der Bundesstaaten, jedem Büro der Bundesregierung spürbar.«

Seitdem hat sich der Komplex zu einer Krake ausgewachsen, die nicht nur den Kongreß und die Regierung der USA, sondern die halbe Welt im Griff hat. Früher, sagt Johnson, konnte man den Vormarsch des Imperialismus verfolgen, indem man die Kolonien der vorherrschenden Macht aufzählte. »Die amerikanische Version der Kolonie ist die Militärbasis.« Nach offiziellen Angaben sind es 737 Stützpunkte außerhalb der USA – und dies ohne die Militärbasen auf dem Balkan, in Afghanistan, im Irak und anderen Ländern des Nahen Ostens wie Jordanien, wo die amerikanische Präsenz als Geheimsache behandelt wird.

Da das Imperium des Pentagon eng mit dem privaten amerikanischen Sektor verflochten ist, fließt ein großer Teil des Budgets zurück in die Wirtschaft. Der allergrößte Teil der Gelder, die in Afghanistan und Irak in die militärischen Operationen und in zivile Maßnahmen gepumpt werden, verläßt nie die USA. Das Geld wird auf amerikanischen Konten nur umgebucht. Ein typisches Beispiel ist *Camp Bondsteel*, eine riesige, von der Außenwelt abgeschirmte Militärbasis im Kosovo, die 1999 von *Kellogg Brown & Root* gebaut und seitdem von derselben Firma unterhalten wird. KBR ist ein Tochterunternehmen der *Halliburton Corporation* in Houston, Texas. In den USA profitieren 195 Branchen der Wirtschaft direkt von Aufträgen aus dem Pentagon.

Die wahren Kosten des militärisch-industriellen Komplexes, die vom amerikanischen Steuerzahler und vom Ausland aufgebracht werden, sind unbekannt. Nicht enthalten im offiziellen Verteidigungshaushalt (er beansprucht über vier Prozent des BIP) sind z. B. die Ausgaben für Nuklearwaffen (16,4 Milliarden Dollar im Haushaltsjahr 2006), die Heimatverteidigung (41 Milliarden), die Versorgung der Kriegsverletzten (68 Milliarden), die Pensionen für das Militärpersonal (Kosten unbekannt) oder die Zinsen, die für frühere schuldenfinanzierte Rüstungsausgaben aufgewendet werden müssen (eine Schätzung von 2002 beläuft sich auf 138,7 Milliarden Dollar).

Nie hat eine Großmacht so viel Geld für ihre Kriege mit so geringem Nutzen ausgegeben. Johnson schätzt, daß Afghanistan und der Irak bis 2006 400 Milliarden gekostet haben. Der Nobelpreisträger Joseph Stieglitz hat kalkuliert, daß allein die Besetzung des Irak bis 2015 etwa 2000 Milliarden verschlungen haben wird. Wäre das Pentagon eine Aktiengesellschaft, stünden die Vorstände längst vor Gericht. 2005 meldete das Regierungsbüro für Rechnungsprüfung dem Kongreß, daß im Pentagon keine Details verfügbar sind, wie und wofür die Haushaltsmittel ausgegeben werden. Die Armee setze in ihre Abrechnungen einfach die Summen ein, die sie im Haushaltsentwurf vorfindet.

Da sich große Organisationen nie selbst für überflüssig erklären, kann es nicht überraschen, daß nach dem Ende des Kalten Krieges und dem Zusammenbruch der Sowjetunion umgehend neue Feinde gesucht und gefunden wurden. Johnson schreibt: »Der militärische Keynesianismus mag eine wirtschaftliche Ankurbelung mit anderen Mitteln sein, aber er führt sehr oft zu einem wirklichen Krieg oder zumindest zu einem kriegsähnlichen politischen Umfeld. Dadurch entsteht eine Feedback-Schleife: Die amerikanischen Präsidenten wissen, daß der militärische Komplex dazu tendiert, die Macht bei der Exekutive zu konzentrieren, und damit haben die Präsidenten, die mehr Macht anstreben, einen natürlichen Anreiz, das weitere Wachstum des militärisch-industriellen Komplexes zu ermutigen. Da sich die Phänomene gegenseitig verstärken, ist das gewöhnliche Resultat ein wirklicher Krieg, nicht wegen der Erfordernisse der nationalen Verteidigung, sondern wegen der innenpolitischen Logik des militärischen Keynesianismus.«

Wenn es nun aber so ist, daß die Machtstruktur, vor der Eisenhower 1961 warnte, nicht mehr aufgelöst werden kann, und wenn wir bedenken, daß sie ihr Pendant in Europa in Gestalt eines »sozialstaatlichen Keynesianismus« hat, dann ist weder mit einer wirklichen Sanierung der Staatsfinanzen noch mit stabilem Geld zu rechnen. Dann bleibt Unordnung der normale Zustand. Oder treibt die Entwicklung vielleicht schon bald auf die finale Krise zu?

Ein Kollaps des Dollars und der Zusammenbruch der US-Wirtschaft konnten bisher vermieden werden, weil die Regierungen in Japan und China im Interesse ihrer Exportwirtschaft den USA als Gläubiger zur Verfügung stehen. Wie lange sie das tun wollen oder können, bleibt offen. Chalmers Johnson hat wohl recht, wenn er vorhersagt, daß der von Amerika eingeschlagene Kurs höchstwahrscheinlich in einem wirtschaftlichen und politischen Kollaps enden wird, in einem Abdriften in den Bankrott – in einen Bankrott, der den amerikanischen Lebensstandard drastisch absenken und den Verlust der Kontrolle über die internationalen Angelegenheiten mit sich bringen würde, der aber ebenso wenig das Ende der USA bedeutet wie das Ende Deutschlands durch die Hyperinflation 1923 oder das Ende Argentiniens durch den Bankrott von 2001. Im schlimmsten Fall, meint Johnson, sei nicht einmal eine Militärdiktatur auf amerikanischem Boden auszuschließen.

Weil wir als langfristige Investoren alle denkbaren Szenarien berücksichtigen müssen, sei an dieser Stelle auch vor der Illusion gewarnt, im Euro eine auf Dauer sichere Alternative zum Dollar zu sehen. Zwar verfügt das Euro-System über ausreichende Fremdwährungsreserven, um die Einheitswährung in einer Krise verteidigen zu können (im Gegensatz zu den USA, wo die sehr dünnen Devisenreserven schnell aufgebraucht wären), aber diese Reserven der europäischen Notenbanken bestehen zum größten Teil aus Schuldscheinen in Dollar. Wird der Dollar wertlos, dann sind auch die Bilanzen der Notenbanken, in denen der Dollar auf der Aktivseite eine Art von Deckung eines Teiles der umlaufenden Geldmenge bildet, auf das Schwerste beschädigt.

Ein Zusammenbruch des Dollar-Standards, unter dem die Welt immer noch lebt, könnte viele andere Papierwährungen mit in die Tiefe reißen. Wenn die Notenbanken im Euro-Raum gezwungen wären, eine exzessive Dollar-Abwertung zu verhindern oder in einen Abwertungswettlauf einzutreten, müßten sie mehr Geld drucken. Die globale Geldmenge würde stark expandieren. Für den nominalen Goldpreis gäbe es dann möglicherweise »keine offensichtliche Obergrenze«, wie es John Butler, der Analytiker von *Dresdner Kleinwort Wasserstein*, 2003 in einer Studie (*Zurück zum Gold?*) formulierte. In einer derartigen Krise würden die Zentralbanken nicht im entferntesten daran denken, Gold zu verkaufen, denn damit würden sie die Geldmengen beschneiden und ihre eigene Politik konterkarieren.

Zum denkbaren Ablauf einer solchen Krise schreibt Butler: »Der Verkauf von Gold steht einer reflationären Politik entgegen, in deren Rahmen die Notenbanken die im Umlauf befindliche Geldmenge erhöhen, nicht verringern wollen. Die eine Zentralbank könnte Gold gegen Dollar verkaufen, eine andere gegen Euro und wieder eine andere gegen Yen – im Ergebnis käme es zu einem Angebotsrückgang bei allen drei Währungen. Diesem unwillkommenen Rückgang der globalen Geldmenge müßte mit einer neuen Runde der Geldschöpfung begegnet werden. Daher gibt es tatsächlich keinen Grund, davon auszugehen, daß das Goldangebot in einem Umfeld, in dem sich die Notenbanken in der Reflationierung versuchen, mit der Nachfrage mithalten kann.«

Butler spielt dann ein Szenario durch, unter dem die Welt nicht per Regierungsbeschluß und de jure, sondern freiwillig und de facto zum Goldstandard zurückkehrt. Auslöser einer solchen Entwicklung wäre, daß die Bürger das Vertrauen in die Papierwährungen verlieren. Sie würden die vom Staat oktroyierten gesetzlichen Zahlungsmittel als Wertaufbewahrungsmittel verschmähen und statt dessen die einzige Währung bevorzugen, die nicht dem Management und der Willkür der Behörden unterliegt: Gold. Spätestens dann würden auch die Notenbanken keinen Sinn mehr darin sehen, an ihren riesigen Dollar-Reserven festzuhalten. Sie würden beginnen, in Gold umzuschichten. Und da die Menge des am Markt zur Verfügung stehenden Metalls im Vergleich zu den Geldmengen lächerlich gering ist, wäre der Ausgleich zwischen Angebot und Nachfrage nur zu sehr hohen und steigenden Unzenpreisen möglich.

Eine solche Flucht ins Gold, auch von Seiten der Notenbanken, drohte schon einmal für kurze Zeit – nämlich Anfang 1980. Ich erinnere mich, daß damals selbst der hervorragend informierte Goldhandel der Deutschen Bank mit einer Remonetisierung des Goldes und einer Aufstockung der offiziellen Reserven rechnete. Es kam anders, die Währungsbehörden bekamen die Lage noch einmal in den Griff, und zum Preisumschwung trug auch die Meldung bei, die Deutsche Bundesbank habe die Edelmetallpositionen der Frankfurter Großbanken begrenzt.

Nur waren damals die Geldmengen im Vergleich zu heute bescheiden, der Ostblock und China waren noch nicht Teil des Weltfinanzsystems. Inzwischen hat der Mißbrauch des Reservestatus, den der Dollar genießt, Ausmaße erreicht, die 1980 kaum vorstellbar waren. Käme es zum Äußersten, meint Butler, dann würden die in Umlauf befindlichen Papierwährungen so bewertet wie früher – nämlich als Anspruch auf Gold. Dementsprechend müßte der nominale Goldpreis steigen. Bei einer US-Geldmenge von 710 Milliarden Dollar (bestehend aus Noten und Bankreserven) und amerikanischen Goldreserven von 265 Millionen Unzen ergebe sich, so Butler, ein theoretischer Gleichgewichtsgoldpreis von 2700 Dollar je Unze und analog von 1335 Euro. Das war die Situation 2003. Seitdem sind die Geldmengen weiter gewachsen, nicht aber die Goldreserven, wodurch sich der theoretische Gleichgewichtsgoldpreis Jahr um Jahr weiter erhöht.

Nicht einmal damit endet die Preisphantasie. Würden nämlich alle Dollar-Vermögenswerte in ausländischer Hand liquidiert, und wäre die *Federal Reserve* dann gezwungen, diese aufzukaufen und zu monetisieren, d. h. in Geld zu verwandeln, dann würde sich die erwähnte Geldmenge verfünffachen, und der Gleichgewichtsgoldpreis würde in Richtung 15 000 Dollar klettern. Dies ist, wohlgemerkt, ein hochgradig theoretisches Szenario. Es schildert nichts weniger als eine Krise des Finanzsystems, die in einer Währungsreform endet und – wie jede wirkliche Krise – einen Neuanfang ermöglicht. Prinzipiell aber ist die Feststellung richtig, daß das Risiko eines Goldkäufers immer begrenzt ist, weil der Preis nie auf Null fallen kann – und das Risiko des Leerverkäufers unbegrenzt, weil der nominale Goldpreis unter bestimmten Bedingungen tatsächlich nach oben offen ist.

Daß sich für den nominalen Goldpreis keine offensichtliche Obergrenze definieren läßt, verdanken wir einem Geldsystem, das seit der Lösung vom Gold mit dem Anker zugleich jede Beständigkeit und Berechenbarkeit verloren hat. Wir haben längst das Ende aller Sicherheit erreicht. »Unser Geld ist so unzuverlässig geworden«, schrieb Wolfram Engels in seinem genialen Werk *Der Kapitalismus und seine Krisen*, »daß kein Mensch, der seine fünf Sinne beisammen hat, seine Altersversorgung auf Geldvermögen bauen würde – ganz im Gegensatz zum 19. Jahrhundert, in dem das in wohlhabenden Kreisen durchaus die Regel war.«

Ist Ihnen aufgefallen, daß in der Finanzpresse kaum noch von Millionen die Rede ist? Am 11. April 2007 war im *Handelsblatt* zu lesen, daß das Eigenkapital der Hedge-Fonds innerhalb von 15 Jahren von 100 auf 2000 Milliarden Dollar angeschwollen ist, daß die Beteiligungsfonds allein 2006 mehr als 200 Milliarden eingesammelt haben und daß sie mit der üblichen zusätzlichen Kreditfinanzierung Unternehmen im

Gegenwert von etwa 700 Milliarden aufkaufen können. Dagegen verblaßt selbst die deutsche Staatsschuld mit ihren 1,5 Billionen. Wir erleben eine irrsinnige Inflation der Geld- bzw. Schuldenmengen, die die Preise für Aktien, Immobilien und Anleihen in weiten Teilen der Welt in die Höhe getrieben hat – nicht aber in diesem Ausmaß die Güterpreise. Genaues weiß man nicht, denn in Zeiten der allgegenwärtigen Desinformation sind alle Verlautbarungen der Behörden mit größter Vorsicht zu genießen, selbstverständlich auch die Inflationsstatistiken.

Die Amerikaner waren die Vorreiter beim Massieren und Schönen der Inflationsraten. Bereits unter Präsident Reagan begannen sie damit, mit Hilfe der »hedonischen Regression« fiktive Preise in den Warenkorb einzuschleusen, und zwar mit der Begründung, daß der Preis eines Produktes, das teurer und angeblich besser geworden ist, in Wirklichkeit gesunken sei. Weiter verloren die Inflationsstatistiken an Aussagekraft, als unter Clinton im Zuge der »geometrischen Indexierung« solche Güter, die teurer geworden waren, einfach durch billigere ersetzt wurden. Die Inflationsindizes, denen ohnehin immer ein theoretisches Modell zugrunde lag, wurden damit vollauf zur Farce und mit ihnen auch die Statistiken über die Produktivität und das reale Wachstum der Wirtschaft. Der im Euro-Raum eingeführte »Harmonisierte Verbraucherpreisindex« ähnelt der amerikanischen Berechnungsmethode. Auch hier entfernen die Statistiker Güter aus dem Warenkorb, die teurer geworden sind, und ersetzen sie durch billigere, die angeblich »vergleichbar« sind. Am Ende kommt eine Teuerung heraus, die seit Jahren um zwei Prozent liegt. Und damit sei das Ziel der Preisstabilität erreicht, behaupten die Sprecher der Europäischen Zentralbank.

Die Anleger machen sich keine Vorstellung davon, welche Auswirkungen selbst eine schleichende Inflation hat, wie sie an den Vermögenswerten zehrt und wie sie Reichtum nur vortäuscht. Der Informationsdienst *Aktientrend* hat in seiner

Ausgabe vom 22. Februar 2007 folgendes vorgerechnet: Im Zeitraum von 1960 bis 1982, als der (zurückgerechnete) DAX nominal stagnierte, hat er sich unter Berücksichtigung der Geldentwertung halbiert. Erst 1986 hatte die Anlage des Jahres 1960 (real) die Gewinnzone wieder erreicht. Wäre aber damals die Besteuerung langfristiger Kursgewinne, die der deutsche Fiskus ab Januar 2009 einführen wird, bereits in Kraft gewesen, dann wäre unser Anleger des Jahres 1960 auch 1986 real noch im Verlust gewesen.

Der Trick des Fiskus besteht darin, daß nicht etwa der reale, sondern der nominale Zuwachs in Zukunft besteuert werden soll. 1986 wäre demnach ein Gewinn in DAX-Punkten unterstellt worden, der real gar nicht vorhanden war. Daß die Banken, die das alles sehr genau wissen, dazu schweigen, erklärt sich daraus, daß sie selbst von der Inflation profitieren. Sie rechnen ja immer nur in Nominalwerten. Gold wird von ihnen in aller Regel nicht empfohlen, es stellt ihre Geschäftsphilosophie in Frage. Und verdienen läßt sich mit Goldempfehlungen ohnehin nichts. Nicht der Krügerrand bringt die dikken Kommissionen, sondern das Zertifikat und der Fonds.

Die Finanzindustrie operiert in einer selbsterzeugten Scheinwelt. »Das Bild unserer Lehrbücher«, schreibt Wolfram Engels, »daß die Kapitalmärkte die verfügbaren Mittel in die jeweils günstigsten Verwendungsmöglichkeiten lenken, ist meilenweit von der Realität entfernt. Wenn die Aktienkurse, die Wechselkurse, die Zinsen, die Grundstückspreise unprognostizierbar hin und her taumeln, dann hat das überhaupt keine volkswirtschaftliche Funktion; es schafft im Gegenteil nur Risiken.«

Engels fragt dann nach den Gründen der Konfusion: »Dieses Geldwesen, die Institutionen, die es hervorgebracht hat, und die Meßergebnisse, die es produziert, sind für das Fehlfunktionieren unserer Finanzmärkte verantwortlich. Das Geldsystem, das wir heute haben, hat sich weder in der Konkurrenz von Geldanbietern als das beste herausgestellt, noch ist es auf Grund theoretischer Einsichten geschaffen worden. Es verdankt seine Existenz der Kriegsfinanzierung. Dieses Papiergeld war ein großer Rückschritt gegenüber den Goldwährungen, die bis zum Ersten Weltkrieg existierten ... Wenn dieses System nicht völlig haltlos sein soll, dann muß irgendwo ein Nagel in die Wand geschlagen werden. Das war bis zum Ersten Weltkrieg der feste Goldpreis.«

Wenn aber dieser Nagel in der Wand fehlt, dann werden alle nominalen Größen relativ. Wogegen soll man den Euro messen? Gegen den Dollar? Der ist selbst ein bewegliches Ziel. Was besagt schon ein DAX bei 10 000 oder ein Dow Jones bei 20 000 in fünf oder zehn Jahren? Das ließe sich beantworten, sofern wir die künftige Teuerung wüßten und sofern die Statistiken ehrlich wären. Wenn der Dow Jones oder der Euro in Dollar gerechnet steigt und zugleich in Gold gerechnet fällt, ist er dann gestiegen oder gefallen? Vielleicht sollten wir uns daran gewöhnen, um ein Stück Realität zurückzuholen, die Vermögenswerte nicht nur in Papiergeldeinheiten zu kalkulieren, sondern auch in Gold. Eine Unze bleibt immer eine Unze.

Vorstellbar ist jedenfalls, daß irgendwann im Kasino die Lichter ausgehen, daß der Milliardenbluff versagt, daß sich die bei Privaten und Währungsbehörden angehäuften Dollar-Berge als Luftbuchung erweisen und daß die Teilnehmer des Spiels am Ende selbst entscheiden wollen, was sie als Geld akzeptieren und was sie zurückweisen. Dann könnte sich die Welt auf einen De-facto-Goldstandard zubewegen. Dann würde sich erweisen, daß nur das Geld ist, was als solches freiwillig akzeptiert wird.

Zu demselben Schluß kam die Mai/Juni-Ausgabe 2007 der Zeitschrift *Foreign Affairs*, die von der einflußreichsten Denkfabrik an der amerikanischen Ostküste, dem *Council on Foreign Relations*, herausgegeben wird. Als ich das Heft kurz vor Abschluß des vorliegenden Buches im Briefkasten fand, mußte ich unwillkürlich an ein Abendessen im New Yorker

Grenouille mit einem Direktor des *Council* denken, bei dem ich ihn fragte, was seine Organisation eigentlich tue. »Wenn wir eine bestimmte Politik für angeraten halten«, antwortete er, »arbeiten wir ein Memorandum aus, legen es der Regierung vor – und sehr oft wird es akzeptiert.«

Was mich in den neuen *Foreign Affairs* elektrisierte, war ein Beitrag von Benn Steil, Direktor für Internationale Wirtschaft beim *Council*. Er beschrieb zunächst die Etablierung des Dollars als globales Geld, die Dollarisierung vieler südamerikanischer Volkswirtschaften und den grotesken Zustand der amerikanischen Defizite. »Die Vereinigten Staaten können ein chronisches Leistungsbilanzdefizit haben und nie die Auswirkungen spüren. Die Dollars, die ins Ausland geschickt werden, kommen in Form von Krediten wieder zurück, weil sie im Ausland ohne Nutzen sind.« Steil zitiert einen schönen Vergleich von Jacques Rueff, des prominenten französischen Währungsexperten, der in den 1960er Jahren für den Goldstandard und für höhere Goldpreise plädiert hatte: »Wenn ich mit meinem Schneider einen Vertrag hätte, wonach er mir alles, was ich ihm zahle, am selben Tag als Darlehen retourniert, dann hätte ich überhaupt nichts dagegen, noch mehr Anzüge bei ihm zu bestellen.«

Steil fragt dann, wie lange ein derartiges System halten könne. Die Antwort: »Die historische Erfahrung mit nationalen Währungen ist seit 2500 Jahren im großen und ganzen schrecklich.« Auch der Glaube an einen dauerhaften Bestand des Euro sei noch fragil. »Aber es gibt eine andere Alternative, nämlich die dauerhafteste Form von Geld auf dieser Welt: Gold.«

Eine bemerkenswerte Feststellung angesichts der notorischen Aversion der amerikanischen Eliten gegen Gold und gegen den Goldstandard! Steil fährt fort: »Ein neues, auf Gold gegründetes Währungssystem klingt sicher weit hergeholt. Aber das war 1900 nicht anders mit einem Währungssystem ohne Gold.«

Benn Steil erwartet nicht, daß die Regierungen aus eigener Initiative zum Gold zurückkehren. Aber er hält es für denkbar, daß sich Gold auf freiwilliger Basis und mit Hilfe privater Goldbanken wieder durchsetzt. »Es ist der Markt, der den Dollar zu einem globalen Geld gemacht hat – und was der Markt gibt, kann der Markt nehmen. Wenn die Schneider nicht mehr mitspielen und der Dollar scheitert, könnte der Markt das Geld selbst privatisieren.«

Zugegeben, das sind nur Spekulationen über das Ende eines Weges, dessen Länge wir nicht kennen. Laut *World Factbook* des CIA haben die amerikanischen Auslandsschulden schon im Juni 2006 die Marke von zehn Billionen überschritten. Wer weiß schon, wo die Obergrenze liegt? Der Erfindungsreichtum derer, die das System steuern, sollte nicht unterschätzt werden. Die großen westlichen Demokratien tendieren bereits zum Totalitären, die Lenkung der öffentlichen Meinung ist weiter entwickelt als in manchen Diktaturen der Vergangenheit. Das Arsenal der Manipulationsmöglichkeiten bleibt beachtlich. Es reicht von Kapitalverkehrskontrollen über Vermögensabgaben und Zwangsanleihen, die den Versicherungen aufgenötigt werden, bis hin zu einer Spaltung des Dollars in eine Handels- und in eine Finanzwährung. Letztere könnte dann 30 bis 50 Prozent unter dem Handelsdollar notieren – eine drastische Abwertung, von der die im Ausland umlaufenden Dollar-Mengen betroffen wären.

Dem vorausschauenden Investor rate ich, nichts zu hoffen, nichts auszuschließen und nie zu glauben, der Status quo sei dauerhaft. »Die wertvollste Eigenschaft des Menschen«, sagte Euripides, »ist ein kluges Gespür für das Unglaubwürdige.«

Nachwort

Im Februar 2006 flogen wir nach Südafrika, um herauszufinden, wie das Land tickt, was sich verändert hat und womit Investoren aus Europa künftig zu rechnen haben.

In Kapstadt war ich seit drei Jahren nicht mehr gewesen und in Johannesburg nicht mehr seit dem Machtwechsel 1994. Eine gute Gelegenheit also, die damaligen Verhältnisse mit den heutigen zu vergleichen. Warum Südafrika mit der Zeit weniger wichtig für Goldanleger wurde, ist bekannt: Noch 1970 förderten die Minen am Kap mehr als 1000 Tonnen Gold im Jahr, inzwischen sind es fast 75 Prozent weniger. Südafrika ist nicht mehr das Mekka des Goldbergbaus und der Goldanleger, aber immer noch der Produzent mit den größten Reserven.

Noch in den 1980er Jahren glich die Johannesburger Börse einem gut sortierten Supermarkt. Im Angebot waren Blue Chips wie *Western Deep* und *Vaal Reefs* oder *Kloof* oder *East-* und *West-Driefontein*. Die ersten beiden produzieren inzwischen unter schwarzafrikanischen Namen, die auch in Südafrika kaum jemand kennt. Beide gehören zu *Anglogold*, der Tochter des Oppenheimer-Konzerns *Anglo American*, der sich von seinen Goldbeteiligungen zu trennen beginnt, weil die *Anglo*-Chefin nicht wirklich mehr an Gold glaubt.

Die beiden *Driefontein*-Minen sowie *Kloof* und *Beatrix* sind an der Börse noch zu haben, und zwar unter dem Dach von *Gold Fields*, einem Konzern, der längst nicht mehr in den alten Räumen von *Gold Fields of South Africa* in der Innenstadt von Johannesburg residiert, sondern ein modernes, gut bewachtes Bürogebäude im Stadtteil Parktown bezogen hat. Dort ist es sicherer. Schließlich sind auch die großen Hotels schon vor vielen Jahren aus dem Johannesburger Zentrum wegen der exorbitanten Kriminalität ausgezogen. Man steigt jetzt ab in Rosebank oder in einem der Hotels in Sandton, einem eleganten Villenvorort mit eigener Gemeindeverwaltung.

Und dann gab es noch die aufregenden marginalen Goldminen wie *Leslie*, *Loraine*, *Grootvlei*, *Stilfontein* oder auch *Durban Deep*, die immer wieder einmal ein wahres Kursfeuerwerk veranstalteten, wenn Gold haussierte. Tempi passati.

Außer den Schwergewichten *Anglogold* und *Gold Fields* sind übriggeblieben: die in *DRD Gold* umbenannte *Durban Deep*, die offenbar nicht mehr recht auf die Beine kommt; *Harmony Gold Mining*, die nach dem mißlungenen, größenwahnsinnigen Versuch, *Gold Fields* zu schlucken und an deren gut gefüllte Kriegskasse zu kommen, jetzt versucht, sich neu zu erfinden; und schließlich ein paar kleinere Goldtitel sowie die Überreste des zusammengebrochenen Kebble-Imperiums – nicht zu vergessen *Anglo Platinum* und *Impala*, die bei Platin-Preisen von über 1000 Dollar in den letzten Jahren gut verdient haben.

Manche Beobachter nennen den südafrikanischen Goldbergbau eine »sterbende Industrie«. Aber das ist übertrieben. Es ist eher eine Industrie im Niedergang, die dennoch nicht unterschätzt werden darf und die dem Investor immer wieder einmal exzellente Chancen bietet.

Mit den großen Minen am Kap läßt sich durchaus noch Geld verdienen. Das Management besitzt, historisch bedingt, große Erfahrung im tiefen Bergbau. Und die Reserven untertage sind immer noch massiv, wenngleich stark abhängig von einem steigenden Goldpreis in Rand. Allein *Gold Fields* sitzt auf 92 Millionen Unzen an Goldreserven, die meisten davon im Herzland Südafrikas.

Und doch: Welcher Unterschied zu 1980. Damals wurden

weltweit 954,4 Tonnen Gold gefördert, davon nicht weniger als 675,1 Tonnen in Südafrika. Nicht eingerechnet ist die sowjetische Produktion, die von den Herrschern im Kreml als Geheimsache behandelt wurde. Man wußte nur, daß der damals sogenannte »kommunistische Sektor« 1980 90 Tonnen Gold exportiert hatte. 1979 waren es 199 Tonnen gewesen, 1978 sogar 410 Tonnen.

Anfang der 1980er Jahre dominierte der südafrikanische Goldbergbau nicht nur das Angebot am Weltmarkt, sondern auch die heimische Wirtschaft. Auf Gold entfiel in diesen Jahren die Hälfte der südafrikanischen Exporteinnahmen, manchmal sogar mehr. Dem Gold war es zu verdanken, daß die Regierung in Pretoria Öl und Waffen im Ausland kaufen konnte. Ohne Gold hätte die Herrschaft der Buren nicht so lange überlebt. In den Bergwerken arbeiteten eine halbe Million Menschen, viele davon aus Lesotho, Mozambique und Malawi. Die *Reserve Bank* in Pretoria, über die die Exporte abgewickelt werden mußten, war mächtig genug, um das Angebot auch einmal zu drosseln, wenn der Markt gerade schwach war, und den Preis temporär zu stützen.

Die Anleger in Europa und den USA wußten, was sie an den südafrikanischen Gold-Aktien hatten: Rendite, Rendite, Rendite. Im Juni 1979, als ich gerade mein erstes Goldbuch abschloß, rentierten *East Driefontein* und *Kloof* mit rund zwölf Prozent, *West Driefontein* erbrachte eine Dividendenrendite von 16,3 Prozent, *Vaal Reefs* (die später in *Anglogold* umfirmiert wurde) bot 14,3 Prozent. Gar nicht zu reden von den kleineren marginalen Minen mit beschränkter Lebensdauer, die manchmal bis zu 60 Prozent des Aktienkurses in Form von Dividenden abwarfen. Da waren die 15 Prozent Quellensteuer, die in Johannesburg schon längst nicht mehr abgezogen werden, leicht zu verkraften.

Die Erklärung für die schrumpfenden Gewinne liegt nicht zuletzt im Goldgehalt je Tonne Erz und in den Produktionskosten – zwei Kennzahlen, mit denen jeder Goldinvestor vertraut sein sollte. Dazu ein Beispiel: *West* und *East Driefontein*, die heute zu *Gold Fields* gehören. *Driefontein* holte vor einem Vierteljahrhundert 20 Gramm Gold aus jeder Tonne Erz. Die Produktionskosten lagen nur wenig über 50 Dollar je Unze. Ein äußerst komfortabler Abstand zum Goldpreis, der am freien Markt zu erzielen war.

Nicht wiederzuerkennen ist auch die Struktur der Industrie. Nachdem ein Mann namens George Harrison im Februar 1866 auf der Farm *Langlaagte* Gold gefunden hatte, nachdem die buchstäblich auf Gold gebaute Stadt Johannesburg aufblühte, wurden die großen Minenhäuser gegründet, die das auch damals beträchtliche Kapital aufbrachten: *Rand Mines*, *Gold Fields of South Africa*, *Johannesburg Consolidated Mines*, *General Mining* und *Union Corporation*, später *Anglo American* und *Anglo-Transvaal*.

Diese Minenhäuser waren es, die die wichtigen Entscheidungen trafen. Die Arbeit der Manager in den individuellen Minen beschränkte sich auf das operative Tagesgeschäft. Der Nachteil des Systems lag in den Kommissionen, die die Minen an die Konzerne abführen mußten. Ein Vorteil wiederum war es für den Investor, daß jede einzelne Mine, auch wenn sie nicht wirklich selbständig war, an der Johannesburger Börse gehandelt wurde. So konnte man je nach Gusto und Einschätzung der Goldpreisentwicklung ein maßgeschneidertes Portfolio zusammenstellen. Man konnte zwischen lang- und kurzlebigen Goldminen, zwischen solchen mit mäßiger und großer Hebelwirkung wählen. Eine üppige, exotische Palette, die sich zuerst bei belgischen Zahnärzten und bei der französischen Bourgeoisie, später auch bei gut informierten deutschen Anlegern großer und wachsender Beliebtheit erfreute. Inzwischen sind eine südafrikanische *Anglogold* oder *Gold Fields* oder *Harmony* nicht anders organisiert als eine nordamerikanische Goldminengesellschaft. Selbst die Renditen haben sich stark den amerikanischen angenähert. Die früheren Minenfinanzhäuser sind verschwunden.

Anglo American hält nur noch weniger als die Hälfte des Aktienkapitals von *Anglogold* und hat den Firmensitz schon vor Jahren von Johannesburg nach London verlegt. *Anglo American* produziert Kohle, Eisenerz, Diamanten und anderes und zählt zusammen mit *BHP Billiton* und *Rio Tinto* zu den größten Rohstoffkonzernen der Welt. Am Gold ist man dort nicht mehr übermäßig interessiert. Die Zeiten, in denen der Patriarch Sir Ernest Oppenheimer von seinem imposanten Hauptquartier in der Main Street 44 aus (»Bauen Sie mir etwas zwischen einer Bank und einer Kathedrale«, hatte er den Architekten angewiesen) sein Gold- und Diamantenimperium dirigierte, sind endgültig vorbei.

Vergangenheit sind auch die Apartheid-Gesetze, die nach Rassen getrennten Parkbänke und Toiletten, die Homelands, die Herrschaft der weißen Minderheit über die schwarze Mehrheit. Das System war anachronistisch, es mußte enden, als Washington nicht mehr mitspielte und die US-Banken die Kredite kündigten. Das allgemeine Wahlrecht befreite die Schwarzen und brachte neue Eliten an die Macht wie zuvor schon in Rhodesien.

In Rhodesien ging die weiße Herrschaft bereits mit den Wahlen vom Februar 1980 zu Ende, 14 Jahre vor dem Machtwechsel in Südafrika. *GOLD&GELD* kommentierte damals: »Wer das Land kennt, weiß nur zu gut, daß seine schwarzen und weißen Bewohner nie wieder eine Regierung bekommen werden, die sich an Kompetenz, Verantwortungsbewußtsein und Integrität mit der von Ian Smith messen könnte.« Das hat sich leider bestätigt. Der Salonmarxist Mugabe hat das Land, das einst die Schweiz Afrikas genannt wurde, in den Ruin getrieben.

Den Südafrikanern blieb eine grausame, selbstzerstörerische Diktatur à la Zimbabwe erspart. Wer ohne Vorurteile und vielleicht zum ersten Mal südafrikanischen Boden betritt, ist beeindruckt von der wirtschaftlichen Dynamik und dem hohen Standard im Vergleich zum Rest Afrikas. Als ich 1989, noch vor der (südafrikanischen) Wende, mit einem Leihwagen von Johannesburg aus zum Krüger Nationalpark fuhr, waren die Straßen leer und allenfalls riskant wegen der Schlaglöcher und der sporadischen Kamikaze-Fahrer. Heute sind die Straßen in bestem Zustand, der Verkehr in den Ballungsräumen fließt genauso zäh und stockend wie im Großraum Frankfurt. Aber die Autofahrer müssen auf der Hut sein vor brutalen Raubüberfällen, selbst bei Rot an der Ampel.

Bei Mord, Raub und Vergewaltigung liegt Südafrika an der Weltspitze. Die Villen in den teuren Wohnvierteln von Johannesburg gleichen Festungen mit ihren hohen Mauern und Elektrozäunen. In seinen Sicherheitshinweisen empfiehlt das Berliner Auswärtige Amt, besonders bei Fahrten durch die Transkei und durch das ländliche Kwazulu-Natal, die Nebenstraßen zu meiden, nach Einbruch der Dunkelheit generell auf Überlandfahrten zu verzichten und stets die Türen verriegelt zu halten. Letzterer Rat ist überflüssig, denn die Leihwagen verriegeln sich automatisch, sobald man anfährt. Überfälle, bei denen das Opfer erst beraubt und anschließend erschossen wird, sind in Johannesburg fast an der Tagesordnung. Aus der Ballungszone um Johannesburg und Pretoria, wo über zehn Millionen Menschen leben, wurde die Provinz Gauteng. Das heißt auf deutsch: die goldene Provinz.

Auch in Kapstadt, dem Parlamentssitz und der nach Johannesburg und Durban drittgrößten Metropole, beeindruckt der wirtschaftliche Aufschwung. Der Tourismus floriert, die Hotels sind ausgelastet, die Restaurants voll besetzt. Und überall Deutsche – schätzungsweise 50 000 haben sich in Kapstadt und der weiteren Umgebung ständig oder zeitweise niedergelassen. Die Immobilienpreise steigen seit Jahren, die Regierung mußte den Erwerb durch Ausländer erschweren. Auch sonst ist Südafrika nicht mehr besonders billig. Im *Mount Nelson* in Kapstadt, dem schönsten Hotel Afrikas, bezahlte ich vor drei Jahrzehnten 100 Deutsche Mark für das Zimmer. Jetzt muß man mit dem Zehnfachen rechnen.

Trotz allem: Auf den ersten Blick gefällt und beeindruckt Südafrika, vor allem aber die westliche Kap-Provinz, wo die Kriminalität deutlich geringer, der weiße Bevölkerungsanteil erheblich höher und das Klima mediterraner ist als in Johannesburg. Seit März 2006 hat Kapstadt wieder ein weißes Stadtoberhaupt, Helen Zille von der Oppositionspartei Demokratische Allianz, eine Enkelin des bekannten Berliner Zeichners Heinrich Zille. Landesweit freilich blieb es bei den Kommunalwahlen bei der komfortablen Zweidrittelmehrheit der Staatspartei *African National Congress*. Der ANC unterhält eine formelle Allianz mit der Kommunistischen Partei und dem Gewerkschaftsverband COSATU – eine Allianz, in der es neuerdings hörbar knirscht, weil den Kommunisten die Regierungspolitik nicht radikal genug ist.

Verrechnen sich die Deutschen, die in Südafrika Häuser kaufen und dorthin auswandern? Langfristig wahrscheinlich ja – mit der Einschränkung, daß die Lebensqualität in der Kap-Provinz länger attraktiv bleiben wird und daß sich die dortigen Verhältnisse erst später verschlechtern werden als in den anderen Landesteilen. Wer gründlich hinter die Fassade des neuen Südafrika schaut, muß konstatieren: Es bröckelt an den Rändern. Die Dritte Welt gewinnt langsam, aber sicher auf Kosten der Ersten Welt.

Daß in der Kap-Provinz während unseres Besuchs immer wieder der Strom ausfiel, daß anderswo manchmal die Wasserversorgung für Tage unterbrochen ist, daß die Telefonverbindungen nicht mehr so gut funktionieren und daß das Telefonieren überhaupt extrem teuer ist, das alles mag im Vergleich zum restlichen Afrika kaum der Rede wert sein. Schwerer wiegen da schon die Probleme mit dem Atomkraftwerk Koeberg, das im Februar 2006 immer wieder abgeschaltet werden mußte, ohne daß die Verantwortlichen eine plausible Erklärung liefern konnten. Es war sogar von Sabotage die Rede. Tatsache ist, daß die mit der Sicherheit betrauten Führungspositionen teilweise vakant sind, seit weiße Fachkräfte ausgeschieden sind. Die *Cape Times* gruselte ihre Leser, indem sie das Szenario eines GAU durchspielte. Koeberg steht unweit der Stadtgrenze von Kapstadt.

Generell beginnt die südafrikanische Wirtschaft darunter zu leiden, daß nach Hautfarbe diskriminiert wird (ähnlich wie zu Zeiten der Apartheid, nur umgekehrt), daß weißen Managern inkompetente schwarze vor die Nase gesetzt werden, daß Weiße auswandern, weil ihnen die Aufstiegsmöglichkeiten verbaut werden. Über diesen Brain Drain, über den Exodus von Fachleuten aus Südafrika und die gezielte Abwerbung durch britische Firmen hatte die *Neue Zürcher Zeitung* schon am 23. April 2003 ausführlich berichtet. Damals waren bereits 5000 Ärzte emigriert. Südafrikanische Krankenschwestern machen die größte Ausländergruppe im britischen Gesundheitswesen aus.

Auch unter dem Apartheid-Regime war Südafrika keineswegs frei von Vetternwirtschaft und Korruption. Inzwischen hat diese epidemische Ausmaße erreicht. Immerhin wird sie, im Gegensatz zum übrigen Afrika, von der Justiz noch bekämpft. Der lange Zeit unmerkliche Substanzverlust läßt sich auch daran ablesen, daß seit 1994, dem Jahr der Machtübernahme durch den ANC, landesweit 40 Prozent der Ingenieure ausgeschieden sind, das Land verlassen haben und jedenfalls nicht ersetzt werden konnten. Der Mangel an gutem Personal beeinträchtigt nicht zuletzt den Bergbau, der obendrein die erheblichen, durch Aids verursachten Kosten zu spüren bekommt. Nach glaubwürdigen Angaben der amerikanischen CIA sind in Südafrika nicht zehn Prozent der 44,3 Millionen Einwohner, wie manchmal zu lesen ist, infiziert, sondern 21,5 Prozent. Unter den Schwarzen, die 79 Prozent der Bevölkerung ausmachen, ist die Infektionsrate noch höher. Trotz einer durchschnittlichen Geburtenrate von 2,24 Kindern je Frau sterben Jahr für Jahr mehr Menschen in Südafrika, als neu geboren werden. Bezogen auf die gesamte Bevölkerung liegt die durchschnittliche Lebenserwartung bei nur 43,72 Jahren!

Südafrika ist eben auch Dritte Welt: 50 Prozent der Bevölkerung leben unter der Armutsgrenze, nur gut 15 Millionen Menschen sind wirtschaftlich aktiv, die Arbeitslosenquote hat sich nach Angaben von Martin Spring seit dem Ende der Apartheid verdoppelt, der Lebensstandard der breiten Masse hat sich nicht verbessert. Profitiert vom Machtwechsel hat hauptsächlich eine neureiche Schicht von ANC-Anhängern, deren Privilegien im umgekehrten Verhältnis zu ihrer Kompetenz stehen. Daß dies unvermeidlich war, versteht jeder, der Afrika ein bißchen kennt.

Martin Spring, der bekannte südafrikanische Verleger und Finanzjournalist, war für mich immer eine ausgezeichnete Informationsquelle. Inzwischen ist er nach England ausgewandert. Spring urteilt: »Das Problem besteht darin, daß die politische Wende Leute an die Macht gebracht hat, die keine Erfahrung darin haben, wie man große Unternehmen führt – ganz zu schweigen von einem mittelgroßen Nationalstaat. Sie verstehen nicht, wie wichtig es ist, die Infrastruktur zu erhalten und in diese langfristig zu investieren. Wie in der Schlußphase der weißen Herrschaft konzentriert sich die Politik darauf, wie Reichtum verteilt und konsumiert wird, anstatt ihn zu vergrößern.«

Eine andere Entwicklung, auf die der CIA hinweist: Südafrika ist zum Durchgangsland für Heroin, Kokain und Marihuana geworden und zu einem Eldorado für Geldwäsche und Organisierte Kriminalität. In den teuren Appartement-Blocks an der Atlantikküste von Kapstadt residieren jetzt eben auch die Drogenbarone aus Nigeria.

Kann die südafrikanische Währung auf Dauer stabil bleiben? Das ist kaum vorstellbar. Trotz des rohstoffbedingten Exportbooms (Kohle, Eisenerz, Gold, Platin) rutschte die Leistungsbilanz 2005 ins tiefste Minus seit 1983. Es wird zu wenig gespart, zu viel importiert, und die südafrikanische Exportwirtschaft ist im Vergleich zu anderen Schwellenländern (einmal abgesehen von den Rohstoffen) eindeutig nicht mehr konkurrenzfähig. Dafür sind die Löhne zu hoch, ist die Produktivität zu gering und der Rand zu teuer.

Leon Kock, einer der führenden südafrikanischen Wirtschaftspublizisten, sagte mir: »Die großen deutschen und europäischen Firmen, die Sie hier im Land sehen, haben alle in der Ära der Apartheid in Südafrika investiert. Wenn ich den Konzernen heute einen Vortrag halten müßte, würde mir kein Argument einfallen, warum sie frisches Kapital nach Südafrika bringen sollten.« Kock, der die Verhältnisse in Lateinamerika und Asien gründlich untersucht und Vergleiche mit Südafrika angestellt hat, kommt zu dem Schluß: »Uns bleiben langfristig nur zwei Möglichkeiten. Die schlechtere lautet: Inflation ohne Wachstum. Die bessere: Inflation und Wachstum. Mit anderen Worten: Wir haben die Wahl zwischen dem traditionellen argentinischen und dem brasilianischen Modell.«

Daß beide Szenarien den südafrikanischen Rand auf Dauer wieder zu einer Weichwährung machen würden, versteht sich von selbst. Kock meinte aber auch, daß der Rand sich zunächst halten werde, solange die Rohstoffpreise oben bleiben. Und er glaubt, daß der jetzige Präsident Thabo Mbeki, der zugleich als Regierungschef fungiert, nicht anders als sein Vorgänger Mandela ein Segen für das Land ist, weil er den ANC zusammenhält, die radikalen Kräfte bremst und insgesamt zum Garant einer moderaten Politik geworden ist. Mbeki amtiert noch bis 2009. Dann werden die Karten neu gemischt. Danach könnte die prekäre Balance zwischen Schwarz und Weiß, zwischen Dritter und Erster Welt, zu kippen beginnen.

Die besten Aussichten auf die Mbeki-Nachfolge hat Jacob Zuma, nach Meinung von Insidern eine »mafiose Figur«, nach Meinung der Taxifahrer von Johannesburg »ein Mann des Volkes«. Zuma stand 2006 wegen Vergewaltigung und Korruption vor Gericht. Er wurde freigesprochen. Der schwarze Mann auf der Straße vermutete hinter dem Gerichtsverfahren eine politische Intrige mit dem Ziel, Zuma abzuschießen.

Intern gärt es schon lange im *African National Congress*, was aber nichts daran ändern wird, daß er an der Macht bleibt. Auch in Südafrika wird nach Hautfarbe gewählt. Die multikulturelle Gesellschaft, in der die Zugehörigkeit zu einer Rasse keine Rolle spielt, ist eine Illusion. Die weiß dominierte Demokratische Allianz (DA) wird landesweit 2009 kaum über die 15-Prozent-Marke kommen.

Das Fazit meiner Eindrücke und Gespräche in Südafrika lautet, daß das Land selektive Investmentchancen bietet, daß mit einer Enteignungswelle nach dem Vorbild Zimbabwe vorerst nicht zu rechnen ist, daß sich südafrikanische Aktien und Anleihen aber nicht zur Daueranlage eignen. Ratsam ist es in jedem Fall, die Entwicklung realistisch und mit der gebotenen Skepsis zu verfolgen. An der Börse von Johannesburg sind erstklassig geführte Unternehmen zu haben, die sogar mit der lästigen Black-Empowerment-Gesetzgebung zurechtkommen, die sie zwingt, bis zum 1. Mai 2014 26 Prozent des Aktienkapitals an Schwarze abzugeben.

Es nehmen aber auch Unregelmäßigkeiten und Betrügereien zu. Große Aktienpakete sind unauffindbar, lösen sich scheinbar in Luft auf. Die genauen Umstände des Skandals um den Minenmagnaten Brett Kebble, der in seinem Auto erschossen wurde, sind immer noch nicht geklärt. Fest steht nur, daß er enorme Schmiergelder an den ANC gezahlt hat, daß er zwischen privatem und Firmenvermögen nicht trennte, daß er Schulden und Guthaben zwischen seinen Unternehmen hin- und herschob und daß ein größerer Personenkreis von seinen Manipulationen gewußt haben muß. Unter den Regierungen de Klerk und Botha waren solche Vorgänge nicht vorstellbar. Die ethischen Standards haben sich radikal verschlechtert. Ausländische Investoren müssen mehr denn je auf Qualität und Seriosität in Johannesburg achten.

Abschreiben sollte man Südafrika, wo meine Affäre mit Gold einmal begann, noch nicht. Wie überall auf dem Schwarzen Kontinent beeindrucken auch am Kap der Lebensmut und die stoische Gelassenheit der Afrikaner. Nachdem ich mit meinem Fahrer in Johannesburg, einem feinen Mann vom Volk der Tswana, lang und breit über die Verhältnisse und das Versagen des ANC diskutiert hatte, meinte er lakonisch: »Es gibt eben keine guten Regierungen.«

Ein weiser Satz – und eines der überzeugendsten Argumente für Gold.

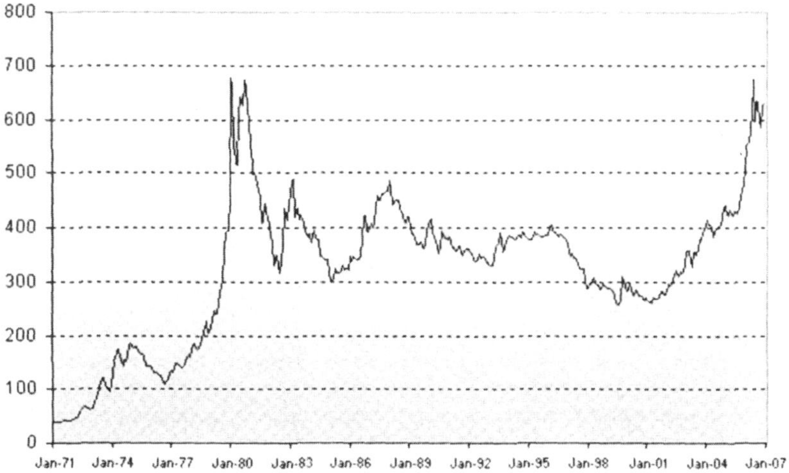

Abb. 1: *Während Gold in Dollar auf Monatsschlußbasis im 1. Halbjahr 2007 wieder so teuer war wie 1980, lag Gold in Euro immer noch darunter und kämpfte mit der 500-Euro-Marke je Unze. Dafür endete die Goldbaisse in D-Mark bzw. in Euro früher – im Grunde schon Anfang der 1990er Jahre. Quelle:* World Gold Council

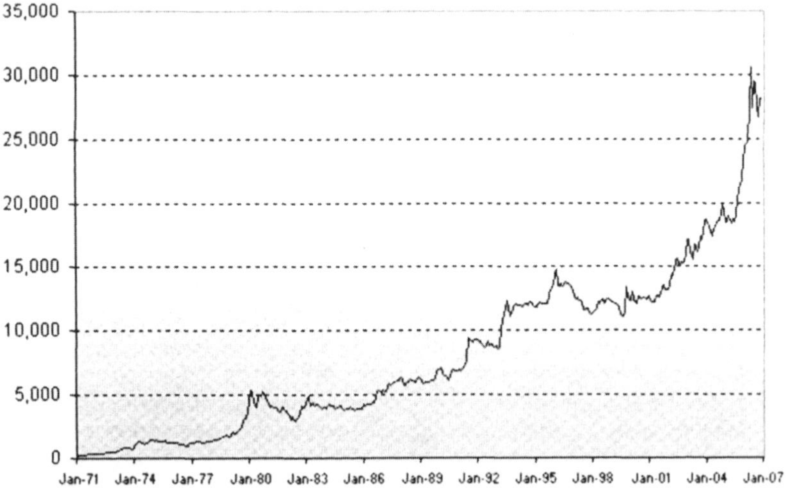

Abb. 2: *Gold in Südafrikanischen Rand und Indischen Rupien: Die meisten Währungen der Welt werten gegen Gold im Trend ständig ab. Verständlich also, daß die Inder mehr Gold kaufen als jede andere Nation. Quelle:* World Gold Council

MASSE, GEWICHTE, UMRECHNUNGSFORMELN

Das traditionelle Gewichtsmass für Gold, die Troy-Unze aus dem angelsächsischen Gewichtssystem (englisch troy ounce, abgekürzt oz.), ist trotz dem allmählichen Übergang zum metrischen System im Goldhandel noch fest verwurzelt und wichtigste Kotierungsgrundlage an den meisten führenden Goldhandelsplätzen.
1 oz. = 31,1034807 g (in der Praxis wird jedoch meistens mit dem abgekürzten Umrechnungskoeffizienten 31,1035 gerechnet).

Einige runde Vergleichszahlen Unzen/Kilogramm

32 ozs.	=	1 kg
400 ozs.	=	12½ kg
1 000 ozs.	=	32 kg
3 200 ozs.	=	100 kg
8 000 ozs.	=	250 kg
16 000 ozs.	=	500 kg
32 000 ozs.	=	1000 kg

Umrechnungsformeln $/oz. in Fr./kg

Gegeben : Goldpreis $/oz. und $/Fr. Kurs
Gesucht : Goldpreis Fr./kg
Formel : $\frac{\text{Goldpreis \$/oz.} \times \text{\$/Fr. Kurs}}{0{,}0311035}$

Gegeben : Goldpreis $/oz. und Goldpreis Fr./kg
Gesucht : $/Fr. Kurs
Formel : $\frac{\text{Goldpreis Fr./kg} \times 0{,}0311035}{\text{Goldpreis \$/oz.}}$

Gegeben : Goldpreis Fr./kg und $/Fr. Kurs
Gesucht : Goldpreis $/oz.
Formel : $\frac{\text{Goldpreis Fr./kg} \times 0{,}0311035}{\text{\$/Fr. Kurs}}$

Im Nahen Osten und auf dem indischen Subkontinent bildet das Tola die traditionelle Masseinheit für Gold. Handelsüblich sind Barren zu 10 Tolas.
1 Tola = 11,6638 g = 0,375 oz.
Dagegen wird im Fernen Osten, soweit sich der chinesische Einflussbereich geltend macht, Gold per Tael gehandelt, wobei Barren zu 5 und 10 Tael am meisten verbreitet sind.
1 Tael = 37,4290 g = 1,20337 oz.
Die Feinheit wird im bankmässigen Goldhandel nach Tausendsteln, in der Schmuckwarenbranche jedoch nach Karat, bemessen.
1 Karat = 41,66667 Tausendstel
14 Karat = 583,33338 Tausendstel
18 Karat = 750 Tausendstel
22 Karat = 916,66674 Tausendstel
24 Karat = 999,9 Tausendstel
Ab und zu noch auftauchende alte Goldbarren, welche nach früherer Usanz mit einer Feinheit von 1000 Tausendsteln gestempelt sind, werden mit der heute handelsüblichen Höchstfeinheit 999,9 Tausendsteln abgerechnet und in der Regel aus dem Verkehr gezogen und eingeschmolzen.

Quelle: Gold, Schweizerischer Bankverein

Abb. 3

2. Wichtige Posten der Zahlungsbilanz der Bundesrepublik Deutschland (Salden)

Zeit	Leistungsbilanz: Saldo der Leistungsbilanz	Außenhandel 1)	Ergänzungen zum Außenhandel 2)	Dienstleistungen 3)	Erwerbs- und Vermögenseinkommen	laufende Übertragungen	Vermögensübertragungen und Kauf/Verkauf von immateriellen nichtproduzierten Vermögensgütern	Kapitalbilanz: ... insgesamt 4)	darunter Veränderung der Währungsreserven zu Transaktionswerten 5)	Saldo der statistisch nicht aufgliederbaren Transaktionen
	Mio DM									
1993	– 31 450	+ 60 304	– 3 217	– 52 549	+ 19 095	– 55 083	– 1 915	+ 43 448	+ 22 795	– 10 082
1994	– 49 418	+ 71 762	– 1 318	– 62 803	+ 2 393	– 59 451	– 2 637	+ 60 708	+ 2 846	– 8 653
1995	– 42 363	+ 85 303	– 4 294	– 63 985	– 3 975	– 55 413	– 3 845	+ 50 117	– 10 355	– 3 909
1996	– 21 086	+ 98 538	– 4 941	– 64 743	+ 1 052	– 50 991	– 3 283	+ 24 290	+ 1 882	+ 79
1997	– 17 336	+ 116 467	– 7 875	– 68 692	– 4 740	– 52 496	+ 52	+ 6 671	+ 6 640	+ 10 613
1998	– 28 695	+ 126 970	– 8 917	– 75 053	– 18 635	– 53 061	+ 1 289	+ 25 683	– 7 128	+ 1 724
1999	– 49 241	+ 127 542	– 15 947	– 90 036	– 22 325	– 48 475	– 301	– 20 332	+ 24 517	+ 69 874
2000	– 68 913	+ 115 645	– 17 742	– 95 848	– 16 302	– 54 666	+ 13 345	+ 66 863	+ 11 429	– 11 294
2001	+ 830	+ 186 771	– 14 512	– 97 521	– 21 382	– 52 526	– 756	– 23 068	+ 11 797	+ 22 994
	Mio €									
1999	– 25 177	+ 65 211	– 8 153	– 46 035	– 11 415	– 24 785	– 154	– 10 396	+ 12 535	+ 35 726
2000	– 35 235	+ 59 128	– 9 071	– 49 006	– 8 335	– 27 950	+ 6 823	+ 34 187	+ 5 844	– 5 775
2001	+ 425	+ 95 495	– 7 420	– 49 862	– 10 932	– 26 856	– 387	– 11 794	+ 6 032	+ 11 757
2002	+ 42 976	+ 132 788	– 8 552	– 35 728	– 18 019	– 27 514	– 212	– 38 448	+ 2 065	– 4 316
2003	+ 40 931	+ 129 921	– 11 142	– 34 497	– 15 067	– 28 283	+ 311	– 61 770	+ 445	+ 20 528
2004	+ 94 899	+ 156 096	– 16 990	– 29 419	+ 13 091	– 27 879	+ 430	– 117 968	+ 1 470	+ 22 639
2005	+ 103 054	+ 158 179	– 18 501	– 28 880	+ 20 779	– 28 524	– 1 270	– 119 385	+ 2 182	+ 17 601
2006	+ 116 563	+ 162 156	– 18 640	– 23 132	+ 22 973	– 26 795	– 192	– 146 343	+ 2 934	+ 29 972

***Abb. 4:** Auszug aus der Zahlungsbilanz Deutschlands. Quelle: Deutsche Bundesbank*

Veränderung der Währungsreserven gegenüber Vorjahr
Mrd. US-Dollar

	2001	2002	2003	2004	2005	2006	*Nachrichtlich: Stand Dez. 2006*
	Zum jeweiligen Wechselkurs						
Insgesamt	113,2	358,7	616,8	723,2	426,1	859,8	*5 034,2*
Industrieländer	6,3	116,1	215,5	197,3	−23,3	99,9	*1 394,9*
USA	−2,3	4,8	5,9	3,0	−4,9	3,1	*40,9*
Euro-Raum	−10,8	8,0	−27,6	−7,0	−14,0	16,9	*184,0*
Japan	40,5	63,7	201,3	171,5	4,5	46,1	*874,9*
Asien	76,2	174,0	263,8	363,8	250,0	396,3	*2 217,5*
China	46,6	74,2	116,8	206,7	208,9	247,5	*1 066,3*
Hongkong SVR	3,6	0,7	6,5	5,2	0,7	8,9	*133,2*
Indien	8,0	21,7	30,6	27,5	5,9	39,2	*170,2*
Indonesien	−1,2	3,7	4,0	−0,0	−1,9	7,9	*40,7*
Korea	6,6	18,3	33,7	43,7	11,8	28,4	*238,4*
Malaysia	1,2	3,8	10,4	22,1	4,5	12,4	*81,7*
Philippinen	0,4	−0,2	0,3	−0,5	2,8	4,1	*19,9*
Singapur	−4,8	6,5	13,6	16,5	3,8	20,5	*135,8*
Taiwan, China	15,5	39,4	45,0	35,1	11,6	12,9	*266,1*
Thailand	0,4	5,7	2,9	7,5	2,0	14,6	*65,1*
Lateinamerika[1]	−0,3	4,2	30,6	21,1	25,4	53,7	*271,0*
Argentinien	−9,9	−4,1	2,7	4,9	4,7	7,7	*30,4*
Brasilien	3,2	1,7	11,7	3,6	0,8	32,0	*85,6*
Chile	−0,6	0,8	0,4	0,3	1,2	2,5	*19,2*
Mexiko	9,2	5,5	7,8	5,0	10,2	2,4	*75,4*
Venezuela	−3,8	−0,8	7,5	2,3	5,6	5,5	*28,9*
Mittel- und Osteuropa[2]	4,0	24,2	21,1	21,4	15,3	26,0	*181,3*
Naher Osten[3]	1,9	0,7	5,7	12,8	17,0	26,2	*101,4*
Russland	8,3	11,5	29,1	47,6	54,9	119,6	*295,3*
Nachrichtlich:							
Nettoölexporteure[4]	*17,6*	*27,7*	*67,0*	*100,0*	*114,8*	*219,0*	*706,5*

[1] Aufgeführte Länder sowie Kolumbien und Peru. [2] Bulgarien, Estland, Kroatien, Lettland, Litauen, Polen, Rumänien, Slowakei, Slowenien, Tschechische Republik, Ungarn. [3] Katar, Kuwait, Libyen, Saudi-Arabien. Saudi-Arabien: ohne ausländische Wertpapiere. [4] Algerien, Angola, Kasachstan, Mexiko, Nigeria, Norwegen, Russland, Venezuela, Naher Osten. Nigeria: Angaben für 2006 bis November.

Quellen: IWF; Datastream; Angaben der einzelnen Länder. Tabelle V.2

Leistungsbilanzsalden weltweit
Mrd. US-Dollar

	Durchschnitt 1991–2002	2003	2004	2005	2006	*Nachrichtlich: 2006[1]*
USA	−202	−528	−665	−792	−857	*−6,5*
Euro-Raum[2]	15	36	97	8	−29	*−0,3*
Japan	106	136	173	166	172	*3,9*
Sonstige fortgeschrittene Industrieländer	1	54	56	64	63	*1,1*
China	16	46	69	161	239	*9,1*
Sonstige aufstrebende Volkswirtschaften Asiens	19	117	104	84	102	*2,8*
Lateinamerika	−46	8	20	35	49	*1,7*
Mittel- und Osteuropa	−14	−36	−58	−63	−89	*−6,7*
Ölexportierende Länder	12	139	234	402	472	*9,3*
Norwegen	11	28	33	47	56	*16,7*
Russland	14	35	59	83	96	*9,8*
Saudi-Arabien	−5	28	52	87	96	*27,4*
Ölimportierende Länder	−114	−212	−275	−451	−490	*−1,1*
Fortgeschritten	−86	−339	−394	−626	−728	*−2,2*
Aufstrebend	−27	127	118	175	239	*2,3*

[1] In Prozent des BIP. [2] Summe der Salden der einzelnen Länder des Euro-Raums.

Quellen: IWF; Angaben der einzelnen Länder. Tabelle II.4

Abb. 5: *Währungsreserven und Leistungsbilanzsalden. Quelle: Jahresbericht BIZ vom Juni 2007*

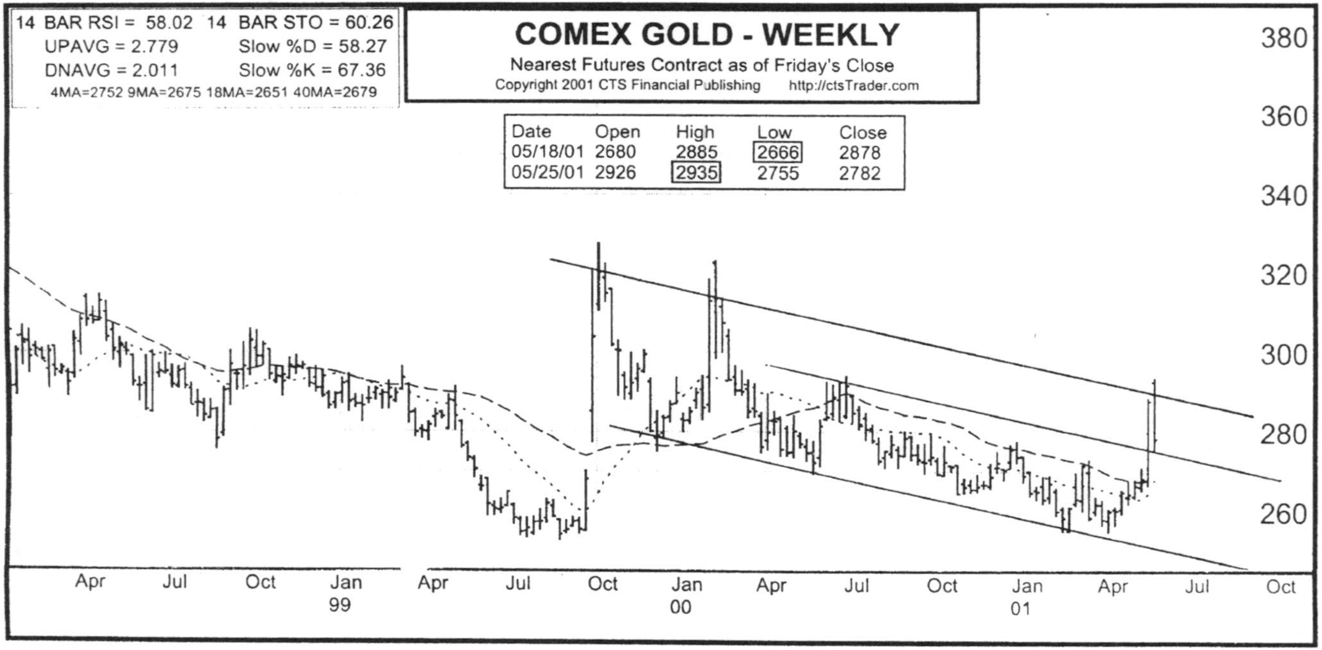

***Abb. 6:** Wendejahre: Genau genommen war die fast 20jährige Goldbaisse bereits im September 1999 beendet. 2001 wurde das Preistief lediglich noch einmal getestet. Quelle:* G&M, *Juni 2001*

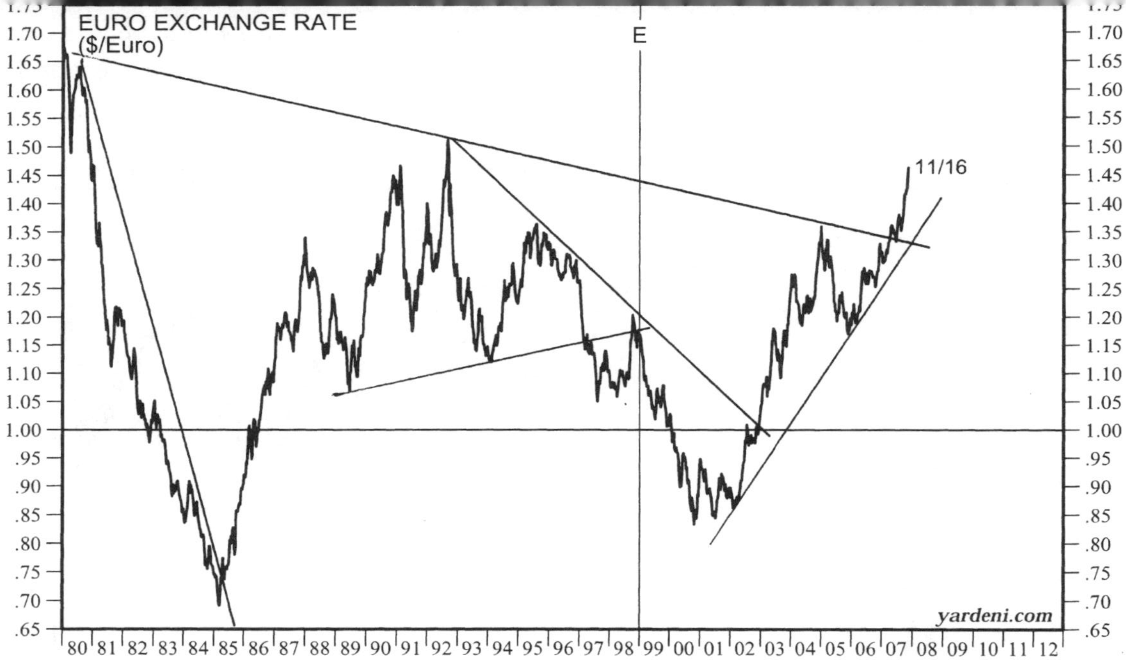

E = On January 1, 1999, the euro was introduced. On that date, the exchange rates of the participating currencies were irrevocably set. Data prior to 1999 are derived from European currencies.

Abb. 7: *Der Wechselkurs Euro in Dollar wurde für die Zeit vor dem 1.1.1999, der damaligen Einführung des Euro als Buchgeld, auf Basis der beteiligten europäischen Währungen zurückgerechnet. Ein fallender Euro, d.h. steigender Dollar, drückte in der Regel auf den Goldpreis, ein fallender Dollar – wie ab 2001 – half dem Metall. Quelle:* Yardeni

Source: Haver Analytics.

Abb. 8: *Die Goldunze in Dollar: Nach der Bodenbildung 1999/2001 und dem Anstieg über das Hoch von 1996 beschleunigte sich die Hausse 2005 und traf im Mai 2006 bei $ 725 auf massiven Widerstand und eine Welle von Verkäufen. Quelle:* Yardeni

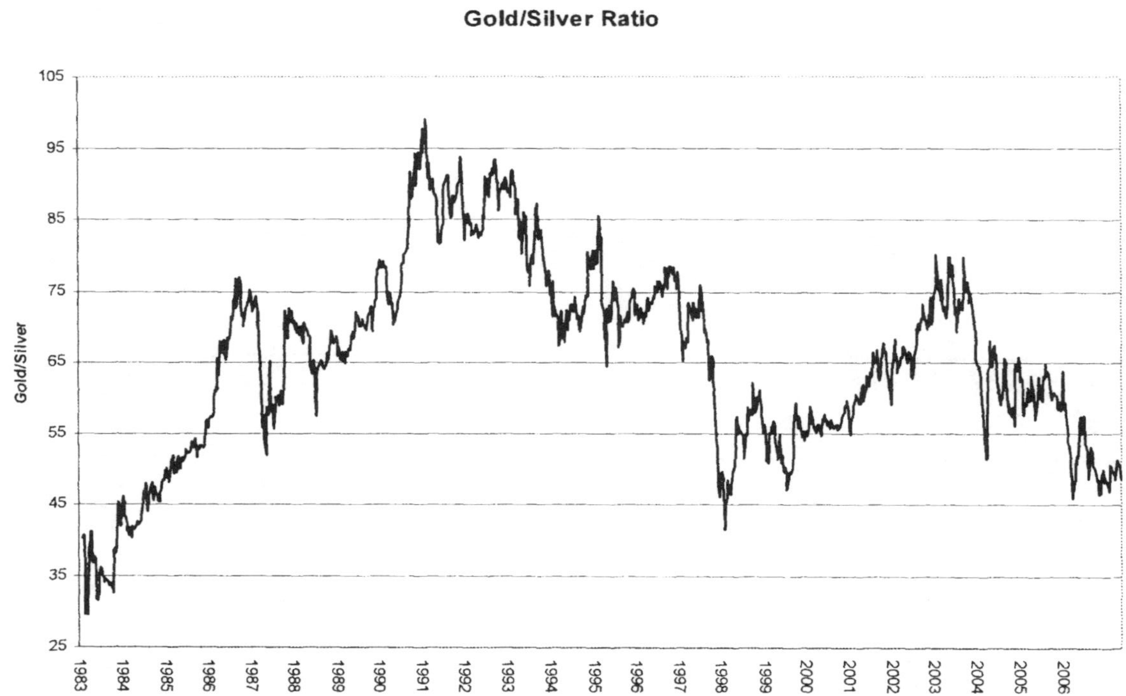

Abb. 9: *Der Goldpreis dividiert durch den Silberpreis ergibt die hier dargestellte Kurve. Bei einem Preisverhältnis von 100 war Silber in der Vergangenheit definitiv zu billig, in der Nähe von 20 extrem überteuert. Seit 1998 liegt die Bandbreite etwa zwischen 45 und 75. Quelle:* National Bank Financial

CENTRAL BANK GOLD RESERVES

Data Source: IMF - International Financial Statistics, April 2007
(Latest data: March 2007)

	2006 Gold** (MM oz)	2006 Gold** (tonnes)	Current Gold** (MM oz)	Current Gold** (tonnes)	Gold as a Percent of Reserves
Algeria	5.580	174	5.58	174	4.2%
Argentina	1.760	55	1.76	55	3.2%
Australia	2.570	80	2.57	80	3.0%
Austria	9.280	289	9.28	289	46.1%
Belgium	7.320	228	7.32	228	38.6%
Brazil	0.440	14	0.44	14	0.3%
Canada	0.110	3	0.11	3	0.2%
Chile	0.010	0	0.01	0	0.0%
China, P.R., Mainland	19.290	600	19.29	600	1.1%
Czech Republic	0.430	13	0.43	13	0.9%
Denmark	2.140	67	2.14	67	4.5%
Egypt	2.430	76	2.43	76	6.1%
Finland	1.580	49	1.58	49	14.7%
France	87.440	2720	86.44	2689	49.9%
Germany	110.040	3423	110.04	3423	65.4%
Greece	3.590	112	3.60	112	83.6%
India	11.500	358	11.50	358	3.8%
Indonesia	3.100	96	2.35	73	3.3%
Ireland	0.180	6	0.18	6	17.2%
Italy	78.830	2452	78.83	2452	66.6%
Japan	24.600	765	24.60	765	1.8%
Korea	0.420	13	0.42	13	0.1%
Kuwait	2.540	79	2.54	79	7.4%
Lebanon	9.220	287	9.22	287	30.8%
Luxembourg	0.070	2	0.07	2	22.4%
Malaysia	1.170	36	1.17	36	0.9%
Netherlands	20.610	641	20.61	641	60.3%
Pakistan	2.100	65	2.10	65	10.3%
Philippines	4.620	144	4.42	137	11.9%
Portugal	12.300	383	12.30	383	81.1%
Romania	3.370	105	3.37	105	7.2%
Russia	12.910	402	12.87	400	2.5%
Saudi Arabia	4.600	143	4.60	143	10.5%
South Africa	3.990	124	3.99	124	10.1%
Spain	13.400	417	12.12	377	44.3%
Sweden	5.100	159	5.02	156	11.7%
Switzerland	41.480	1290	41.48	1290	42.3%
Taiwan (Est)	13.570	422	13.57	422	3.3%
Thailand	2.700	84	2.70	84	2.5%
Turkey	3.730	116	3.73	116	3.5%
U.K.	9.970	310	9.97	310	13.5%
U.S.A.	261.500	8134	261.50	8134	80.4%
Venezuela	11.480	357	11.48	357	23.3%
Industrial Countries:	712.900	22174	712.10	221	24.8%
All Countries:	867.820	26992	866.13	269	9.9%
IMF:	103.429	3217	103.43	3 217	N/A
ECB	20.571	640	20.63	642	N/A
BIS	5.514	172	5.40	168	N/A
World	997.334	31021	995.59	[illegible]	9.9%

1 tonne = 32,151 ounces

Abb. 10: *Die offiziellen Goldreserven in Millionen Unzen und in Tonnen Ende 2006 und im März 2007 (»current«) sowie (in der letzten Spalte) Gold in Prozent der jeweiligen Notenbankreserven. Total: knapp über 31 000 Tonnen. Quelle:* National Bank Financial

***Abb. 11:** Der Acht-Jahre-Zyklus half bei der Bestimmung des Goldpreistiefs im April 2001. Quelle:* G&M, *Dezember 2000*

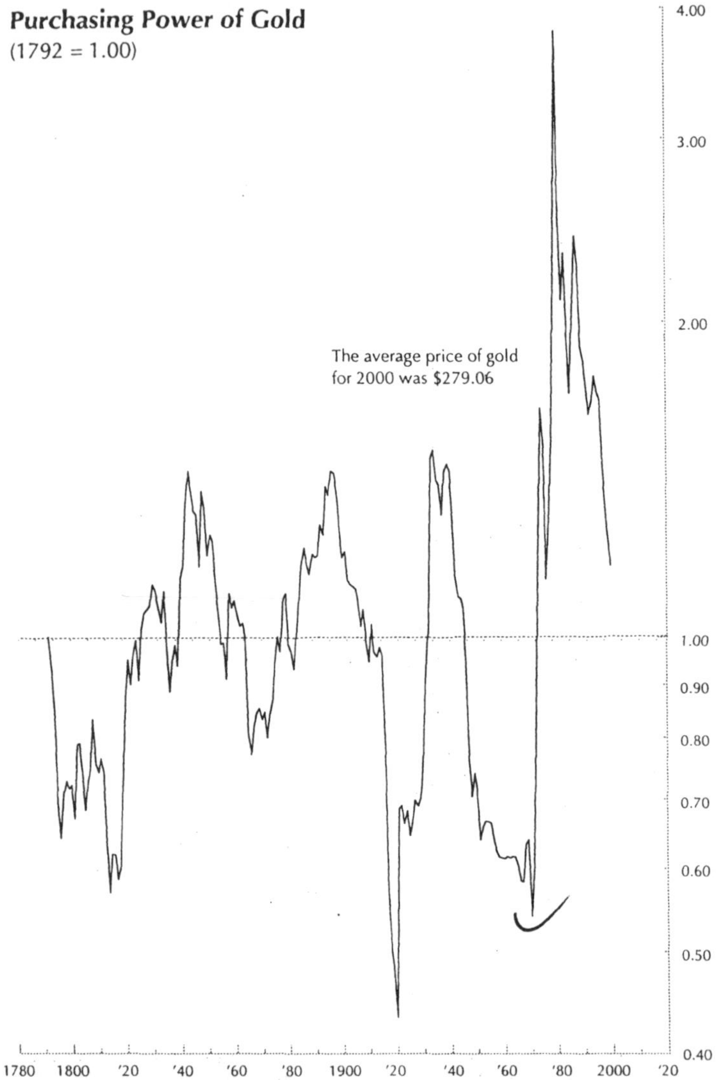

Note: The changes in purchasing power shown in the chart were calculated from annual averages of the Wholesale Price Index (source: Bureau of Labor Statistics, U.S. Department of Labor) and the annual averages of the exchange ratio of dollars for gold.

***Abb. 12:** Die Kaufkraft des Goldes schwankt seit Jahrhunderten um einen mittleren Wert, die sogenannte Goldene Konstante, jedoch wurde das Metall seit dem Ende der Goldbindung des Dollars 1971 nie mehr wirklich billig. Quelle:* AIER, *Great Barrington, USA*

FIGURE 1.8
GOLD PRICE, WHOLESALE PRICES, AND GOLD'S PURCHASING POWER IN GERMANY, 1873-1997.
Indices, 1930 = 1, logarithmic scale.

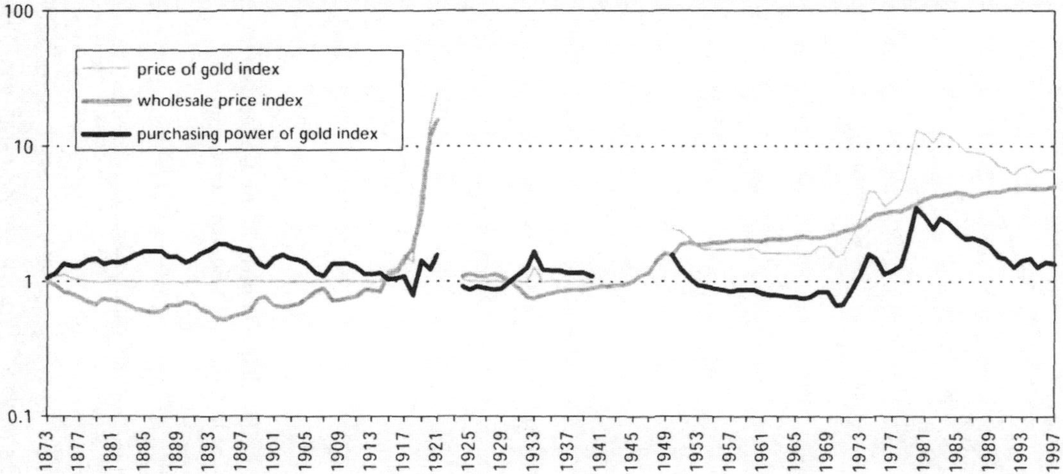

Abb. 13: *Ende der 1990er Jahre lag der nominale Goldpreis in Deutschland (obere Linie) über der an den Großhandelspreisen gemessenen Inflation (mittlere Linie). Und die Kaufkraft des Goldes (untere, schwarze Linie) war etwas höher als 1873.*
Quelle: World Gold Council

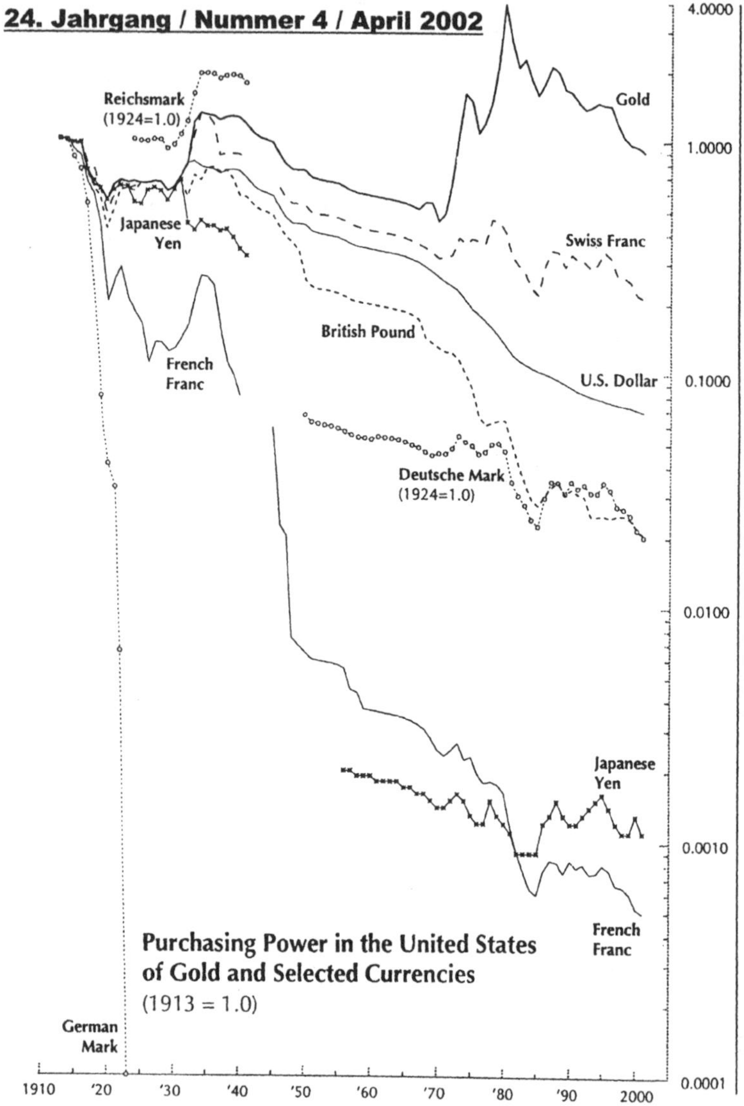

***Abb. 14:** Währungsvergleich aus US-Sicht: Bereits 2002 hatte der Dollar erheblich mehr als 90 Prozent der Kaufkraft von 1913 verloren, andere Währungen noch weitaus mehr, während Gold nach der Übertreibung der 1980er Jahre wieder soviel wert war wie 1913. Quelle:* AIER *und* G&M, *April 2002*

Abb. 15: *Golden Cross: Wenn die 20- und 40-Wochen-Durchschnitte kreuzen und steigen und die Goldpreise darüber liegen, ist die Hausse intakt. Im 1. Halbjahr 2007 tendierte Gold eher unentschieden. Unten: der technische Indikator MACD auf Wochenbasis. Quelle:* StockCharts

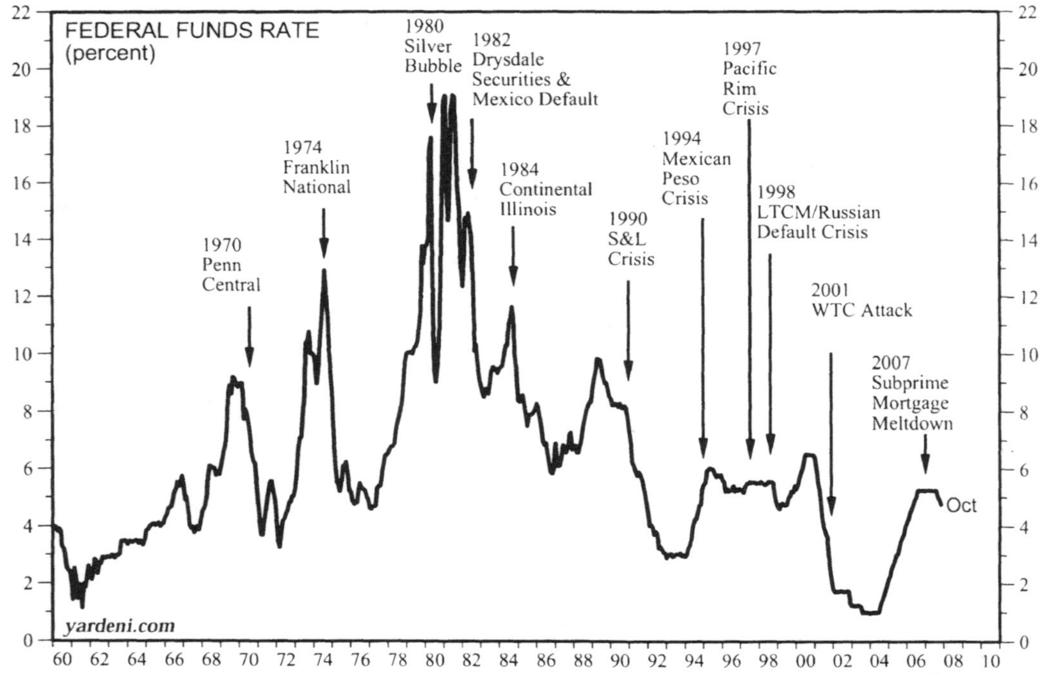

Source: Board of Governors of the Federal Reserve System.

Abb. 16: *Der Krisenzyklus der Geopolitik und des internationalen Finanzsystems. Auf jede neue Katastrophe hatte die* Federal Reserve *nur eine Antwort: Zinssenkung bzw. leichtes Geld, hier dargestellt an der Federal Funds Rate. Quelle:* Yardeni

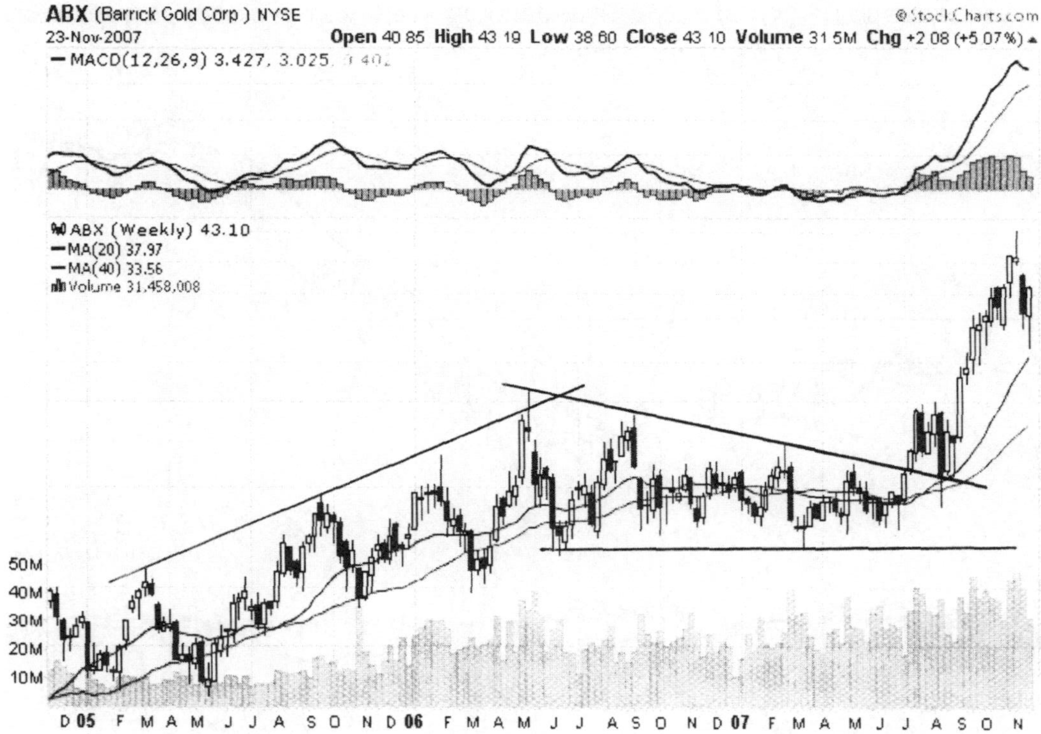

Abb. 17: *Mit Reserven von 123 Millionen Unzen und einer Jahresproduktion von über acht Millionen Unzen ist die kanadische* Barrick *(Chart in US$) die Nummer 1 der Goldproduzenten. Quelle:* StockCharts

Abb. 18: *Wachsende Produktion, niedrige Kosten – die kanadische* Goldcorp *(in US$) gilt als solides Unternehmen. Quelle:* StockCharts

Abb. 19: *Die südafrikanische* Gold Fields *ist nach* Barrick, Anglogold *und* Newmont *mit rund vier Millionen Unzen p. a. der viertgrößte Goldproduzent. Hohe Reserven von 94 Millionen Unzen. Quelle:* StockCharts

Literaturverzeichnis

Baader, Roland: *Geld, Gold und Gottspieler – Am Vorabend der nächsten Weltwirtschaftskrise*, Resch-Verlag, Gräfelfing 2004

Bandulet, Bruno: *Gold – Strategie für die Krise*, Langen Müller Herbig, München 1979

Bandulet, Bruno: *Gold Guide*, Fortuna Finanz-Verlag, Niederglatt/Zürich 1984

Bandulet, Bruno: *Die Rückseite des Wunders – Deutschland und seine Tabus*, Universitas, München 1990

Bandulet, Bruno: *Was wird aus unserem Geld?*, Langen Müller Herbig, München 1997

Bergold, Uwe und Eller, Roland: *Investmentstrategien mit Rohstoffen – Diversifikation und Portfoliooptimierung*, Wiley, Weinheim 2006

Bergman, Jens: *Der Dagobert-Effekt*, brandeins, Nr. 2/2003, Hamburg

Bernholz, Peter: *Monetary Regimes and Inflation – History, Economic and Political Relationships*, Edward Elgar Publishing, Cheltenham 2003

Bernstein, Jacob: *The Handbook of Commodity Cycles – A Window on Time*, John Wiley, New York 1982

Bödecker, Ehrhardt: *Preußen und die Marktwirtschaft*, Olzog Verlag, München 2007

Bonus, Holger: *Wertpapiere, Geld und Gold – Über das Unwirkliche in der Ökonomie*, Styria Verlag, Graz 1990

Cross, Jessica: *Gold Derivatives – The Market View, World Gold Council*, London 2000

Deutsch, Reinhard: *Das Silberkomplott*, Kopp Verlag, Rottenburg 2006

Deutsche Bundesbank (Hrsg.): *Währung und Wirtschaft in Deutschland 1876–1975*, Fritz Knapp Verlag, Frankfurt 1976

Deutsche Bundesbank: *Monatsberichte*, Frankfurt

Dewey, Edward R.: *Cycles – The Science of Prediction, Foundation for the Study of Cycles*, Pittsburgh/Pennsylvania

Effenberger, Wolfgang und Löw, Konrad: *Pax americana – Die Geschichte einer Weltmacht von ihren angelsächsischen Wurzeln bis heute*, Herbig Verlag, München 2004

Eibl, Christoph: *Gold – Der Goldhandel im neuen Jahrtausend*, FinanzBuch Verlag, München 2005

Engdahl, William F.: *Mit der Ölwaffe zur Weltmacht – Der Weg zur neuen Weltordnung*, Kopp Verlag, Rottenburg 2006

Engels, Wolfram: *Der Kapitalismus und seine Krisen – Über Papiergeld und das Elend der Finanzmärkte*, WirtschaftsWoche/Schäffer Poeschl, Düsseldorf 1996

Europäische Zentralbank: *Monatsberichte*, Frankfurt

Galbraith, John Kenneth: *Der große Crash 1929 – Ursachen, Verlauf, Folgen*, FinanzBuch Verlag, München 2005

Gburek, Manfred: *Das Goldbuch – Faszination, Geldanlage, Sicherheit*, FinanzBuch Verlag, München 2003

Gburek, Manfred: *Geld und Gold klipp und klar von A–Z*, Verlag Litera-Tour, München 2007

GFMS: *Gold Survey 2006*, London 2006

GOLD & MONEY INTELLIGENCE, herausgegeben von Bruno Bandulet, Bad Kissingen (seit 1979)

Green, Timothy: *The World of Gold – The Inside Story of who mines, who markets, who buys Gold*, Rosendale Press, London 1993

G&M-Dossier: *Geheimnis der Zyklen*, Bandulet Publishing AG, Zug 1986

Hankel, Wilhelm: *Die EURO Lüge … und andere volkswirtschaftliche Märchen*, Signum, München 2007

Heinsohn, Gunnar und Steiger, Otto: *Das Euro-System und die Verletzung der Zentralbankregeln*, Management Zentrum St. Gallen, St. Gallen 2000

Heinsohn, Gunnar und Steiger, Otto: *Eigentum, Zins und Geld*, Metropolis, Marburg 2006

Jastram, Roy W.: *The Golden Constant – The English and American Experience 1560–1976*, John Wiley, New York 1977

Johnson, Chalmers: *Der Selbstmord der amerikanischen Demokratie*, Karl Blessing Verlag, München 2003

Johnson, Chalmers: *Nemesis – The Last Days of the American Republic*, Metropolitan, London 2007

Leuschel, Roland und Vogt, Claus: *Das Greenspan Dossier – Wie die US-Notenbank das Weltwährungssystem gefährdet*, FinanzBuch Verlag, München 2004

Lips, Ferdinand: *Die Gold-Verschwörung – ein Blick hinter die Kulissen der Macht von einem Privatbankier aus der Schweiz*, Kopp Verlag, Rottenburg 2003

Manager-Magazin, Nr. 2/2005: »Gold – Das Edelmetall ist wieder eine glänzende Anlagealternative«, Hamburg

Marsh, David: *Die Bundesbank – Geschäfte mit der Macht*, C. Bertelsmann Verlag, München 1992

Mezger, Markus: *Gold – Ein neuer Megatrend?*, Baden-Württembergische Bank, Stuttgart 2000

Müller, Jürgen: *Generation Gold – Wie Ihr Vermögen und Ihre Altersvorsorge einen Staatsbankrott und eine Weltwirtschaftskrise unbeschadet überstehen*, Jochen Kopp Verlag, Rottenburg 2007

Otte, Max: *Der Crash kommt – Die neue Weltwirtschaftskrise und wie Sie sich darauf vorbereiten*, Econ, Berlin 2007

Rothbard, Murray N.: *Das Schein-Geld-System*, Resch Verlag, Gräfelfing 2000

Seagrave, Sterling & Peggy: *Gold Warriors – America's Secret Recovery of Yamashita's Gold*, Verso, London 2003

Spethmann, Dieter und Steiger, Otto: *Deutschlands Wirtschaft, seine Schulden und die Unzulänglichkeiten der einheitlichen Geldpolitik im Euro-System*, Universität Bonn 2004

Steil, Benn: »The End of National Currency«, in: *Foreign Affairs*, Mai/Juni 2007, Council on Foreign Relations, New York

Sutton, Antony C.: *The War on Gold*, 76 Press, Seal Beach/California, 1977

Ullmann, Werner und Heim, Peter: *Profit mit Rohstoffen – Wie jeder am Rohstoffboom teilhaben kann*, FinanzBuch Verlag, München 2006

Veneroso, Frank: *The 1998 Gold Book Annual*, Jefferson Financial, Jefferson/Louisiana 1998

Wittmann, Walter: *Der nächste Crash kommt bestimmt – So sichern Sie sich als Anleger ab*, Orell Füssli, Zürich 2007

World Gold Council: *Gold as a Store of Value*, Research Study No. 22, London 1981

Sachregister

Personenregister